Der Hamburger Silberschatz

AUF DER SPUR
VON FÜNF JAHRHUNDERTEN

Der Hamburger Silberschatz

Eine Ausstellung von BILD Hamburg in der neuen SPRINGER PASSAGE

Faszinierende Silberobjekte, zum Teil Jahrhunderte alt, lagern in der Schatzkammer des Hamburger Rathauses. Zu seinem 100. Geburtstag werden diese Kunstwerke jetzt vollständig der Öffentlichkeit vorgestellt und dabei ein wichtiger Teil der Hamburger Geschichte präsentiert: Reeder und Schiffe, die Hamburg das Tor zur Welt öffneten, Arbeiter und Könige, Festmähler, die über Zeitalter hinweg bis heute begangen werden.

Zum ersten Mal sind dabei auch die Gaben jüdischer Familien wieder in ihrer ursprünglichen Form zu sehen. Die Stifternamen waren 1940 von diesen Objekten des Silberschatzes entfernt worden. In Zusammenarbeit mit dem Hamburger Staatsarchiv hat BILD die Familien ausfindig gemacht und eine Wiederherstellung der Inschriften nach alten Vorlagen ermöglicht.

Dieses Buch präsentiert als Katalog zur Ausstellung alle Teile des Silberschatzes in einer wissenschaftlichen Dokumentation und führt den Leser zugleich auf eine Reise in Hamburgs Vergangenheit.

BILD HAMBURG

Katalog zur Ausstellung von BILD Hamburg
in der SPRINGER PASSAGE, Caffamacherreihe 1, Hamburg
14. November bis 21. Dezember 1997

Umschlagabbildung:
Tafelaufsatz in Form einer Kogge von M. H. Wilkens & Söhne, Bremen, 1911
(Katalog-Nr. 24)

Die Deutsche Bibliothek - CIP-Einheitsaufnahme

Der Hamburger Silberschatz : Auf der Spur von fünf Jahrhunderten ;
[Katalog zur Ausstellung von BILD Hamburg in der
Springer Passage, Hamburg, 14. November bis 21. Dezember 1997]
Hrsg.: BILD Hamburg / Menso Heyl. Wissenschaftliche Mitarbeit: Dr. Bernhard
Heitmann. - München : Hirmer, 1997
ISBN 3-7774-7660-9

Herausgeber: BILD Hamburg / Menso Heyl
Wissenschaftliche Mitarbeit: Dr. Bernhard Heitmann
Gestaltung und Produktion: Jürgen Thies
Herstellung: Hirmer Verlag, München
Lithos: Eurolitho, Tezze di Piave
Druck und Bindung: Passavia, Hutthurm
ISBN 3-7774-7660-9
Printed in Germany

Ausstellungsgestaltung: Hauke Stölken, Hamburg

Besonderer Dank:
Bürgermeister Dr. Henning Voscherau; Kristel Gießler, Cord Schellenberg, Staatliche Pressestelle; Jürgen Sielemann, Mitarbeiter des Staatsarchivs und Vorsitzender der Hamburger Gesellschaft für Genealogie; Museum für Kunst und Gewerbe, Hamburg

Hamburg

INHALT

DER HAMBURGER

SILBER SCHATZ

AUF DER SPUR VON FÜNF JAHRHUNDERTEN

Täglich 10 - 20 Uhr | Eine Ausstellung von BILD Hamburg in der

14.11. SPRINGER
21.12. PASSAGE

CAFFAMACHERREIHE 1

Erinnerung und Gegenwart

Meisterwerke der Silberschmiedekunst haben im Hamburger Rathaus die Zeiten überdauert. Sie wurden gepflegt und geschändet, vorgezeigt oder versteckt. Die große Ausstellung im Neubau des Axel Springer Verlages holt sie ans Licht

Der Hüter des Schatzes
Morgens, zwei Minuten nach sieben: ein Mann im roten Blouson, unauffällig, auf dem Weg zur Arbeit wie viele andere auch

Die Uhr auf dem Bahnhof Jungfernstieg zeigt zwei Minuten nach sieben. Zischend öffnen sich die Türen der U 2 aus Richtung Farmsen. Ein Mann im roten Blouson tritt auf den Bahnsteig. Unter den vielen, die auf dem Weg zur Arbeit sind, fällt er kaum auf. Er ist im mittleren Alter, hat mittlere Größe, mittleres Gewicht, blaue Augen und noch volles blondes Haar.

Im Zentrum der Stadt hütet dieser Mann Hamburgs ungewöhnlichsten Schatz. Kostbarkeiten aus der Vergangenheit, die mit Geld nicht zu bezahlen sind. Der Mann heißt Günter Edler. Er ist 55 Jahre alt.

Es ist immer 7.05 Uhr, wenn er durch das große Eingangsportal ins Rathaus tritt. Er wendet sich nach rechts, geht neben der Senatstreppe fünf Stufen hinunter, zieht seine gelbe Arbeitszeitkarte aus der Halterung. „Klack“, die Stechuhr. Sechs Minuten nach sieben.

Im Zentrum der Stadt hütet er Hamburgs ungewöhnlichsten Schatz

Edler steigt in den dritten Stock, geht durch die umgebaute ehemalige Kantine in den Personalraum. Dort öffnet er einen alten Garderobenschrank aus Eiche. Schlüpft aus Jacke und Hose, legt die Uniform der Ratsdiener an. Weißes Hemd, Krawatte mit Hamburger Wappen. Dunkelblauer Anzug mit Biesen an der Hosennaht und Aufschlägen am Jackett, beides in Dunkelrot.

Durch diese schwere Tür gelangt er zu seinem glänzenden Reich: die Silberkammer des Rathauses

Noch eine Seitentreppe muß Günter Edler hoch, dann zieht er einen 15 Zentimeter langen Eisenschlüssel aus der Tasche, öffnet damit eine Metalltür. Inzwischen ist es 7.20 Uhr. Jetzt steht er in seinem glänzenden Reich.

Jeden Tag erklimmt er die Stufen, über die sonst nur hoher Besuch geleitet wird

In großen, alten Glasvitrinen funkelt Silber. Lange, schwere Tafelaufsätze. Ein Tischbrunnen, aus dem, wenn gefüllt, Wein fließt. Eine große Nautilusmuschel als Trinkgefäß auf feinem Fuß. Gewaltige Humpen, die selbst kräftige Männer nur mit zwei Armen stemmen.

Der Blick fällt auf feine Kandelaber. „Der Kuß" heißt einer. Darauf neigt sich eine schleierumhüllte Frau zu einem kraftvollen Mann. Ihre leidenschaftliche Berührung, obwohl doch nur aus Metall getrieben, hat schon die Besucher der Münchener Internationalen Kunstausstellung von 1888 gefesselt.

„Dieser Raum ist wie eine Zeitmaschine", sagt Günter Edler. Denn er führt zurück weit in die Geschichte der Hansestadt. Das Silber wurde vom Senat jahrhundertelang gesammelt.

Die Silberkammer des Rathauses erstreckt sich über anderthalb Stockwerke. Unten stehen die Glasvitrinen 13 bis 16 mit dem Gebrauchssilber für die großen Feste des Senats. Viele hundert Stücke. Günter Edler taucht sie mit seinen beiden Ratsdiener-Kollegen Michael Drector (35) und Hans Lorenzen (43) jede Woche erst ins Silberbad. Danach werden sie mit Silberpaste poliert.

Eine Wendeltreppe führt nach oben zu den Vitrinen 1 bis 12. Darin die silbernen Kostbarkeiten, die Hamburg in den letzten 150 Jahren als Geschenk bekam. An die 80 Teile. Sie verkörpern die Liebe jener großen Hamburger zu ihrer Stadt, die sie einst stifteten. Sie zeigen auch kleine Eitelkeiten und den Hang zum Pompösen, dem Lebensgefühl der Stadt um die Jahrhundertwende.

Nur ein kleiner Teil der Stücke wird einmal im Jahr zum großen „Matthiae-Mahl" herausgenommen. Alle sind mit einem besonderen Lack dauerversiegelt.

Bisher durften nur wenige Menschen den Silberschatz im abgesperrten Senatsgehege sehen. Jetzt kommt er ans Licht. Feinste Mokkalöffelchen neben imperialen Kannen mit protzigen Verzierungen. Und hauchfein getriebene Schiffe aus Silber, die scheinbar schwerelos – und zeitlos schön – wie durch Ewigkeiten segeln.

Für einen Augenblick halten wir sie an, um sie anzuschauen. Sie sind zu sehen in der großen Ausstellung „Der Hamburger Silberschatz"! Eröffnet wird sie am 13. November 1997 in der neuen SPRINGER PASSAGE, im Neubau des Axel Springer Verlages.

Die faszinierenden Exponate sind Meisterwerke der Silberschmiedekunst. Und sie entführen unsere Phantasie. Sie lenken die Gedanken der Besucher zu jenen Menschen, die das Schicksal der Stadt mitbestimmten. Sie führen durch Hamburgs glückliche Jahre und die weniger glücklichen. Sie lassen die Zeit wieder auferstehen, als ein Bürgermeister aus Angst vor Napoleon einschmelzen ließ, was im Rathaus teuer war. Nur weniges ist erhalten, es ist ausgestellt.

Auch dieses Buch ist eine Reise in die Zeit.

Sie geht vorbei an den Tischen wohlhabender Kaufleute und Ratsherren, die beim Festmahl Gänsekeulen mit silbernen Griffen hielten. Vorbei an den Kontorhäusern, in denen Männer und Frauen auf Stehpulten Soll und Haben der großen Reeder zusammentrugen. Vorbei an den Kais, wo die gewaltigen Schnelldampfer festgemacht lagen, die das Tor zur Welt öffneten.

Das wichtigste Kapitel führt in die dunkelsten Tage, und es bringt etwas zurück, was als verloren galt.

Auf eine Verfügung hin, die die nationalsozialistische Rathausverwaltung 1940 erließ, wurden die Namen der jüdischen Stifter, die für den Hamburger Silberschatz gespendet hatten, getilgt. In den Übergabe-Urkunden wurden ihre Namen geschwärzt, aus den Silberteilen herausgeätzt. Doch die Spuren der jüdischen Familien Hamburgs ließen sich nicht aus der Geschichte löschen. Bei Recherchen zu Buch und Ausstellung wurden die Namen der Stifterfamilien wiedergefunden. Jetzt sind sie in der ursprünglichen Form wieder in jene Teile des Silberschatzes eingraviert, wo sie einst standen.

So kehren die Namen der jüdischen Stifter zurück in Hamburgs Annalen. Und die Erinnerung an sie wird wieder Teil unserer Gegenwart.

In der Schatzkamme[r] Ratsdiener Günte[r] Edler hat das weich[e] Putztuch in de[r] Rechten, in der Linke[n] hält er eine schwer[e] glänzende Silber[-] kanne. Er steht i[m] mit rotem Sam[t] ausgeschlagenen Tresorraum de[s] Senatsgeheges. Hie[r] werden die Prunk[-] stücke des Silber[-] schatzes siche[r] verwahrt und jed[e] Woche erst in[s] Silberbad getauch[t] und dann polier[t]

Der rätselhafte Klumpen im Phoenixsaal

Erst kam Napoleon, dann der große Hamburger Brand: So verschwand der alte Hamburger Silberschatz aus dem 18. Jahrhundert

JEDER KENNT AUS SEINER KINDHEIT diesen Silvesterbrauch: Man nehme zu Kleeblättern, Glücksschweinchen oder Herzen geformtes Blei, schmelze es auf einem Teelöffel über einer brennenden Kerze und gieße die Flüssigkeit in eine Schüssel mit Wasser. Das erkaltete Blei nimmt bei diesem Prozeß die merkwürdigsten Formen an, die die Phantasie der Beteiligten anregen: Ist das ein Schwert oder ein Fisch? Eine Blume oder ein Schneekristall?

Hamburg vor dem Brand
Eine Fachwerkstadt von seltener Schönheit, durchzogen von zahlreichen Fleeten. Auf dem Stich von 1828 erkennt man hinten die Nikolaikirche

Das, was im Phoenixsaal des Hamburger Rathauses hinten links auf einem Eichen-Podest ruht, sieht aus, als habe ein Riese Bleigießen gespielt: ein zerklüftetes Stück Metall, groß wie eine Aktentasche.

Das zerklüftete Stück Metall ist einer der letzten Zeugen des verheerenden Brandes von 1842, der große Teile Hamburgs in Schutt und Asche legte.

Sehen wir uns den Klumpen mal an. Unten etwas, das aussieht wie ein großer, schwarzer Ziegelstein. Darauf türmt sich ein bizarres Gebilde. Schwarz mit eingeschmolzenen Steinen, an einigen Stellen grün schimmernd. Hier und da glänzt das Gebilde silbern.

Ja, dies ist ein geheimnisvoller Überrest des Hamburger Silberschatzes aus dem 18. Jahrhundert!
Wie wurde er so, wie er ist?

Kommen Sie mit in die Zeitmaschine, die uns in die Vergangenheit versetzt.

Hamburg im Jahre 1782. Der Syndikus Jakob Schuback empfiehlt den Stadtoberen, das Ratssilber einzuschmelzen. Kannen, Pokale, Becken, Trinkbecher, Präsentierteller, Suppenkellen – Schenkungen anläßlich zahlreicher Amtswechsel im Senat.

Alles schön und gut, findet der Syndikus, aber eben doch nur totes Metall, das in der Schatzkammer verstaube. Zugleich allerdings ein großes Kapital – würde man es denn einschmelzen...

Jedoch der Rat mag sich nicht von seinem Schatz trennen.

Das ändert sich 1805. Schon seit zwei Jahren liegen Napoleons Truppen in Harburg, und es scheint nur eine Frage der Zeit, bis sie in Hamburg einmarschieren.

Bevor der Franzose das Silber bekommt, schmelzen wir es lieber ein und schaffen es beiseite, beschließen die Stadtoberen. Also Feuer entfacht, Kessel herbei – und hinein mit dem Schatz! 242 Einzelstücke insgesamt!

Nur zwei Stücke schmissen sie nicht hinein. Eine Nautilusschale auf zartem Silberfuß, die als Trinkhorn diente – und eine Sanduhr in einem fein gearbeiteten Gestell. Beide Stücke enthielten nur eine geringe Menge Silber.

Ach, hätten sie sich doch damals etwas mehr Zeit gelassen! Hätten sie sich doch bloß noch einmal die kostbaren

Der Silberklumpen
Der Silberbarren (vorn) stammt aus dem Anfang des 19. Jahrhunderts, als Napoleons Truppen vor Hamburgs Toren standen und der Senat die alten Kunstwerke aus Angst vor der Beutelust der Soldaten einschmelzen ließ. Das Silber wurde im Keller des alten Rathauses gelagert. 1842 beim großen Hamburger Brand zerstörten die Flammen dieses Gebäude. Die Hitze ließ nur ein bizarres Gebilde übrig (hinten), in dem noch eingeschmolzene Asche und Steinchen zu erkennen sind

Der große Hamburger Brand von 1842
Eine Flammenwand lodert über der Stadt. Nach dem Einsturz der Nikolaikirche breitet sich das Feuer unaufhaltsam aus. Das Rathaus, in der Bildmitte hinter der Börse und der Trostbrücke, muß gesprengt werden. Aus den Booten wird Wasser zum Löschen gepumpt. Von der noch sicheren Zollenbrücke im Vordergrund betrachten Zuschauer die Katastrophe (Lithographie von Peter Suhr, Staatsarchiv Hamburg)

Gegenstände genau angesehen. Vielleicht wäre dann – aus Pietät oder aus Interesse an der Schönheit – etwas ausgesondert worden und somit erhalten geblieben. Aber nein ...

Das Einschmelzen, es ergibt eine erkleckliche Zahl von Barren, die fortan im Keller des Rathauses an der Trostbrücke lagern.

37 Jahre später. Donnerstag, 5. Mai 1842, 0.30 Uhr. Es ist die Nacht vor Himmelfahrt. Ein Postbeamter, der von der Spätschicht heimkommt in seine Wohnung an der Deichstraße, riecht es als erster: Feuer!

Gemeinsam mit Nachtwächtern macht er sich auf die Suche. Um 1 Uhr sehen sie es. Aus einem Speicher in der Deichstraße 44 quillt dichter Rauch. Und dann schlagen auch schon die Flammen aus dem Dach.

Der Beginn einer furchtbaren Katastrophe.

In dem Warenlager von Eduard Cohen (Tabak- und Zigarrenfabrikant) und Philipp Seligmann (Kaufmann in Eisen und Lumpen) stapeln sich Altpapier, Lumpen, Wolle, Leder, Segel und Schiffstaue. Alles knochentrocken, ebenso wie das Dach. In Hamburg hat es seit Wochen nicht mehr geregnet ...

Minuten später bricht ein infernalischer Lärm aus. Die Kirchenglocken läuten, Wachsoldaten feuern Signalschüsse ab, Wächter rufen es in die Nacht: „Füer! Fü-er!"

Das 160 000 Einwohner zählende Hamburg verfügt schon zu dieser Zeit über eine gut ausgerüstete Feuerwehr. Johann Ehlert Bieber und Adolf Repsold befehligen 1150 Männer, die an 45 Spritzen arbeiten.

Und dennoch ist es in dieser Nacht und in den folgenden Tagen so, als wolle man mit einem Fingerhut voll Wasser einen Waldbrand löschen.

Vom Speicher an der Deichstraße Nr. 44 fressen sich die Flammen schnell in die benachbarten Gebäude.

Eingelagerter Zucker schmilzt und ergießt sich, einem Lavastrom gleich, auf die Straßen. Getreide fängt Feuer. Die Temperatur in den Speichern beträgt jetzt 1000 Grad! Wände bersten. Lodernde Gase steigen immer schneller nach oben. Von allen Seiten saugt die Feuersäule Sauerstoff an.

Die Innenstadt nach dem Brand
Diese Daguerreotypie des Hamburgers Carl F. Stelzner gilt als älteste erhaltene Reportage-Fotografie. Aufgenommen aus der Richtung des heutigen Rathausmarktes, schon bald nach dem Inferno im Jahre 1842. Im Vordergrund ist das Alsterfleet zu sehen, dahinter die Binnenalster, begrenzt durch die Vorgängerin der heutigen Lombardsbrücke. Die Häuser der Innenstadt sind bis auf die Grundmauern zerstört. Nur die Häuser am heutigen Neuen Jungfernstieg wurden verschont

Mit 100 Stundenkilometern rasen die Getreidekörner aus dem Speicher in die Luft – und regnen, angetrieben vom frischen Wind aus Westsüdwest, brennend auf alle Dächer!

Die Feuerwehrleute tun, was sie können. Es ist zu wenig. In den engen Gassen (die Deichstraße ist gerade mal acht Meter breit) treten sie sich gegenseitig auf die Füße. Zudem versperren Schaulustige die Wege.

Panik und Unwissenheit mögen die Gründe dafür sein, warum die Löschmannschaften Fässer mit Schnaps in die Fleete entleeren: Der Alkohol fängt auf der Wasseroberfläche Feuer, wird von den Pumpen in die Schläuche gesogen – und die brennen plötzlich lichterloh!

Das Inferno ist nicht mehr aufzuhalten. Am Nachmittag des Himmelfahrtstages entschließen sich die Feuerwehrchefs und Polizeisenator Hartung endlich, mehrere Gebäude zu sprengen. Von den großen Bränden in New York, Charleston und Kopenhagen weiß man: Sprengungen können Trümmerschneisen schaffen, die dem Feuer Einhalt gebieten.

Und so wird tonnenweise Sprengpulver herbeigeschafft. Nacheinander fallen das Eckhaus Hopfenmarkt / Deichstraße, zwei Gebäude des Viertels Neue Burg und zahlreiche andere.

In der Nacht zum Freitag detonieren unter dem Rathaus 800 Pfund Sprengstoff. Krachend bersten Scheiben, Balken und Gemäuer.

Erst am Sonntag, nach 79 Stunden, sind die Flammen unter Kontrolle. Grausame Bilanz: 51 Menschen sind tot, 20 000 obdachlos. 1508 Säle, 474 Keller, 488 „Buden", 9 Ställe, 7 Kirchen, 102 Speicher, die Alstermühlen und öffentliche Gebäude – ausgebrannt. Der Schaden beträgt, nach heutigem Geldwert, 2,5 Milliarden Mark.

Als die Hamburger sich an den Wiederaufbau ihrer Stadt machten, entdeckten sie unter den Trümmern des Rathauses im Keller ein zerklüftetes Stück Metall, groß wie eine Aktentasche. Unten etwas, das aussah wie ein großer, schwarzer Ziegelstein. Darauf türmte sich ein bizarres Gebilde. Es war schwarz mit eingeschmolzenen Steinen, an einigen Stellen schimmerte es grün. Hier und da glänzte der Klumpen silbern ...

Das verlorene Silber

Dem ausgestellten Silberschatz geht eine lange Geschichte des alten Schatzes voraus, der durch Entnahmen und Einschmelzungen fast vollständig verloren ging

Der Silberschatz, der heute im Senatsgehege des Hamburger Rathauses verwahrt wird, besteht überwiegend aus Stiftungen und Geschenken aus der Zeit um die Jahrhundertwende. So, wie das jetzige Rathaus das 1842 niedergebrannte alte Rathaus ersetzte, trat das neuere Hamburger Ratssilber an die Stelle des Schatzes, dessen Geschichte heute fast vergessen ist.[1]

Nicht erst beim großen Hamburger Brand, sondern schon 1805 wurde das alte Hamburger Ratssilber eingeschmolzen. Bereits in den vorangegangenen Jahrhunderten war der Bestand der Ratssilberkammer, die sich seit 1640 im dritten Stock des alten Rathauses befand, ständig verändert worden. Den regelmäßigen Neuzugängen durch Stiftungen oder durch Bestellungen seitens des Rates standen ebensoviele Verluste durch Einschmelzen für Neuanfertigungen oder durch andere Entnahmen gegenüber. Die Zerstörung des gesamten Ensembles im Jahre 1805 jedoch war endgültig. Das in Barren gegossene alte Silber sollte nicht wieder zu neuem Gerät für das Rathaus verwendet werden, sondern wurde dazu bestimmt, das Grundvermögen der Ratswitwenkasse zu bilden. Nur wenige Stücke entgingen damals dem Schmelztiegel.

Nur aus alten Inventaren läßt sich der verlorene Silberhort in seinem Rang noch abschätzen. Aus diesen Akten wird die Größe des Verlustes deutlich: Mit dem Ratssilber ging die wichtigste und größte Sammlung bürgerlicher Hamburger Goldschmiedekunst zugrunde, die historisch gewachsen und bis zu ihrem Untergang am ursprünglichen Bestimmungsort aufbewahrt war. Heute lassen sich Rückschlüsse auf das Erscheinungsbild des Verlorenen nur aus dem erhaltenen Zunftsilber, dem bürgerlichen Gebrauchsgerät und vor allem aus dem fürstlichen Prunksilber Hamburgs, wie es in der Rüstkammer des Moskauer Kreml verwahrt wird, ziehen. Als Ausdruck stolzer Selbstdarstellung der Ratsherren und als Abbild des Wohlstands des ganzen Gemeinwesens Hamburg gehörten mit Sicherheit bedeutende Stücke dazu.

Nur aus alten Inventaren läßt sich der verlorene Silberhort in seinem Rang noch abschätzen

Die Geschichte der „vormahligen Raths-Silberkammer zu Hamburg" schrieb Otto Beneke bereits 1889.[2]

Er ließ sie für die Senatsmitglieder drucken. Später hat Konrad Hüseler das alte Ratssilber behandelt, doch kam es nicht zu einer Veröffentlichung seines Manuskripts. Der Wert dieser Arbeit beruht darauf, daß erstmals zwei heute in Kopenhagen verwahrte Inventare ausgewertet wurden, die auf den Umfang und die verschiedenen Gefäßformen des Verlorenen schließen lassen.

Das Sammeln und Bewahren eines größeren Bestandes von Edelmetallarbeiten hing in Hamburg wie in anderen Städten auch von der Bedeutung und Größe des Gemeinwesens und vom Ausmaß der wirtschaftlichen Entwicklung ab. So war der Umfang des mittelalterli-

Der Nautilus Pokal aus dem alte Hamburger Ratssilbe Der 1652 geschnitten Nautilus wurde i Hamburg um 1700 vo Johann Wilhelm Heu mann in Silber gefaß Aus dem Besitz de kaiserlichen Gesandte Graf Egck gelangt er ins Ratssilber. E wurde 1805 nicht ein geschmolzen, blie jedoch lange Ze verschollen. Seit 196 gehört er dem Museu für Kunst und Gewerb Hambur

chen Ratssilbers in Hamburg den Quellen nach bescheiden. Erst im 15. Jahrhundert wuchs der Hort langsam an. Kein Stück aus dieser Zeit ist erhalten; soweit sie in späteren Inventaren noch verzeichnet sind, ist dennoch ein Bild von ihnen nicht mehr herzustellen, da die Beschreibung sich grundsätzlich auf den Vermerk „alt" beschränkt. Nur vom wichtigsten Objekt, einem vergoldeten Reliquienschrein, ist eine Miniaturdarstellung aus dem Hamburger Stadtrecht von 1497 überliefert: ein länglicher gotischer Schrein mit fialenumstelltem hochgezogenen Dach. Dieser Schrein, auch nach der Reformation noch bis 1560 bei Eidesleistungen verwendet, ist verschollen.

In den Jahren 1648 und 1650 wurden so viele ältere Stücke zerstört , daß der Bestand sich von Grund auf änderte

Im 16. Jahrhundert nehmen dann Stiftungen in das Ratssilber bedeutende Ausmaße an. Regelmäßiger Anlaß zu solchen Schenkungen war der Amtswechsel im Senat. So gaben die Gerichtsherren, die Praetoren, wenn sie zurücktraten, „zum Gedächtnis" eine Silberarbeit, die stets das Stadtwappen, daneben das Stifterwappen, eine Widmungsinschrift und das Datum der Stiftung trug. Diese Zuwendungen waren freiwillig, doch fühlte sich offenkundig jeder Ratsherr verpflichtet, an dem alten Brauch festzuhalten. Man erleichterte sich allerdings das Einhalten der Sitte durch eine eigenwillige Regelung: Bei Einlieferung ihrer Gabe „erholten" sich die Ratsherren dadurch, daß sie aus dem alten Bestand ein Stück an sich nahmen und so den Silberwert ihres Geschenkes zurückerhielten. Schon im frühen 17. Jahrhundert geschah dies anscheinend in so mißbräuchlicher Weise, daß der Rat sich im Jahre 1616 dahingehend einigte, die Entnahmen nur noch nach Absprache und im Einvernehmen mit dem gesamten Rat zu gestatten.

Der Widerspruch, der darin liegt, daß mit einem Geschenk die Erinnerung an frühere Senatsmitglieder erhalten werden sollte, wobei dann ältere Andenken einfach weggenommen wurden, dürfte es späteren Senatoren leichter gemacht haben, größere, fast zerstörerische Einschmelzungen zugelassen zu haben. Bis zur Mitte des 17. Jahrhunderts scheint man sich nicht an den prächtigen und an Gewicht wertvollsten Stücken vergriffen, sondern mehr die kleineren Trinkkannen „ausgewechselt" zu haben.

Dann aber, in den Jahren 1648 und 1650, wurden in zwei Einschmelzungen so viele ältere Stücke zerstört und zu anderem Gerät umgearbeitet, daß der Bestand sich von Grund auf änderte.

Im ersten der Kopenhagener Inventare ist die alte Zusammensetzung sorgfältig aufgelistet. Alle kurz darauf zerstörten Objekte sind danach im Verzeichnis durchgestrichen, so daß der Eingriff sich rekonstruieren läßt.

In einer Nachschrift zum Inventar wird berichtet, daß mit der ersten Einschmelzung nur älteres, nicht mehr benutztes Tischgerät verschwand. Daraus wurden 50 Konfektschalen gearbeitet, die bei Ratsessen Verwendung fanden. Die zweite, 1650 erfolgte Einschmelzung wird in der Nachschrift als großes Unglück dargestellt. Offenbar hatten die Gerichtsverwalter Langbeke und Bekman aus eigenem Antrieb und ohne Absprache mit allen Ratsmitgliedern den Grundbestand des Ratssilbers einschmelzen und zu zeitgenössisch geformtem Tafelsilber umarbeiten lassen. Der Verlust der kostbaren Erinnerungsstücke, der aufwendig gearbeiteten, mit Gravuren und Vergoldung geschmückten Pokale, Kannen und Becher wird beklagt. Mit besonderer Empörung ist angemerkt, daß alle die durch Testamente und Stiftungen zum immerwährenden Gedächtnis der Spender ins Rathaus gelangten Stücke gegen jeden Einspruch und ohne Absprache vernichtet wurden. Die Goldschmiede hätten sich daran bereichern können und das neu entstandene Geschirr sei bloßes Gebrauchsgerät, dessen Wert in nichts dem untergegangenen entspräche.

Es war wohl so, daß ein Teil des Rates sich zeitgemäßes, den veränderten Speisegewohnheiten entsprechendes Geschirr wünschte. Dessen Beschaffung war am ehesten zu erreichen, wenn man anstelle des kostspieligen Erwerbs neuer Arbeiten das vorhandene Silber umformen ließ. Pokale und Kannen des 16. und frühen 17. Jahrhunderts repräsentieren ein

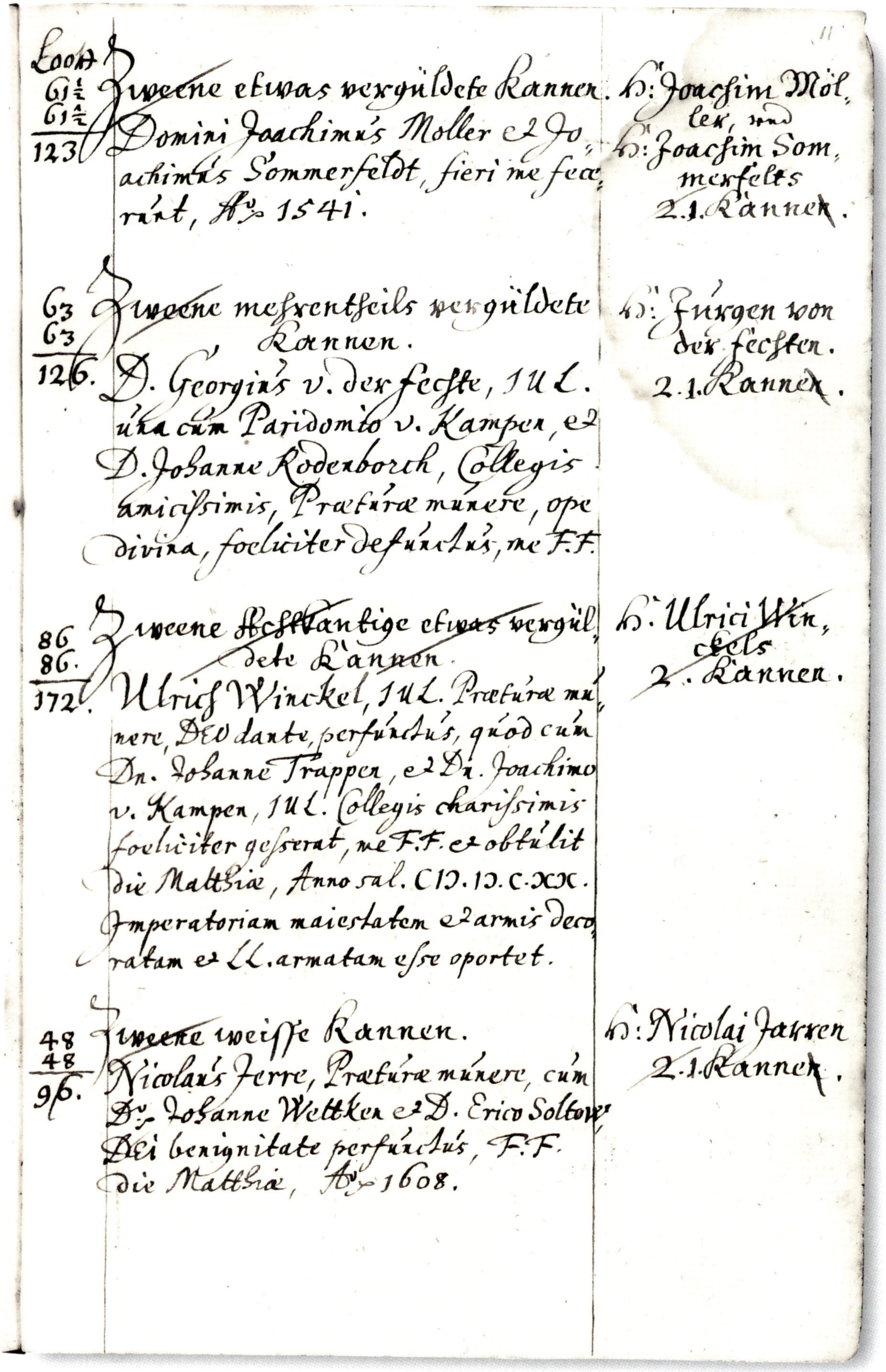

Loot

61½ / 61½ / 123 — Zweene etwas vergüldete Kannen. Domini Joachimus Moller et Joachimus Sommerfeldt, fieri me fecerunt, A° 1541. — H: Joachim Möller, und H: Joachim Sommerfelts 2.1. Kannen.

63 / 63 / 126. — Zweene mehrentheils vergüldete Kannen. D. Georgius v. der Fechte, IUL. una cum Paridomio v. Kampen, et D. Johanne Rodenborch, Collegis amicissimis, Praeturae munere, ope divina, foeliciter defunctus, me F.F. — H: Jurgen von der Fechten. 2.1. Kannen.

86 / 86 / 172. — Zweene [illegible]kantige etwas vergüldete Kannen. Ulrich Winckel, IUL. Praeturae munere, DEO dante, perfunctus, quod cum Dn. Johanne Trappen, et Dn. Joachimo v. Kampen, IUL. Collegis charissimis foeliciter gesserat, me F.F. et obtulit die Matthiae, Anno sal. CIↃ.IↃ.C.XX. Imperatoriam maiestatem et armis decoratam et LL. armatam esse oportet. — H: Ulrici Winckels 2. Kannen.

48 / 48 / 96. — Zweene weisse Kannen. Nicolaus Ferre, Praeturae munere, cum Dn. Johanne Wettken et D. Erico Soltow, Dei benignitate perfunctus, F.F. die Matthiae, A° 1608. — H: Nicolai Ferren 2.1. Kannen.

Aus dem Ratssilber-Inventar von 1650. Bei der Auflistung der Silbergegenstände sind das Gewicht, die Objektbezeichnung mit Stiftungsinschrift und -datum sowie der Stiftername vermerkt. Die Streichungen bedeuten, daß die Stücke eingeschmolzen wurden. Kopenhagen, De Kongelige Bibliotek, Thottske Samling, 665 fol.

Die Sanduhr
Eines der ältesten Stücke aus dem Hamburger Silberschatz. Die 19,8 cm hohe Sanduhr von 1678 wird von fünf gedrehten feinen Stegen gehalten. Auf dem einen Deckel trägt sie das Hamburger Wappen, auf dem anderen die Signatur ihres Stifters: Henricus Meurer.

1 SANDUHR

Leonhard Rothaer I., Hamburg, 1678. Ratssilberschatz (B.-Verz. Nr. 121)

Silber, gegossen, getrieben, graviert, Glas. H. 19,8, ø 9,5 cm. Gläserne Sanduhr zwischen fünf gedrehten Säulchen, an beiden Seiten von runden Platten mit Zackenborte gehalten. Um die Mitte der Sanduhr Silberkragen mit Taureif. Auf einer der Platten graviert: „Ao 1678 me fieri fecit Henricus Meurer J.U.L.". Auf der anderen Seite das Hamburger Wappen. Marken: Leonhard Rothaer / Hamburger Beschau (undeutlich). Gestiftet 1678 von Henricus Meurer.

Die Sanduhr zählt mit zwei weiteren Objekten (dem Nautilus-Pokal von Johann Wilhelm Heumann, um 1700, und dem Schreibzeug von Johann Georg Dolle, 1756) zu den wenigen Stücken, die von dem alten Ratssilber noch erhalten und dem Einschmelzen des Hamburger Silberschatzes im Jahre 1805 entgangen sind.

Lit.: Griesheim, Die Stadt Hamburg, Traktat von 1760, S. 71. – Beneke, 1889, S. 14, 28. – Hüseler, o.J., S. 24, 36, Abb. 22. – Hüseler, 1950, S. 260,1. – Meinz, 1964, Abb. 405. – Scheffler, Niedersachsen I, 1965, S. 500, Nr. 933, Dz. – Die Goldschmiede Hamburgs, I, S. 112, Abb. S. 106; II, S. 228.

beträchtliches Edelmetallgewicht; da sich das Trinken aus Gläsern mehr und mehr eingebürgert hatte, waren diese Silbergefäße nunmehr prächtiges Schaugerät ohne Gebrauchswert. Da das Silbergewicht als Wert weit höher veranschlagt wurde als die gestalterische, künstlerische Arbeit, neigte man ohnehin dazu, alte Stücke ohne größere Bedenken einzuschmelzen und das so gewonnene Metall für neue Stücke zu nutzen.

Mit dem Ende des Dreißigjährigen Krieges war den Zeitgenossen der Neubeginn wahrscheinlich wichtiger als das Bewahren alter Traditionen

Im zweiten Kopenhagener Inventar ist vermerkt, was aus dem Silber der untergegangenen Stücke gefertigt wurde. Es muß sich um ein aus annähernd 130 Stücken bestehenes Speiseservice gehandelt haben, zwei Schenkkannen, ein Gießgefäß, zahlreiche Schalen und Platten von unterschiedlicher Größe und Gewicht, dazu 49 Teller, von denen schon 1662 einer als gestohlen vermerkt ist.

Dies war nun eine völlige Umkehrung des Ratssilberbestandes. Bis dahin waren die Stücke vorwiegend als Einzelstiftungen in das Rathaus gelangt. Nun aber wurde in großem, zusammenhängenden Auftrag ein in sich geschlossenes Ensemble geschaffen, das sicherlich als wichtiger Vorläufer des in der zweiten Hälfte des 17. Jahrhunderts entwickelten Tafelservices angesehen werden kann. Nicht nur im höfischen Bereich, sondern auch für die festlichen Anlässe einer Stadtregierung wurde damals der Anschluß an die modischen Zeitströmungen gesucht. Zu Formen und Ornamenten der Kannen, Teller und Schüsseln fehlen die Angaben. Da sie jedoch in einem geschlossenen Auftrag entstanden, ist anzunehmen, daß sie in einheitlicher Gestaltung und Ausschmückung ausgeführt waren. Nicht genannt und demnach auch nicht angefertigt sind neben den ohnehin erst später verwendeten Terrinen und Deckelschüsseln die Besteckteile. Um 1650 war der Gebrauch der Gabel noch weitgehend unbekannt und es bestand anscheinend noch kein Bedürfnis, dem Ratssilber Sätze von Messern und Löffeln einzugliedern, die der Tischgast selbst mitbringen konnte.

Die Bestellung des großen Ensembles von Tafelsilber ist allerdings der Nachweis dafür, daß im Hamburger Rathaus zu festlichen Gelegenheiten an reich gedecktem Tisch gespeist wurde. Der Wohlstand der gerade im 17. Jahrhundert aufblühenden Stadt wird auch darin sichtbar, daß ihr Rat sich mit Geschirren und Gerätschaften fürstlichen Anspruchs versah. Daß der Rat der Handelsherren und der Kaufleute pietätvolles Bewahren der altüberlieferten Silberteile weniger wichtig nahm als die wirtschaftliche Nutzung des verfügbaren Edelmetalls, muß aus der Zeit heraus verstanden werden. Mit dem Ende des Dreißigjährigen Krieges war den Zeigenossen der Neubeginn wahrscheinlich wichtiger als das Bewahren alter Traditionen.

Es hatte bei den Stiftungen schon von 1616 an eine Änderung gegeben: Nicht mehr frei ausgesuchte Einzelstücke waren als Geschenk willkommen, sondern der Rat empfahl den Spendern einen bestimmten Gefäßtyp, der sich sinnvoll in den vorhandenen Bestand einfügte. So sind von 1616 bis 1627 sechs große Salzfässer von sechs verschiedenen Herren gestiftet worden. Sie waren bei der Tafel von Wichtigkeit und wurden nicht eingeschmolzen, so daß im Service von 1650 nichts von neuen Salzschalen vermerkt ist. Eine Reihe von vergoldeten Leuchtern mit den zugehörigen Lichtputzen ist ebenfalls als Satz erkennbar, wenn die einzelnen Stücke sich auch geringfügig unterschieden: Neun solcher Leuchter wurden innerhalb der Jahre 1645 bis 1650 geschenkt. Das meistbenutzte Geschirr waren die Konfektteller. Für insgesamt 36 solcher Stücke sind die Eingangsdaten zwischen 1622 und 1643 verzeichnet. So ist der Wandel vom Repräsentationsgerät zum Gebrauchsgeschirr schon vor der Einschmelzaktion von 1650 vorgezeichnet.

Die Sitte, Neuzugänge im Ratssilber durch Vorschläge und Empfehlungen zu steuern, hat sich bis ins 18. Jahrhundert erhalten. So sind bei der Aufzählung der Wandleuchter, der Blaker

Sanduhr (Detail)
Der Sanduhrdeckel mit dem Hamburger Wappen. Die Uhr stand zu Beginn des 19. Jahrhunderts im Sitzungssaal des Senats, wo sie zur Messung der Redezeit diente

Im 18. Jahrhundert blieb die Silberkammer meist verschlossen, ihr Inhalt geriet mehr und mehr in Vergessenheit

mit mehreren Armen, die Stiftungsdaten auch als rasch folgende Reihe zu erkennen. Dreizehn Blaker sind von 1709 bis 1721 gestiftet worden, jedes Jahr ein einziges Stück. Daß die Schenkungen nach dem 13. Blaker abbrechen, daß also keine Reihe von 18 oder 24 vollendet wird, könnte damit zusammenhängen, daß der Blakersatz durch das so langwierige Anwachsen bereits unmodern geworden war, als in Hamburg der spätbarocke Ornamentstil durch die Régence zurückgedrängt wurde.

Im 18. Jahrhundert wurden immer noch regelmäßig Schenkungen eingebracht und ältere Stücke im Tausch eingeschmolzen, als das Ratssilber seine eigentlich wichtigste Funktion verloren hatte: Es wurde nicht mehr beim festlichen Tafeln gebraucht oder aufgestellt, da die Sitte der jährlich wiederkehrenden Festessen seit 1724 aufgegeben worden war. Die Silberkammer blieb meist verschlossen, ihr Inhalt geriet mehr und mehr in Vergessenheit.

Nur so ist es verständlich, daß im Laufe des späteren 18. Jahrhunderts eine Aufgabe des Schatzes und eine anderweitige Nutzung des Metallwertes erwogen wurde. Erstmals 1762 gewinnt das Ratssilber als ruhendes Kapital Bedeutung: Eine größere Zwangsanleihe an Dänemark wird durch die vorübergehende Verpfändung des Ratssilbers abgesichert. Zwanzig Jahre später schrieb der Syndikus Jakob Schuback ein Memorandum, in dem er in sorgfältig formulierter Argumentation das Einschmelzen des gesamten Ratssilbers empfiehlt. Dieses Schriftstück entstand im Geist der späten Aufklärungszeit und ist vor allem durch rein wirtschaftliches Denken ausgezeichnet.[3)]

Schuback weist den Rat darauf hin, daß das Silber bis auf wenige Stücke nicht mehr benutzt werde. Der Hort sei durch so viele Schlösser verriegelt, daß man ihn im Brandfalle nicht werde retten können. Selbst wenn die alte Sitte des festlichen Petri-Mahles wiederbelebt würde, könne man die Geschirre, die gänzlich unmodern und veraltet seien, nur nach einer Umarbeitung verwenden. Das beste sei jedoch, alle Stücke bis auf einige, als „Antiquitäten" des Verwahrens werte, einzuschmelzen und den Metallwert zu nutzen. Sollte jemand befürchten, daß aufgestochene oder getriebene Wappen beim Umarbeiten in falsche Hände gerieten, könne man das verhindern, indem man den Gesamtbestand vollständig einschmelze und erst dann zum Umarbeiten aus dem Rathaus gebe.

Schuback schlägt des weiteren vor, das Silber doch in Partien von je 2 000 Talern an die Kaufherren im Senat zu verleihen und dafür jährlich Zinsen einzuziehen. Damit bringe man das Kapital sinnvoll in Umlauf und könne durch die Zinsen die Summe sogar mehren.

1693 ist auf diesem Schreibzeug (siehe S. 92, Kat. Nr. 30) eingraviert. Es ist in keinem der alten Inventare erwähnt. Vermutlich handelt es sich um das Schreibzeug der alten Hamburger Bank

1782 jedoch war man in Hamburg zu einer so vollständigen Zerstörung des ehrwürdigen Ratssilbers noch nicht bereit. Erst die drohende Besetzung der Stadt durch die 1805 anrückenden Franzosen versetzte den Senat in die Lage, eine so schwerwiegende Entscheidung zu treffen, um wenigstens den Substanzwert für die Stadt zu retten. Durch die damals notwendige Eile kam es nicht dazu, einzelne Stücke durch Verkauf in andere Hände zu geben und dadurch zu erhalten.

Vor dem Einschmelzen im Jahre 1805 wurde noch einmal der gesamte Bestand der Silberkammer inventarisiert. Dieses Verzeichnis vom März des Jahres führt unter 132 Posten insgesamt 240 Einzelstücke auf. Die Typenzusammensetzung ist überaus vielfältig und das Gerät für den unterschiedlichsten Gebrauch bestimmt. Da bereits 1724 die Sitte der großen Festessen aufgegeben worden war, benötigte man im Rathaus nur noch Geschirre für kleinere Mahlzeiten. So wird an Neuzugängen des 18. Jahrhunderts folgendes genannt: kleine Deckelterrinen, Schüsselgestelle zum Warmhalten von Speisen über Réchauds, Präsentierteller, Suppenkellen. Wahrscheinlich verwendete man bereits Porzellangeschirr zum Speisen, so daß der Silberbestand zwangsläufig abnahm. Ein Vermerk aus einer Aufstellung von 1799 nennt die Stif-

Im Sitzungsraum des Senats wurde dieses Schreibzeug (siehe S. 91, Kat. Nr. 29) verwendet. Diese Sonderstellung bewahrte es vor der Einschmelzung

tung von drei silbernen Kaffeekannen, die in Paris gearbeitet waren. Dieser ausdrückliche Hinweis ist ungewöhnlich; mit Sicherheit kann man davon ausgehen, daß zuvor alles zum Ratssilber Zählende aus Hamburger Werkstätten stammte.

1805 waren von den großen Anschaffungen des Jahres 1650 noch fast alle Schüsseln, Platten und Teller vorhanden. Neun Leuchter mit Figurenschäften entstammten sicherlich auch dem 17. Jahrhundert. An prächtigen älteren Objekten waren noch drei Wasserkannen und fünf Handbecken aufgelistet, vor allem aber zwei Globuspokale, einer als Himmels-, der sog. Penshornsche als Erdglobus graviert. Globuspokale und Figurenschaftleuchter aus Hamburg sind in Schloß Rosenborg in Kopenhagen und in der Moskauer Rüstkammer erhalten, so daß man bei diesen Inventarangaben noch eine Vorstellung von ihrem Erscheinungsbild gewinnen kann.

Heute sind nur mehr drei Stücke aus Hamburgs altem Ratssilber erhalten. Dazu gehört ein Nautilus-Pokal, 1707 aus dem Nachlaß des kaiserlichen Gesandten Christian II. Graf zu Egck dem Rat übergeben. Der in den Niederlanden geschnittene Nautilus wurde von Johann Wilhelm Heumann um 1700 in Schmuckformen des Spätbarock gefaßt. Vermutlich blieb er vom Einschmelzen verschont, weil das Silbergewicht der Fassung gering ist. Bis zum Erwerb durch das Museum für Kunst und Gewerbe Hamburg im Jahre 1963 blieb der Pokal verschollen.

In Ratsbesitz selbst sind zwei Stücke verblieben, die ehemals in den Sitzungsräumen des Senats benutzt wurden und die dadurch eine Sonderstellung innehatten, die sie vor dem Untergang bewahrte. Die kleine Sanduhr (Kat. Nr. 1), 1678 vom Praetor Lt. Meurer gestiftet, ist eine Arbeit des Leonhard Rothaer I. Die beiden Bodenplatten am Ende der gedrehten Stege tragen das Hamburger Wappen bzw. die Stifterinschrift. Das zweite, in das neue Rathaus übernommene Stück ist ein Schreibzeug, das 1756 vom Praetor Nicolaus Hinsche geschenkt wurde. Diese Arbeit des Meisters Johann Georg Dolle (Kat. Nr. 29) steht nicht nur wegen der Vielzahl darauf gesetzter Wappenschilder einzig da, sondern verbindet auf sonst in Hamburg nicht wiederholte Weise eine veraltete Geräteform mit stark bewegten, damals hochmodischen Rocailleschwüngen.

In der Ratssilberkammer wird heute ein weiteres Schreibzeug verwahrt, das in keinem der alten Inventare erwähnt wird. Auf diesem Stück (Kat. Nr. 30) ist neben dem Hamburger Wappen nur das Wort „BANCO“ und die Jahreszahl 1693 graviert. Allem Anschein nach handelt es sich bei dieser Arbeit des Paulus Schütte um das Schreibzeug der alten Hamburger Bank, also des Instituts, dem 1805 das Ratssilber zum Einschmelzen und zur Verwertung übergeben wurde. Das kastenförmige Gerät mit halbrunder Rückplatte ist schlicht und in glattflächig-kantigen Formen gestaltet.

Im Zeitraum zwischen 1805 und dem systematischen Aufbau eines neuen Ratssilberschatzes von 1897 an sind in unregelmäßiger Folge Silbergegenstände in das Rathaus gestiftet worden. An älteren Arbeiten ist darunter ein Satz von sechs massiven Régence-Leuchtern aus der Mitte des 18. Jahrhunderts zu erwähnen (Kat. Nr. 60), geschaffen von Johann Friedrich Wiese. Es kann sich dabei nicht um altes Ratssilber handeln, da die Leuchter dann jeweils mit dem Stadtwappen gekennzeichnet und zudem in alten Inventaren bereits erwähnt worden wären.

Das in allen Verzeichnissen vermerkte Trinkgefäß, der Penshornsche Globuspokal, ist verschollen. Er hatte bereits nach 1805 seinen figürlich gestalteten Fuß verloren und auch die Bekrönungsfigur war nicht mehr vorhanden. Als eines der ältesten nachgewiesenen Ratssilbergefäße aus der besten Hamburger Goldschmiedeepoche im 17. Jahrhundert wäre er heute, würde er wieder aufgefunden, selbst in verstümmelter Form ein kostbares Erinnerungsstück aus dem verlorengegangenen Schatz.

Anmerkungen

1) *Diese Einleitung des Kataloges über das Hamburger Ratssilber geht in ihrem ersten Teil vom Aufsatz „Das Hamburger Ratssilber“ von Bernhard Heitmann und Renate Scholz in: Die Goldschmiede Hamburgs, I, S. 105-116, aus.*

2) *Otto Beneke, Die vormalige Rats-Silberkammer zu Hamburg vom 14.-19. Jahrhundert, Hamburg 1889.*

3) *Das Memorandum des Syndikus Schuback ist im Wortlaut vollständig abgedruckt bei Heitmann / Scholz (s. Anm. 1), S. 109-111.*

Das neue Silber

Geschenke, Vermächtnisse und erste Aufträge des Rates lassen einen neuen Silberschatz im Rathaus anwachsen

Nach der Franzosenzeit sammelten sich im Rathaus der Hansestadt in unregelmäßiger Folge wieder Silberarbeiten an, die jedoch den Verlust von 1805 weder ausgleichen konnten noch sollten.

Der Rat bestellte bei Johann Friedrich Brahmfeld einen Satz von Leuchtern und Girandolen (Kat. Nr. 3 und 4, S. 28), solide, klarlinige Arbeiten des Klassizismus. Auch die vom Senat dem Arnold Schuback verehrte Terrine des Ernst Martin Bielenberg (Kat. Nr. 38, S. 107 u. 110), die anscheinend in das Rathaus zurückgeschenkt wurde, steht beispielhaft für diesen klassizistischen Gefäßtyp, in klaren großflächigen Formen und mit sparsamem, dem Gefäßumriß untergeordnetem Dekor. Aus dem zweiten Rokoko ist die Henkelschale des Friedrich Peters (Kat. Nr. 40, S. 111) zu nennen, die allerdings erst 1895 gestiftet wurde. Von etwa 1850 an mehren sich Geschenke von Ehrengaben, die vom Geehrten oder von dessen Familie in das Ratssilber gestiftet wurden. Auch die dem Bürgermeister Heinrich Kellinghusen überreichte Erinnerungssäule mit Hammonia (Kat. Nr. 57, S. 148-149) war eine Gabe an den Bürgermeister persönlich, eignete sich jedoch mit dem Ausmaß von mehr als einem Meter Höhe als Andenken an Kellinghusens Amtszeit eher für den Verbleib im Rathaus als für die Mitnahme in den privaten Bereich. Auch Preise wie die Trinkkanne auf hohem Sockel, die für das Düsseldorfer Bundesschießen von 1878 gestiftet war (Kat. Nr. 5, S. 30-31), gelangten als üppige Geschenke in den Besitz der Stadt. Zu dieser Gerätegruppe zählt auch der prachtvolle Tafelaufsatz „Triumphzug" von 1880, ein glanzvolles Beispiel für figurenreiche Historismus-Arbeiten mit maritimem Thema (Kat. Nr. 19, S. 57, 62-63). Da die Widmungsinschriften an solchen in das Rathaus gegebenen Stücken unverändert belassen wurden, sind sie nicht allein repräsentative Prunkobjekte, sondern zugleich Dokument der Hamburger Bürger- und Wirtschaftsgeschichte.

Ein hoher Besuch in der Hansestadt bleibt durch den englischen „Holbein"-Pokal in Erinnerung, den König Edward VII. als Gegengabe für das ihm überlassene Paar der Elbe- und Alsterkannen überreichen ließ.

Erst 1904 in die Silberkammer gelangt, ist dieses Stück ein vorzügliches Beispiel für die Goldschmiedekunst Englands im 19. Jahrhundert (Kat. Nr. 35, S. 97, 100-101). Nach der Einweihung des neuen Rathauses häuften sich die Silbergeschenke

Hammonia bekrönt die Erinnerungssäule, die dem Bürgermeister als persönliches Geschenk überreicht wurde. Seine Familie überließ das monumentale Stück dem Rathaus als Stiftung Siehe S. 148-149

Beispielhaft für den klassizistischen Gefäßtyp mit klaren großflächigen Formen und sparsamem Dekor ist diese Terrine von Ernst Martin Bielenberg (siehe S. 107 und 110)

Die wein-schenkend… Bacchanti… kehrt als Sinnbil… von Jugend un… weiblicher Schönhei… auf Hamburge… Prunksilber nac… 1860 immer wiede… Siehe auch S. 2…

an die Stadt, und Hamburg besitzt dadurch neben den Arbeiten seines Senatsgoldschmieds Schönauer, auf dessen Werk noch eingegangen wird, eine glänzende Reihe von historistischen Silberobjekten, die den hohen Standard der deutschen Silberproduktion in der Gründerzeit bis zum Ersten Weltkrieg studieren lassen und repräsentieren. Firmen in Hamburg, Bremen, Berlin und Hanau lieferten die üppigen Tafelaufsätze, die nicht nur in einem Rathaus, sondern auch in den Verwaltungssitzen von Reedereien, Werften, Handelshäusern und Industriellen ihren Platz hätten finden können. Zahlreiche Silberarbeiten tragen neben den Herstellermarken die Modellnummern der Manufakturen, Belege dafür, daß es sich hier nicht um Einzelanfertigungen für Hamburg handelte, und gleichzeitig Nachweis dafür, daß derart repräsentatives Gerät dem Prunkbedürfnis und dem Lebensstil der Zeit durchaus angemessen war.

Der junge Reichtum wurde überall dort, wo er gewonnen wurde, geradezu unbefangen zur Schau gestellt. Dieser Umstand bedeutete für die silberverarbeitenden Unternehmen und Werkstätten eine Fülle an lebensnotwendigen Aufträgen. So fand nun die Vorliebe für das Schmückende, das Prachtvolle nicht allein seinen Ausdruck in Platzanlagen, Architektur, Möbelkunst und Innendekoration, sondern gerade auch in der Goldschmiedekunst, die seit dem frühen 19. Jahrhundert in Deutschland viel von ihrer früheren Bedeutung verloren hatte. Im Ratssilber der Hansestadt läßt sich die ganze phantasievolle Produktion der neuen Blütezeit ablesen. Ganz ungewöhnlich etwa im Paar der Aufsätze, die als „Wellenspiel" zu nennen sind: ein Aufbau aus Schalen, die aus dem Stoff gebildet erscheinen, den sie eigentlich aufnehmen könnten, aus Wasserschleiern, die sich als wirbelndes Wasserspiel präsentieren (Kat. Nr. 26, S. 82-83).

Aber nicht nur Aufsätze, bisweilen von monumentalen Ausmaßen, wurden in den Schatz einbezogen, auch Serviceteile für die Verwendung bei festlichen Ratsessen finden sich unter den Stiftungen. Hier sei nur auf die beiden Sätze von Servierplatten hingewiesen, die einmal von den Schwestern Lippert (Kat. Nr. 69, S. 174-175) und vom Senator Wappäus und seiner Gemahlin (Kat. Nr. 6, S. 30) geschenkt wurden. Das Gebrauchssilber für die Ratstafel ergänzte und steigerte den Silberglanz der im Mittelpunkt stehenden Aufsätze.

Man mag es bedauern, daß der Silberschatz nicht in einheitlicher Gestaltung zusammengestellt wurde. Es ist jedoch gerade der Vorzug des Hamburger Ratssilbers, daß durch seine Vielgestaltigkeit und durch die Gruppierung der gesamten zeitgenössischen Silberkunst in diesem Hort das deutsche Silber einer ganzen Epoche in besten Beispielen nebeneinander steht.

Das verbindende Element konnte durch den Anteil des Alexander Schönauer an diesem Gesamtbestand geschaffen werden.

ie geflügelte 'ictoria
uf der Trinkkanne aus er Bremer Werkstatt rinnert an die öttinnen auf den iegesmonumenten ach 1871. iehe S. 30

Wellenspiel
Eine Schale, scheinbar aus dem Stoff gebildet, den sie eigentlich aufnehmen soll: Eine Nixe trägt einen wirbelnden Wasserschleier auf ihren Schultern (siehe S. 83)

2 TAFELAUFSATZ „HAMMONIA MIT MAUERKRONE"

Brahmfeld & Gutruf, Hamburg, 1867. Ratssilberschatz, Inv. Nr. 61 (B.-Verz. Nr. 59)

Silber, gegossen, getrieben, ziseliert, punziert, graviert. H. 83,5, B. (mit Henkeln) 38 cm. Tafelaufsatz in Form einer balusterförmigen Deckelvase. Mit Weinstöcken und -trauben, die auch die Füße bilden, verzierter Sockel, umzogen von graviertem Behangmuster und einem Taureif. Darauf Balustervase mit aufgelegten und gravierten Ornamentfriesen und zwei blattverzierten Volutenhenkeln, auf denen je eine Bacchantin mit Weinkanne und Glas, Traube und Schale lagert. In der Mitte des von kronenförmigem Rand umzogenen Deckels Sockel mit der Figur der Hammonia mit Mauerkrone, in der Linken ein Schiff, in der Rechten einen Schild mit dem Hamburger Wappen haltend. Auf der Wandung eichenlaubgerahmte, gravierte Inschrift: „Dem Herrn Major Perger Chef des 4. Bataillons H.B.M. zum Andenken von seinem Offiziers-Corps" und „Hamburg den 16ten Mai 1867".
Ohne Marken.
Stifter unbekannt. Major Franz Clemens Perger (geb. 1827 in Trier) war Bataillonschef des Hamburger Bürgermilitärs.

Die Formen dieses monumentalen Aufsatzes gehen auf barocke Vorbilder zurück, sind jedoch deutlich von neoklassizistischen Elementen durchsetzt. Die Maßverhältnisse des hohen Sockels und des gedrückten Vasenkörpers, die Verbindung von Prunkgefäß und Säulenmonument für die Hammoniafigur und die als Versatzstücke ohne inhaltlichen Bezug zur Stadtallegorie auf den Henkeln lagernden Bacchantinnen weisen die Arbeit als eigenständige Schöpfung des Historismus aus.

Lit.: Ausst. Kat. Historismus, 1977, Nr. 110. – Zur Zuschreibung des Tafelaufsatzes an Brahmfeld & Gutruf s. den Kommentar zu Kat.Nr. 69.

Die Gotthei[…] Hammonia[…]
Personifikation Ham[…] burgs, steht auf eine[…] als Sockel dienender[…] reichgegliederte[…] Ziervase. In de[…] Händen hält sie eine[…] Wappenschild un[…] ein Segelschiff, au[…] dem Kopf trägt si[…] einen Mauerrin[…] als Krone[…] Siehe auch Deta[…] auf S. 2[…]

3 VIER GIRANDOLEN

Johann Friedrich Brahmfeld, Hamburg, 1815. Ratssilberschatz (B.-Verz. Nr. 117)

Silber, getrieben, ziseliert, punziert, graviert. H. 58, ø Fuß 18 cm. Runder, gekehlt ansteigender Fuß, schlanker, sich konisch nach oben erweiternder Schaft, darauf von vasenförmigem Aufsatz drei spiralig gewundene Arme (zwei seitlich, einer in der Mitte) mit ebenfalls vasenförmigen Tüllen ausgehend. Fuß, Schaft und Tüllen von Godrons umzogen, um den Fuß Akanthus-, um den Schaft Blattfries. Auf dem Fuß, graviert, das von Löwen gehaltene Hamburger Wappen sowie die Datierung 1815.
Marken: Hamburger Beschau mit U (1811-1829) / IJLISG / IFB gerahmt.
Unbekannter Stifter.

Die Leuchter entsprechen in ihren klaren, glattwandigen Formen und im sparsam versetzten klassizistischen Dekor dem Stil des frühen 19. Jahrhunderts. Einzig die spiralig gedrehten Leuchterarme der Girandolenaufsätze lockern die strenglinige Erscheinung auf.

Lit.: Beneke, 1889, S. 27. – Schmidt, 1912, S. 8, Abb. 7. – Meier-Oberist, 1925, S. 192. – Die Goldschmiede Hamburgs, I, S. 113; II, S. 481, Nr. 568.

Girandole und Leuchter sind Teile eines großen Satzes gleichgeformter Stücke

4 ZWÖLF LEUCHTER

Johann Friedrich Brahmfeld, Hamburg, 1815. Ratssilberschatz (B.-Verz. Nr. 118)

Silber, getrieben, ziseliert, punziert, graviert. H. 30, ø Fuß 14 cm. Trompetenfuß, konischer, sich nach oben erweiternder Schaft, vasenförmige Tülle. Um Fuß, Schaft und Tülle getriebene Blatt- und Godronsfriese, am oberen Ende des Schaftes aufgelegter Blattfries. Am Fuß, graviert, das von Löwen gehaltene Hamburger Wappen sowie die Jahreszahl 1815.
Marken: Hamburger Beschau mit U (1811-1829) / IJLISG / IFB gerahmt.
Unbekannter Stifter.

Lit.: Beneke, 1889, S. 27. – Schmidt, 1912, S. 8. – Meier-Oberist, 1925, S. 142. – Die Goldschmiede Hamburgs, I, S. 113; II, S. 481, Nr. 568,2.
Vgl. vier Girandolen, Kat. Nr. 3.

Hamburg
den 16ten Mai
1867.

5 TRINKKANNE AUF HOHEM SOCKEL

Koch & Bergfeld, Bremen, für Johann Wagner & Sohn, Berlin, 1878. Ratssilberschatz (B.-Verz. Nr. 30)

Silber, gegossen, getrieben, gedrückt, ziseliert, punziert, teilvergoldet. H. mit Sockel 53, ø des Sockels 28,5 cm. Auf vier Klauenfüßen mit Blattvoluten stehender runder Sockel mit doppelter Einschnürung. Darauf die Kanne mit spindelförmigem Fuß und konisch verjüngter Wandung, die oben und unten von je einem Buckelkranz eingefaßt ist. Auf dem Deckel als Bekrönung die mit Kränzen in den Händen herabschwebende Victoria über einer Kugel. Auf dem großen Schweifwerkhenkel bärtiger Kopf, ein Pinienzapfen als Daumenrast. Inschrift unter dem Lippenrand: „VI. DEUTSCHES BUNDESSCHIESSEN DÜSSELDORF JULI 1878".

Marken: Modell-Nr. 8248 / 800 / Joh. Wagner & Sohn und Kelchmarke. Unbekannter Stifter.

Die aufwendige Präsentation der Kanne auf hohem Sockel und die harmonische Verbindung heterogener Stilelemente, hier Buckelkränze und Schweifwerk aus der Renaissance, Festons an flatternden Bändern aus dem Louis Seize und die klassizistische Nike oder Victoria als Deckelbekrönung weisen die Kanne als Arbeit des Historismus aus. Auch die technische Ausführung ist dafür typisch: Die Treibarbeit ist teilweise durch das einfachere Drücken ersetzt, und die feinmattierten Oberflächen z.B. des Untergrundes der Festons am Sockel entsprechen der Geschmacksrichtung der Entstehungszeit.

Victori
scheint auf di
Deckelkugel herab
zuschweben. De
prunkvolle Aufba
von Kanne und Sock
läßt weniger an ei
Trinkgefäß als an ei
Monument denke
Siehe auch Deta
auf S. 2

6 ACHT OVALE FISCHPLATTEN

Brahmfeld & Gutruf, Hamburg, 1903 – 1905. Ratssilberschatz, Inv. Nr. 45 und 46

Silber, getrieben, ziseliert. 73 x 47,5 cm. Ovales, vierfach geschweiftes Tablett mit vertieftem glatten Spiegel. Der breite vorkragende Rand reliefiert mit Fischen und verschlungenen Wasserpflanzen. An einer Breitseite das von Löwen flankierte Hamburger Wappen in Dreipaß-Kartusche. Bei sechs Platten auf der Gegenseite gleichartige Inschrift-Kartusche: „DEM SENAT / ADOLF HEINRICH UND EVELINA / WAPPÄUS / 1. MÄRZ 1903". Bei zwei Platten die Inschrift-Kartusche: „SENATOR / HEINRICH CHRISTIAN SANDER 1905"; darunter dreigeteiltes Wappen mit Lilie und drei Sternen.

Die Fischplatten zeigen auf ihrem Randdekor unterschiedliche Fischarten naturalistisch zwischen wuchernden Wasserpflanzen

Marken: Reichsstempel: Halbmond und Krone / 800 / Adler in Rundfeld / BRAHMFELD & GUTRUF. Sechs Fischplatten wurden 1903 von Adolf Heinrich Wappäus und seiner Gattin Evelina gestiftet, zwei weitere 1905 von Senator Heinrich Christian Sander.

Beim Randdekor dieser Platten wurden unterschiedliche Fischarten – je zwei auf einem Viertelsegment – naturalistisch zwischen wuchernden Wasserpflanzen dargestellt. Als ob sie von Wasserwellen bewegt werden, folgen die Pflanzen in ihren Schweifungen einem geordneten Rhythmus. Er läßt den an natürliche Vorbilder erinnernden Dekor als eine vollendete Silbertreibarbeit des Jugendstils erkennen. Die Fischplatten ergänzen den Bestand an Servierplatten, die dem Senat zur selben Zeit von den Schwestern Aline und Adele Lippert geschenkt wurden (vgl. Kat. Nr. 69, S. 174-175).

DÜSSELDORF

Der Meister des Silbers

Mit Alexander Schönauer wurde der bedeutendste Goldschmied des neuen Ratssilbers nach Hamburg berufen

Mit dem Neubau des Hamburger Rathauses, das im Reichtum der Fassadengestaltung und im repräsentativen Prunk des Senatsgeheges und der Festräume zu den besterhaltenen Ensembles des Historismus zählt, kam der Wunsch auf, auch wieder ein der Selbstdarstellung der Hansestadt entsprechendes Ratssilber zu beschaffen.

Mit Sicherheit wurde dieser Gedanke durch das Wissen um Kölns neuen Ratssilberschatz gefördert; man wollte etwas Vergleichbares besitzen, das den Glanz der Festmähler, die bis zum Ende der Kaiserzeit zum Leben der regierenden Gesellschaftsschicht gehörten, in ähnlicher Weise steigerte.

Durch den Umstand, daß Justus Brinckmann vom Museum für Kunst und Gewerbe auf den in München ausgebildeten Alexander Schönauer aufmerksam wurde und ihm mit dem ersten Auftrag für die Fassung eines Straußeneies in Pokalform Gelegenheit bot, seinen Rang und seine Fähigkeit als Goldschmied unter Beweis zu stellen, gewann Hamburg den Schöpfer seines Ratssilbers, neben dessen Arbeiten die Werke aller anderen für das Rathaus tätigen Edelschmiede und Manufakturen an Bedeutung zurücktreten.

Schönauer muß durch den Kontakt mit und durch die Förderung von Brinckmann Zugang zu historischen Vorbildern, zu Sammlungen von Vorlageblättern und zur Kenntnis der im späten Historismus, im Jugendstil und im beginnenden Art déco verbindlichen Stilentwicklungen gelangt sein. In Verbindung mit seiner schöpferischen Phantasie war es ihm möglich, einen eigenen Stil zu entwickeln, der einmal seine Meisterschaft in kopierender Übernahme und zum anderen seine unverkennbare künstlerische Selbständigkeit unter Beweis stellt.

Um die Jahrhundertwende haben Symbole, Allegorien und Embleme bereits den ehemals streng festgelegten Bedeutungsgehalt verloren. Die Götter des Handels, des Meeres und der tätigen Gewerbe sind zwar noch geistiger Besitz des Bildungsbürgertums, doch ihre Darstellung, ihre wechselseitige Verbindung und ihr Sinngehalt haben damals schon weniger Gewicht als ihre dekorative Darstellung an Aufsätzen, Kannen, Bechern, Leuchtern und Prunkbowlen. Sie wurden spielerisch zur Ausschmückung verwendet. Das gleiche gilt für den Schmuck aus Meeresgetier, aus Pflanzen, Blumen und Blüten, die in den vom Historismus zum Vorbild genommenen früheren Stilepochen ihre ihnen jeweils zugewiesene Bedeutung zum Ausdruck brachten.

Alexander Schönauer (1871-1955) beherrschte nicht nur alle Techniken der Gold- und Silberschmiedekunst, er meisterte in seinem Werk auch die Überschneidungen und die Verbindungen von Historismus, Jugendstil und Art déco

Die Semper Bow
Masken, allegorisch Figuren, Fabelwese und Rebenranken sin in das Bildprogram der Semper-Bow einbezoge

Details der Semper-Bowle
Schönauers Formgefühl und sein sicheres Gespür dafür, welche Oberflächenreize dem Silber abzugewinnen sind, werden in den Details seiner Semper-Bowle deutlich

ie Semper-
owle
chönauer setzte
en Entwurf Sempers
on 1851 erst 1906
Silber um und
rgänzte aus eigener
rfindung die in
er Zeichnung
icht ausgeführten
nsichten

Dieser Umstand ermöglichte es Schönauer, die Grenzen zwischen den einzelnen Stilphasen vom ausgehenden Mittelalter bis zu seiner eigenen Zeit außer acht zu lassen und damit Formen und Dekore phantasievoll zu kombinieren.

Als erstes Beispiel sei der Münzbecher von 1899 (Kat. Nr. 9, Abb. rechts) genannt: Der schlank und steil gestaltete Becher geht auf ein im spätmittelalterlichen Burgund entwickeltes Gefäß zurück, doch schon der Fuß mit der Galerie der Schaumünzen ist so nur im späten 19. Jahrhundert denkbar. Die Anordnung der Münzen auf der glatten Wandung und auf den Buckelkränzen ist nicht mehr als geschlossenes Muster wie im Barock verstanden, sondern hat verspielt dekorativen Charakter. Der Wappenschild der Bekrönung scheint mit seiner rahmenden Zier wie von einem barocken Epitaph übernommen, und der Kranz um den Deckelrand zeigt deutlich spätgotische Züge. Diese additive Aufzählung darf nicht als Zergliederung verstanden werden, sondern als Erläuterung der ursprünglich heterogenen Elemente eines schließlich als Schöpfung des bereits mit Jugendstilmotiven bereicherten Zeugnisses des späten Historismus.

Noch brillanter kommt Schönauers Einfallsreichtum in den beiden Weinkannen von 1900 und 1901 (Kat. Nr. 66 und 67, siehe S. 170-172) zum Ausdruck: In Aufbau und Proportionen unverkennbar als Paar ausgewiesen, gelingt es dem Goldschmied, zwei eigenständige Objekte zu schaffen. Das Phantasiewesen Drache fügt sich in seine Funktion als Henkel, ohne daß der Körperlichkeit des Reptils verformender Zwang angetan wäre. Die verschlungenen Schlangenleiber des Gegenstückes sind auch ohne Montierung als Haltegriff eine überzeugende Darstellung des gelenklosen Gleitens und sich Verschlingens dieser Tiere. Weinlaub und Trauben ergeben eine schimmernde Buckelung, während der Blütenfries der anderen Kanne eine lebendige Strukturierung mit einer Fülle von glänzend reflektierenden Flächen bildet. Und selbst die Buckelung der beiden Fußwölbungen ist jeweils in einer ganz eigenen Körperlichkeit getrieben.

Dies fordert zum Hinweis auf Schönauers Verhältnis zum Werkstoff Silber heraus. Er bewältigt nämlich nicht allein die Härte und die Dehnbarkeit des Metalls, sondern läßt sich darüber hinaus durch die Fülle der technischen Möglichkeiten anregen und inspirieren. Silber ist das Element, das durch seine spiegelnde Farblosigkeit mehr als andere Materialien Licht und Farbe seiner Umgebung aufnimmt und zurückwirft. Jede Nuance der Bearbeitung ergibt einen neuen Effekt. Samtige Körnung, schuppige Rauheit, matt belassene Flächen und glanzpolierte Zonen lassen sich nebeneinandersetzen und steigern sich in ihrer Wirkung. Ein silberner Gegenstand kann kühl und glatt, opulent und schwer, zierlich und leicht erscheinen, und in der Wahl der Motivverbindungen des Dekors lassen sich alle diese Eigenschaften gleichzeitig zum Ausdruck bringen.

So ist etwa die behäbige Schwere der Weinkanne von 1902 (Kat. Nr. 11, S. 46) durch den umlaufenden Weinlaub- und Traubendekor spürbar gemildert. Die Elbe- und die Alsterkanne (Kat. Nr. 36 und 37, S. 102-105) müssen den Zeitgenossen und nicht nur dem englischen König, der sich als Gast der Stadt die beiden Erstausführungen zum Geschenk erbat, als glücklicher Ausdruck des damaligen Stilempfindens gegolten haben: Die Grundform wurde im 19. Jahrhundert vor allem in Glas und in Keramik ausgearbeitet, die gläsernen Exemplare erhielten meist eine Fassung aus Zinn oder versilbertem Weißmetall.

Die Ansichten auf der unteren Gefäßzone kehrten ähnlich auf zahllosen Andenkenkannen mit Sehenswürdigkeiten beliebter Ortschaften wieder. Doch die Steigerung dieser Kannen zu Prunkgefäßen wird nicht nur durch das Silbermaterial erreicht, sondern besonders an der Elbekanne durch die Übernahme der Architekturmotive, die in gleicher Weise an einem spätgotischen Nürnberger Becher (London, Victoria & Albert Museum) die Füße bilden. Das Motiv wird als Anregung aufgenommen,

Der Münzbecher verbindet ganz unterschiedliche Stilelemente von der Spätgotik bis zum Jugendstil; im Zusammenspiel von Form und Dekor entsteht dennoch ein harmonischer Akkord. Schönauer wurde für diesen Becher bei der Weltausstellung in Paris 1900 mit einer Goldmedaille ausgezeichnet

tatsächlich existierende Architektur des Hafens erkennbar und spielzeughaft verfremdet nachzubilden. Die Alsterschwäne auf der Alsterkanne hatten auf den Betrachter denselben Wiedererkennungseffekt und fanden ebenso begeisterte Aufnahme.

Die Jugendstilbewegung in den gedrehten Zügen der oberen Gefäßwand und in Form und Proportionen der Henkel löst die strenge und kühle Erscheinung des Umrisses etwas auf. Wieder schuf Schönauer hier zwei Objekte, in denen die ablesbare Vielfalt der eingesetzten Stilentlehnungen dennoch ganz eigene, neuartige Schaugefäße ergibt.

Neben der Opulenz der nach einer Entwurfszeichnung Gottfried Sempers ausgeführten Silberbowle (Kat. Nr. 8, S. 33-35, 42), die wir als eine Art Meisterstück für die Demonstration handwerklichen und künstlerischen Formens und Gestaltens bewerten können, erscheinen die hohen Hansekannen im Stil des Jacob Mores, auch sie nach Zeichnungvorlagen verwirklicht (Kat. Nr. 14 und 15, S. 48-49), etwas steif und akademisch in der Umsetzung. Doch Schönauer steigert in den späteren Arbeiten für das Rathaus noch einmal seinen schöpferischen Elan: Mit dem Baldachin-Tafelaufsatz (Kat. Nr. 70, S. 176-177) von 1913 wie auch mit dem Diana-Aufsatz (Kat. Nr. 17, S. 53) aus demselben Jahr wird seine Wandlungsfähigkeit erneut dokumentiert. Die Mühelosigkeit, mit der er sich die Formen des frühen Art déco zu eigen macht, die überzeugend gelungene Verbindung von kühler Spannung und schwereloser Grazie, die das Volumen und die Linien dieser Werke kennzeichnen, belegen ein weiteres Mal den Rang Alexander Schönauers.

Hier sind nur einige ausgewählte seiner Arbeiten exemplarisch hervorgehoben, um Wesentliches an seinem Werk sichtbar werden zu lassen. Im Hamburger Ratssilber als Gesamtheit bilden die Schönauer-Stücke die Mitte und als Gruppe den Höhepunkt. Da er als Senatsgoldschmied an das Rathaus gebunden werden konnte, ist die schöpferische Leistung aus seinen besten Jahren heute dort zusammengefaßt. Justus Brinckmann als inspirierender Geist, der den Hamburger Senat für den Aufbau und den Ausbau eines neuen Ratssilbers zu begeistern verstand, gab dem jungen Schönauer damit die Mittel und genau die seinen Fähigkeiten entsprechenden Aufgaben, seine glücklichen Begabungen als Handwerker und Künstler schöpferisch zu nutzen.

Das neue Rathaus konnte in Hamburg als die Vollendung des Wiederaufbaus der 1842 niedergebrannten Stadt verstanden werden. Ein Glücksfall ist es, daß aus dem Traditionsverständnis, dem stolzen Selbstbewußtsein und der Großzügigkeit der Bürger für das prachtvolle Haus auch der zugehörige Silberschatz wiedergewonnen wurde.

ankt Georg
nit dem Drachen
er Sieg des Guten
ber das Böse und
amit der Schutz der
anzen Stadt durch
immlische Mächte
urde durch dieses
ertraute Motiv
elfach bildhaft zum
usdruck gebracht

Detailfreude am neuen Rathaus
Auch in den Fassaden des neuen Hamburger Rathauses sind Stilelemente aus verschiedenen Epochen harmonisch verbunden und effektvoll zur Wirkung gebracht

Wie eine Fürstengalerie stehen die Allegorien des Syndikus und der tragenden Stände Hamburgs in der Mitte des monumentalen Aufsatzes

7 TAFELAUFSATZ MIT ST. GEORG

Alexander Schönauer, Hamburg, 1908. Ratssilberschatz, Inv. Nr. 53 (B.-Verz. 64)

Silber, gegossen, getrieben, ziseliert, punziert, graviert, teilvergoldet. Amazonite, Karneole. H. 105, ø Fuß der Schale 38 cm. Brunnenförmiger Aufsatz; aus der Schale steigt eine Mittelsäule auf, die eine große gotisierende Knospe trägt, in der, wenn man sie öffnet, acht Silberfiguren sichtbar werden. Auf der Spitze des Aufsatzes der drachentötende St. Georg. An der Außenwand der Schale an Ketten drei Plaketten mit Darstellungen des „Rath Hauses", des alten Rauhen Hauses und des Hammerhofes in Hamburg sowie drei Gedenkmünzen der Domina Carlota Sieveking, des Johann Alb. Hinr. Reimaro und des Georg Heinrich Sieveking, außerdem das Hamburger Wappen und die Wappen der Familien Sieveking und de Chapeaurouge. Um den Schaft je ein Kranz von Karneolen und Amazoniten. Auf St. Georgs Schild ein gravierter Reichsadler. Die Widmungsinschrift läuft um den Schalenrand: „EINEM HOHEN SENAT DER FREIEN UND HANSESTADT HAMBURG ZUM ANDENKEN AN SYNDICUS KARL SIEVEKING, GEB. 1.XI.1787 GEST. 30.VI.1847" und „Gewidmet v. Jungfrau Domina S. Carlota Sieveking – M. Elisabeth Reich geb. Sieveking – Karl Sieveking I.U. Dr. – Gertrud Johanssen geb. Sieveking – Georg Hermann Sieveking Dr. med. et chir. – Heinrich J. Sieveking Dr. iur. et phil. – Maria E. O. Sieveking geb. Reich – Hamburg 1908". Marken: A. Schönauer / Hamburger Beschau / 800 / Reichsstempel: Halbmond und Krone. Gestiftet 1908 von den Kindern und Enkelkindern des Karl Sieveking.

Karl Sieveking war mit Caroline Henriette de Chapeaurouge (Hamburg 1797-1858) verheiratet; der Aufsatz zeigt die Wappen der Familien Sieveking und Chapeaurouge sowie Plaketten des Prof. Dr. Johann Albert Heinrich Reimarus (Hamburg 1729-1814 Schloß Rantzau), bekannter Naturforscher und Arzt, und seines Schwiegersohnes, des Kaufmannes Georg Heinrich Sieveking (Hamburg 1751-1799), Vater des Karl Sieveking. Der Hammerhof war ein Landsitz mit Gutsbetrieb des Karl Sieveking. Die Erziehungsstätte „Rauhes Haus" gehörte ursprünglich zum Gut des Karl Sieveking, der ein Freund und Förderer ihres Leiters, Johann Hinrich Wichern, war. Laut Auskunft von Frau Gertrud Schönauer im Jahre 1977 repräsentieren die Nischenfiguren (darunter der Syndicus in Amtstracht) die tragenden Stände Hamburgs. Der Aufsatz ist stilistisch in zwei Zonen gegliedert: Fuß, Schale und Schaft sind in den Formen des Jugenstils gestaltet. Die Knospe mit den Figuren sowie die Bekrönung mit St. Georg dagegen wurden im Stil des Historismus aus Elementen der Gotik und der Renaissance heraus entwickelt. Der Klappmechanismus der Figurenkapsel erinnert an die Betnüsse des Spätmittelalters, die, meist kugelförmig, geöffnet werden konnten und dann die in ihnen enthaltenen figürlichen Szenen zeigten.

Lit.: Hamburger Woche 19, 1908, S. 7. – Schmidt, 1912, Abb. 12. – Im Museum für Kunst und Gewerbe: Goldschmiedearbeiten von Alexander Schönauer, in: Hamburger Fremdenblatt, März 1931. – Hüseler, 1946, S. 15-34. – Ausst. Kat. Historismus, 1977, Nr. 131. – Die Goldschmiede Hamburgs, I, S. 114, 223, Nr. 18. – Hamburger Abendblatt v. 6.9.1995, S. 16, „Die Schatzkammer des Rathauses". – von Bargen, 1995, S. 40-41.

Eine Knosp[e] öffnet sich Acht bootsförmig[e] Kelchblätter öffne[n] sich und geben de[n] Blick auf die groß[e] Kapsel frei, in dere[n] Rippen- und Maß[-] werkformen sic[h] die Silberfigure[n] präsentieren (sieh[e] auch im Deta[il] Abb. links)

KARL
Sieveking

8 Gottfried-Semper-Bowle

Alexander Schönauer, Hamburg, 1906. Ratssilberschatz, Inv. Nr. 47 (B.-Verz. Nr. 58)

Silber, gegossen, getrieben, ziseliert, punziert, graviert, teilvergoldet; Email. H. 52, B. mit Henkeln 55 cm. Rundes Deckelgefäß auf durchbrochenem Sockel. An den vorkragenden Ecken der weinlaubumrankten Basis, deren Seiten mit ruhenden Frauengestalten, Eidechsen und Blattwerk verziert sind, hocken vier weibliche Figuren, die eine mit je vier männlichen und vier weiblichen dionysischen Masken geschmückte Platte tragen. In deren Öffnung ist die bauchige Schale in Form eines antiken Echinus eingepaßt. Der Gefäßfuß wird von einem Muschelfries, die obere Wandung von einem breiten Bacchantenzug umzogen. Die waagerecht angesetzten Henkel stützen je zwei muschelhornblasende Tritone. Auf der Deckelwölbung alternieren Widderköpfe in verschlungenen Weinranken mit vier von Masken und Fruchtgehängen verzierten Trapezfeldern, die folgende Aufschrift tragen: „VON GOTTFRIED SEMPER ERDACHT / VON ALEXANDER SCHÖNAUER GEMACHT / VON EDMUND I.A. SIEMERS DARGEBRACHT / DEM SENAT VON HAMBURG 1906". Auf der Deckelmitte ein mit Löwenmasken geschmücktes kronenförmiges Gebilde, aus dem vier auf Sphingen reitende Putten schauen, überragt von Kolbenblüten und einem Pinienzapfen, unter dem ein Kranz ausgerollter Blätter je zweimal die emaillierten Wappen Hamburgs und der Familie Siemers trägt. Ohne Marken.

Auf Anregung von Justus Brinckmann, dem Direktor des Museums für Kunst und Gewerbe, Hamburg, arbeitete Schönauer die Bowle nach dem Entwurf Gottfried Sempers von 1851 (Bleistiftzeichnung im Museum erhalten). Auftraggeber war der Großkaufmann Edmund Julius Arnold Siemers (Hamburg 1840-1918), Mitbegründer der Hamburgischen Wissenschaftlichen Stiftung, 1907, und Stifter des Vorlesungsgebäudes der Universität Hamburg), der die Bowle im Jahre 1906 dem Senat schenkte. Semper griff für seinen Entwurf nicht auf Punschgefäße als Vorbilder zurück, sondern ging von den als Glanzstücke der Service des französischen 18. Jahrhunderts gestalteten Terrinen aus. Ob der Entwurf überhaupt für eine Verwirklichung als Goldschmiedearbeit bestimmt war, muß dahingestellt bleiben. In jedem Falle ist offenkundig, daß die Bowle in ihrem Materialaufwand, ihren Dimensionen und in ihrem anspruchsvollen Programm nicht für den tatsächlichen Gebrauch bestimmt war. Es handelt sich hier um ein Demonstrationsobjekt für die sog. Angewandte Kunst: Die Grundform eines Gebrauchsgerätes wird durch künstlerische Phantasie bereichert, erhält durch Sinnbezüge und Allegorien ein lesbares Programm und ist damit zum autonomen Kunstwerk gesteigert. Semper gab in seinem Buch „Der Stil in den technischen und tektonischen Künsten", Frankfurt 1860, S. 67, die Anregung, bei Trink- und Mischgefäßen den „Bezug bacchischer Scenen, der Weinranke, des Efeublattes..." zu wählen. Im Entwurf von 1851 hatte er diesen Gedanken bereits selbst einmal durchgespielt. Hätte er damals die Realisierung durch einen Goldschmied gewünscht, so wären neben dem Aufriß einer Seite des Gefäßes mit Sicherheit Seiten- und Rückansichten wie auch eine Konstruktionsanweisung mit Grundriß entstanden. Schönauers Silberbowle ist eine kongeniale schöpferische Leistung, die der Semper-Zeichnung gerecht wird und ihr an Rang ebenbürtig ist.

Lit.: M. Sauerlandt, Die Punschbowle des Hamburgischen Ratssilberschatzes, Kunstgewerbeblatt, N.F. 17, 1906, S. 202-204. – Schmidt, Ratssilber, 1912, S. 10, Abb. 9. – Meier-Oberist, 1925, S. 158. – Im Museum für Kunst und Gewerbe: Goldschmiedearbeiten von Alexander Schönauer, in: Hamburger Fremdenblatt, März 1931. – Ausst. Kat. Historismus, 1977, Nr. 129. – Zu Gottfried Sempers Entwurfszeichnung von 1851 vgl. Ausst. Kat. Gottfried Semper, Zum 100. Todestag, Dresden 1979, Nr. 619. – Die Goldschmiede Hamburgs, I, S. 116, 222, Nr. 17. – Hamburger Abendblatt v. 6.9.1995, S. 16, „Die Schatzkammer des Rathauses". – von Bargen, 1995, S. 41, 43.

Abb. auf S. 33-35

Die goldenen Münzen
sind nicht in die Wandung eingelassen, sondern könnten ohne Schaden aus ihren Fassungen wieder herausgenommen werden

9 MÜNZBECHER

Alexander Schönauer, Hamburg, 1899. Ratssilberschatz, Inv. Nr. 29 (B.-Verz. Nr. 35)

Silber, gegossen, getrieben, ziseliert, punziert, graviert, teilvergoldet; Email; Gold, Medaillen, Münzen. H. 59 cm.
Hoher Deckelbecher. Auf konischem Sockel sich nach oben erweiternder, von drei Buckelreihen und Taureifen umzogener Gefäßkörper mit von Löwen gehaltenem emailliertem Hamburger Wappen.
Deckel in Form eines stumpfen Kegels mit gerader, von aufgesetztem Eichenlaub mit Blüten umrankter Zarge: als Deckelkrönung das emaillierte Wappen der Familie Versmann mit Helmzier. Hamburger Münzen – teilweise stark abgegriffen – sind in die mit reliefierten Weinranken verzierte Wandung sowie in den Deckel eingelassen. Auf Sockel und Deckel in Öffnungen eingesetzte, in Bezug zu Hamburg und bedeutenden Bürgern der Stadt stehende Medaillen. Im Deckelinneren um die Achse drehbare Medaille.
Vorderseite: reliefiertes Doppelbildnis von Johannes Versmann und Carl Petersen mit der Umschrift: „Zum Gedächtnis der Vereinigung der Freien und Hansestadt Hamburg mit dem Zollgebiet des Deutschen Reiches / als Johannes Versmann Dr. und Carl Petersen Dr. Bürgermeister waren / im Jahre 1888"; Rückseite: der Freihafen in Flachrelief, darüber das von Löwen gehaltene Hamburger Wappen, flankiert von zwei Schriftbändern: „Zollgebiet" und „Freihafen".
Um den Sockel die Inschrift: „BÜRGERMEISTER JOHANNES GEORG ANDREAS VERSMANN I. U. D. 1899".
Marken: Hamburger Wappen / A. Schönauer / 800 / Reichsstempel: Halbmond und Krone.
Gestiftet 1900 vermutlich von der Familie des Bürgermeisters Versmann.
Bürgermeister Johannes Georg Andreas Versmann (Hamburg 1820-1899), Dr. jur., 1859-1861 Präsident der Bürgerschaft, seit 1861 Senator, seit 1887 Bürgermeister.

Dieser Münzbecher verbindet, für den Historismus kennzeichnend, ganz unterschiedliche Stilelemente und Vorbilder. Die Grundform ist die des spätmittelalterlichen Hofbechers, der hier seine gotische Streckung behalten hat. Schönauer wählt statt figürlicher Füße eine konische Sockelzone. Der barocke Dekor der Münzen in der Wandung ist nicht stilgetreu übernommen. Die Anordnung der Schaumünzen auf dem Sockel wie auch das Arrangement auf der Becherwandung entsprechen nicht den Vorbildern des 17. Jahrhunderts. Ganz eigenwillig ist die Auflage von Münzen auf den Buckelkränzen. Schönauer hat die Goldstücke nicht in die Wandung eingelötet, sondern so in Fassungen gesetzt, daß die Sammlerstücke ohne Schaden wieder entnommen werden können. Er wurde für diesen Becher auf der Pariser Weltausstellung von 1900 mit einer Goldmedaille ausgezeichnet.

Lit.: Ausst. Kat. Historismus, 1977, Nr. 117 m. Abb. – Die Goldschmiede Hamburgs, I, S. 113, 221, Nr. 13.
Abb. auf S. 37

Die Sphingen als Henkel erinnern daran, daß mit Napoleons Feldzug von 1798-1799 in Europa ein weiteres Mal die Ägyptenmode an Bedeutung gewann

10 WAHLURNE

Alexander Schönauer, Hamburg, 1900. Ratssilberschatz, Inv. Nr. 24 (B.-Verz. Nr. 36)

Silber, gegossen, getrieben, ziseliert, punziert; Email. H. 26,8 cm. Hoher Glockenfuß, eiförmiger Gefäßkörper mit scharf abgesetzter Schulter und eingeschnürtem Hals. Als Henkel gegenständige, auf Muschelpostamenten sitzende Sphingen. Als weitere Ornamente Lorbeerkranz und -blätter, Efeuranken, ein Taureif an der Schulter und am Lippenrand ein Godronsfries. An der Wandung das Relief des Hamburger Wappens sowie das Wappen der Familie Hachmann auf blau emailliertem Grund. Inschrift unterhalb der Gefäßschulter: „BÜRGERMEISTER GERHARD HACHMANN I.U.D. 1900". Marken: A. Schönauer / 800 / Reichsstempel: Halbmond und Krone. Gestiftet 1900 von Bürgermeister Gerhard Hachmann.

Die Solidität der Erscheinung dieser Wahlurne läßt zu allererst an französisches Silber des Neoklassizismus denken. Die Sphingen erinnern an die damalige Ägyptenmode, die sich nach Napoleons Feldzug (1798/99) entwickelte. Urnen mit Anklängen an antike, bevorzugt griechische Formen, schmückten in einer Vielzahl von Materialien die Paläste und Gärten der Barockzeit bis in das 19. Jahrhundert hinein. Bei diesem silbernen Exemplar ist die Qualität und die Vielfalt der Flächengestaltung, der Reliefhöhen und -oberflächen von besonderem Reichtum. Als Vorbild könnten Arbeiten der Auguste-Werkstatt im Paris des letzten Drittels des 18. Jahrhunderts herangezogen worden sein.
Lit.: Die Goldschmiede Hamburgs, I, S. 226, Nr. 35.

In besondere Vielfa ist die Oberfläc dieser Silberarbe gestaltet. Als Vorbild sind die Werke d Auguste-Werkstatt Paris des letzt Drittels d 18. Jahrhunderts erkenn

HACHMANN I.U.D.

11 WEINKANNE MIT WEINLAUBRANKEN

Alexander Schönauer, Hamburg, 1902. Ratssilberschatz, Inv. Nr. 30 (B.-Verz. Nr. 41)

Silber, gegossen, getrieben, ziseliert, punziert, vergoldet; Email. H. 37 cm. Balusterförmige Kanne auf gekehltem Fuß. Der Gefäßkörper sechsfach kantig gegliedert, über der Schulter in weicher Kehlung zum Hals ansteigend. Der flachgewölbte Deckel mit einer Art Kronreif besetzt. Der Henkelbogen mit Weinstockmotiven dekoriert. Rebenranken und auf jede Wandungsfacette herabhängende Trauben sind auch der dominierende Schmuck der Kanne; Buckelkränze zwischen Fuß und Körper und an der Kanne selbst als obere und untere Begrenzung. Unter der Schnauze, in den Rebenschmuck einbezogen, das Hamburger Wappen. Im Kronreif des Deckels das Stifterwappen. Die Inschrift am Deckelrand umlaufend: „1902 SENATOR OTTO EDUARD WESTPHAL".
Marke: A. Schönauer.
Gestiftet 1902 von Otto Eduard Westphal (Hamburg 1853-1919), Kaufmann, seit 1900 Senator.

Die Jugendstilgestaltung wie auch der Rebendekor verbinden diese Kanne mit der auf S. 126-127 vorgestellten Kat. Nr. 46, wenn auch der Umriß ganz unterschiedlich ist. Hier nutzt Schönauer die üppige Wölbung der Gefäßschulter dazu, den Weinrankenschmuck in besonderer Üppigkeit und Plastizität zur Geltung zu bringen. Zu den Vorzügen dieser Arbeit gehört die Ausgewogenheit zwischen den optisch betonten Reliefpartien an Wandung und Deckel und den weichgeformten, fast keramisch empfundenen Flächen der Kanne in ihrer Krugform insgesamt.

Lit.: Ausst. Kat. Historismus, 1977, Nr. 125. – Die Goldschmiede Hamburgs, I, S. 114, 219, Nr. 4.

Bei dieser Weinkanne sind Rebenranken sowie ein Ton- oder Fayencekrug als Vorbild in Edelmetall umgesetzt

12 SALZSCHALE „TINTENFISCH"

Alexander Schönauer, Hamburg, 1906. Ratssilberschatz, Inv. Nr. 50 (B.-Verz. Nr. 186)

Ein Tintenfisch in tiefblauem Wasser regte den Künstler zur Gestaltung dieser Salzschale an

Silber, gegossen, getrieben, ziseliert, graviert; Email. H. 7, ø 8,9, L. des Löffels 8 cm. Emaillierter Salznapf in Form eines stilisierten Tintenfisches. Unter dem Fuß die gravierte Inschrift: „Senator Carl Mathies 1906" sowie das Familienwappen. Der Löffel mit muschelförmiger, emaillierter Laffe, am Stielende Eichenblätter.
Marken: Hamburger Beschau / A. SCHÖNAUER.
Gestiftet 1906 von Senator Carl Mathies.

Schönauer hatte für die Ratstafel eine größere Zahl von emailgeschmückten Salzfässern geschaffen. Diese Arbeiten sind durch ihre Formen jeweils in Bezug zum Meer, zum Salzwasser gesetzt. Er wählte hierfür neben den Nixen das Seegetier wie Austern, Krebse, Tintenfische und Quallen aus.
Der Tintenfisch ist so strenglinig stilisiert, daß er nicht nur als Nachbildung eines Lebewesens, sondern gleichzeitig wie ein abstrakt geformtes Gefäß betrachtet werden kann.

Lit.: Meier-Oberist, 1925, S. 158. – Die Goldschmiede Hamburgs, I, S. 226, Nr. 33. – Hamburger Abendblatt v. 6.9.1995, S. 16, „Die Schatzkammer des Rathauses". – von Bargen, 1995, S. 34.

13 POKAL IN FORM EINES FISCHES

Alexander Schönauer, Hamburg, 1906. Ratssilberschatz, Inv. Nr. 2

Silber, gegossen, getrieben, ziseliert, punziert, teilvergoldet; Steine. H. 53, ø des Fußes 23 cm. Aus rundem Wellensockel mit gebogenem Leib aufspringender Fisch mit abgespreizten Flossen. Im Maul des – abnehmbaren – Kopfes ein Lorbeerkranz sowie eine Kette, an der ein Schild mit dem Hamburger Wappen hängt. Der Fisch ist naturalistisch nachgebildet, die Augen sind als dunkle Farbsteine eingesetzt. Um den Sockel die Inschrift: „EHRENPREIS DER FREIEN UND HANSESTADT HAMBURG FÜR DIE REGATTA AUF DER UNTERELBE 1906".
Marke: A. Schönauer fec.
Der Stifter ist unbekannt.

Trinkgefäße in Tier-, auch in Fischformen, sind aus Spätrenaissance und Barock in vielen Beispielen erhalten; große Fische, meist als Jonas-Wale zu verstehen, kann Schönauer gekannt haben. Sein springender Fisch ist jedoch eine durchaus eigene Erfindung und überrascht durch das meisterhafte „Festhalten des Augenblicks": Naturtreue Abformung und dekorative Stilisierung sind bruchlos verschmolzen.

Lit.: Im Museum für Kunst und Gewerbe: Goldschmiedearbeiten von Alexander Schönauer, in: Hamburger Fremdenblatt, März 1931. – Hüseler, 1946, S. 31-32. – Die Goldschmiede Hamburgs, I, S. 220, Nr. 10. – Erik Verg, Unser Rathaus, Hamburg 1996, S. 11, Abb. 5.

Dieser Fisch als Silberpokal war der ungewöhnliche Ehrenpreis für einen Regattasieger auf der Unterelbe

Die geflügelte Herme als Daumenrast belebt als plastisches Detail die streng zylindrische Form der Hansekanne

14 HANSEKANNE im Stil des Jacob Mores

Alexander Schönauer, Hamburg, 1913. Ratssilberschatz, Inv. Nr. 68 (B.-Verz. Nr. 76a)

Silber, gegossen, getrieben, ziseliert, punziert, graviert, teilvergoldet. H. 59 cm. Hohe zylindrische Deckelkanne. Auf dem unteren Teil der von ornamentierten Wülsten umzogenen Wandung getriebener Fries, der abwechselnd Kartuschen mit Jagdszenen und mit Häusern in Landschaften zeigt, dazwischen Krieger und geflügelte und behelmte weibliche Gestalten. Gewölbter und gekehlter Scharnierdeckel mit von Hermenspangen umstelltem Vasenknauf; auf seiner Deckelfläche das gravierte Hamburger Wappen. Am unteren Ende des mit Ovalbuckeln verzierten Henkels ein Schild mit dem gravierten Wappen der Familie Schröder, als Daumenrast geflügelte weibliche Herme. Auf Fuß, Wandung und Deckel getriebene Friese mit Rollwerk, Fruchtbündeln, Maskarons sowie graviertes Behangmuster. Im Deckel graviert das von Löwe und Einhorn gehaltene Wappen mit Helmzier der Familie Schröder sowie die Aufschrift: „GEWIDMET VON JOHANN RUDOLPH FREIHERRN VON SCHRÖDER UND SEINER EHEFRAU HARRIET GEBORENE BRANCKER EINEM HOHEN SENAT DER FREIEN UND HANSESTADT HAMBURG IM SEPTEMBER 1913". Aufschrift unter dem Fuß: „Diese Kanne ist ausgeführt worden im Jahre 1913 von dem hamburgischen Goldschmied Alexander Schönauer im Auftrag des Herrn Johann Rudolph Freiherrn von Schröder nach der im Königlichen Kunstgewerbe Museum zu Berlin bewahrten Zeichnung des hamburgischen Goldschmieds Jacob Mores. Das Urbild ist nach der Inschrift auf dem Entwurf 'Ihr Konnig Mayst. Konning Friedrich uff deroselben Kindtauff vorehret worden'". Ohne Marken. Gestiftet 1913 von Johann Rudolph Freiherr von Schröder und seiner Ehefrau Harriet, geborene Brancker. Johann Rudolph Freiherr von Schröder (Hamburg 1852-1938), Kaufmann, Inhaber der Firma Schröder Gebr. & Co., Hamburg, erhielt 1905 die erbliche preußische Feiherrnwürde.

Schönauer schuf diese Hansekanne wie auch das Gegenstück, Kat. Nr. 15, nach dem Entwurf des hamburgischen Goldschmiedes Jacob Mores I (Meister 1574-1609). Mores hat ähnliche Kannen für Friedrich II. von Dänemark geschaffen. Die Stücke sind jedoch nicht erhalten. Justus Brinckmann vom Museum für Kunst und Gewerbe wünschte sich, da originale Arbeiten von Mores nicht auffindbar waren, eine Neuschöpfung der Kannen durch Schönauer. Dieser mußte, da die Vorlage nicht eine Rundumsicht der Kanne präsentierte, eigene Ergänzungen zufügen. Während die eine Jagdszene auf der Kanne auf die Vorlage zurückgeht, sind die übrigen Szenen nach Auskunft von Gertrud Schönauer freie Erfindungen. Die Silberkanne in dieser Form ist der Inbegriff nordischen Renaissancesilbers. Daher ist Brinckmanns Wunsch, den Typus wiedererstehen zu lassen, aus dem Geist des Historismus zu verstehen und legitimiert.

Lit.: Meier-Oberist, 1925, S. 158. – Im Museum für Kunst und Gewerbe: Goldschmiedearbeiten von Alexander Schönauer, in: Hamburger Fremdenblatt, März 1931. – Hüseler, 1946, S. 23-24. – Ausst. Kat. Historismus, 1977, Nr. 134. – Die Goldschmiede Hamburgs, I, S. 114, 220, Nr. 8. – von Bargen 1995, S. 40, 41.

15 HANSEKANNE im Stil des Jacob Mores

Alexander Schönauer, Hamburg, 1913. Ratssilberschatz, Inv. Nr. 68 (B.-Verz. Nr. 76b)

Silber, gegossen, getrieben, ziseliert, punziert, graviert, teilvergoldet. H. 59 cm. Hohe zylindrische Deckelkanne. Auf profiliertem Fuß vier Büsten (drei behelmte Männer, eine gekrönte Frau). Am unteren und oberen Teil der von Taureifen umzogenen Wandung zwei Friese mit Kartuschen mit dem IVDICIVM SALOMONIS und dem IVDICIVM DANIELIS: dazwischen in Kartuschen Schriftrollen haltende geflügelte Putten.

Auf dem getreppten Scharnierdeckel Kartuschen mit die vier Elemente darstellenden Figuren sowie spangenumstelltem Sockel für Justitia mit gezogenem Schwert. Geschweifter, in einer von geflügelten Figuren umstellten Schnecke endender Henkel; als Daumenrast weibliche Figur im Rollwerkrahmen. Auf Fuß, Wandung, Deckel, Henkel, getriebene Fruchtbündel, Rollwerk, Maskarons, Ovalbuckel sowie graviertes Behangmuster. Im Deckel, graviert, das von Löwe und Einhorn gehaltene Wappen mit Helmzier der Familie Schröder sowie die Aufschrift: „GEWIDMET VON RUDOLPH BRUNO FREIHERRN VON SCHRÖDER UND SEINER EHEFRAU EMMA GEBORENE DEICHMANN EINEM HOHEN SENAT DER FREIEN UND HANSESTADT HAMBURG IM SEPTEMBER 1913". Aufschrift unter dem Fuß: „Diese Kanne ist im Auftrage des Herrn Rudolph Bruno Freiherrn von Schröder von dem hamburgischen Goldschmied Alexander Schönauer im Jahre 1913 ausgeführt worden nach einem im Königlichen Kunstgewerbe-Museum zu Berlin bewahrten Entwurf des berühmten hamburgischen Goldschmieds Jacob Mores des Älteren aus der Zeit König Friedrichs II. von Dänemark 1588." Ohne Marken. Gestiftet 1913 von Rudolph Bruno Freiherr von Schröder und seiner Ehefrau Emma, geborene Deichmann. Rudolph

Die Volute des Henkelendes ist phantasievoll als Schneckenhaus ausgebildet, das von zwei geflügelten Wächterfiguren flankiert wird

Bruno Freiherr von Schröder (Hamburg 1867-1940 Del Park, Englefield Green / England), Inhaber des Bankhauses J. Henry Schröder & Co., London, begründete 1923 die Firma J. Henry Schroder Banking Corp., New York. Er erhielt 1904 die erbliche preußische Freiherrnwürde.

Schönauer arbeitete die Kanne in Anlehnung an eine Zeichnung aus dem Konvolut der Mores-Blätter in der Kunstbibliothek Berlin. Die von Mores nicht wiedergegebenen Partien sind frei ergänzt (Auskunft von Gertrud Schönauer, 1977). Die Deckelfiguren der Zeichnung Concordia, Misericordia und Pax sind für die Nachbildung nicht übernommen, sondern durch Kartuschen nach der Temperantia-Schale des François Briot (Ende 16. Jahrhundert) ersetzt.

Lit.: Meier-Oberist, 1925, S. 158. – Im Museum für Kunst und Gewerbe: Goldschmiedearbeiten von Alexander Schönauer, in: Hamburger Fremdenblatt, März 1931. – Hüseler, 1946, S. 23. – Ausst. Kat. Historismus, 1977, Nr. 135. – Die Goldschmiede Hamburgs, I, S. 114, 220, Nr. 9. – von Bargen, 1995, S. 40, 41.

16 TISCHBRUNNEN

Alexander Schönauer, Hamburg, 1901. Ratssilberschatz, Inv. Nr. 26 (B.-Verz. Nr. 37)

Sphärenkugel aus Bergkristall
Über glitzerndem Wasserspiel reckt sich der Gott Merkur und präsentiert das Firmament in Gestalt einer Sphärenkugel aus Bergkristall. Allegorien der Schiffahrt, Seegetier und Wasservögel weisen auf Meer und Seefahrt hin

Silber, gegossen, getrieben, ziseliert, punziert, teilvergoldet; Email, Bergkristall, Perlmutter, Elfenbein. H. ohne Sockel 96, mit Sockel 100 cm, L. ohne Sockel 152, mit Sockel 160 cm, T. ohne Sockel 49, mit Sockel 61 cm. Auf einem Holz- und Marmorsockel von geschweiftem Umriß zwei Wasserbecken, dazwischen eine hochragende Mittelsäule. Auf quadratischem Sockel und kurzem wulstigem Schaft eine runde Bergkristallschale in Silberfassung; in ihrer Mitte auf konkavem Schaft eine achtpassige Silberschale, gekrönt von einem auf vier Palmen ruhenden Baldachin; auf dessen Spitze geflügelter Merkur mit einer Himmelskugel aus Bergkristall, umzogen von emailliertem Band mit den Tierkreiszeichen. An den äußeren Enden der Becken je ein Boot mit einer männlichen Figur, einen Drachen bekämpfend (Dampfschiffahrt), und einer weiblichen Figur mit Segel und Putten, umgeben von Meereswesen (Segelschiffahrt). An den Sockelseiten die Inschrift: „Dem Senat der Freien und Hansestadt Hamburg im Andenken an ihren am 1. Januar 1801 geborenen Begründer der Firma F. Laeisz den 1. Januar 1901", darüber die schwarz-weiß-rote Fahne. Auf den Beckenenden acht große Wasservögel auf Felsbrocken. Um die Becken und am Mittelsockel auf Perlmutterplättchen emaillierte Wappen zahlreicher Länder sowie der Hansestädte Lübeck und Bremen. Um den Schaft Halbkugeln aus Kristall, an der Schale Kristalltropfen. Reliefierte und plastische Maskarons, Tierköpfe, Muscheln, Ranken, Blüten und Blattwerk. Das Wasserspiel kann durch einen eingebauten Motor in Bewegung gesetzt werden. Marke: A. Schönauer. 1901 von der Reederei F. Laeisz dem Senat von Hamburg zur Erinnerung an den 100. Geburtstag ihres Gründers geschenkt.

Frühe Tischbrunnen sind vom spätmittelalterlichen Hof Burgunds bekannt, wo sie zur Unterhaltung und zum Ergötzen der Gäste dienten. Mechanische Spielwerke galten als Wunder der Zeit. Um 1500 wurden von Nürnberger Bronzegießern zahlreiche Tischbrunnen hergestellt und weithin geliefert. Von Albrecht Dürer sind Entwurfszeichnungen für aufwendige Tischbrunnen erhalten. Hamburger Goldschmiede fertigten im 17. Jahrhundert mehrgeschossige silbervergoldete Tischbrunnen, das größte Exemplar wird in der Rüstkammer des Kreml gezeigt. Schönauer nimmt diese Tradition wieder auf. Der Laeiszsche Aufsatz ist formal für die festliche Rats-Tafel als langgestrecktes Becken mit seinen Aufbauten gestaltet. Wasserkunst sowie die Segel- und Dampfschiffahrt repräsentierenden Figuren weisen hier auf den gemeinsamen Bezug zur Seefahrt von Spender und beschenkter Stadt hin.

Lit.: Hüseler, 1946, S. 26-28. – Die Goldschmiede Hamburgs, I, S. 114, 222, Nr. 15. – Hamburger Abendblatt v. 6.9.1995, S. 16, „Die Schatzkammer des Rathauses". – von Bargen, 1995, S. 40, 41.

17 TAFELAUFSATZ „DIANA AUF DEM SPRINGENDEN HIRSCH"

Alexander Schönauer, Hamburg, 1913. Ratssilberschatz, Inv. Nr. 115

Silber, gegossen, getrieben, ziseliert, graviert, vergoldet. H. 71, B. 60, T. 42 cm.
Auf ovalem, gesteiltem Fuß eine Schale mit durchbrochenem Rand, der mit acht Köpfen jagdbarer Tiere zwischen reliefierten Kiefernzweigen und Zapfen dekoriert ist. Aus der Schalenmitte aufsteigend hoher, rechteckiger Sockel, der von Ornamentfriesen eingefaßt ist, mit der Gruppe der im Damensitz auf dem Hirsch reitenden Diana. Beidseitig des Sockels das löwengehaltene Hamburger Wappen.
Um den Fuß die Inschrift: „EHRENPREIS DER FREIEN UND HANSESTADT HAMBURG FÜR DAS KAISERIN AUGUSTE VIKTORIA JAGDRENNEN HAMBURG 1913".
Marken: A. Schönauer / Hamburger Beschau / Reichsstempel: Halbmond und Krone/ 800.
Gestiftet 1996. Name des Stifters dem Bürgermeister bekannt.

Der Aufsatz erscheint wie die Reduktion einer monumentalen Brunnenanlage und verbindet die Jardinèrenform mit der hochgesockelten Dianengruppe, bei der Schönauer auf eine Trinkspielgestaltung um 1600 zurückgreift. Diana wurde damals als Triumphbild der Jagd auf dem gekrönten Hirsch mehr thronend als reitend dargestellt, zu ihren Füßen vorgeführt in bildhafter Erzählung eine Hetzjagd in miniaturhafter Größe, und das Ganze wurde von einem Spielwerk auf der Tafel in Bewegung gesetzt. Schönauer entnimmt dem Vorbild nur die Göttin auf dem stolzen Tier und monumentalisiert die Gruppe als Allegorie der Jagd.

Der Aufsatz gehört zu den wenigen Art déco-Arbeiten des Goldschmiedes und stellt in der plastischen Durchbildung der Gruppe seine Meisterschaft als Figurenbildner wie auch seine brillante Aneignung der damals neuen Stilformen unter Beweis.

Lit.: Aukt. Kat. C. F. Schlüter, Hamburg, 15.6.1996, Nr. 722. – Hamburger Abendblatt Nr. 153 v. 3.7.1996. – Zu den Diana-Automaten vgl. Bernhard Heitmann, in: Lagerkatalog Galerie Neuse, Bremen 1994, Nr. 14.

Die Göttin der Jagd auf stolzem Hirsch
Der Goldschmied Schönauer knüpft mit diesem Bildwerk an eine Trinkspielform an, die um 1600 entstand

18 TAFELAUFSATZ „KELLINGHUSEN"

Alexander Schönauer, Hamburg, 1898. Ratssilberschatz, Inv. Nr. 5 (B-Verz. Nr. 18)

Silber, gegossen, getrieben, ziseliert, punziert, teilvergoldet; Email, Bergkristall, Lapislazuli, Granit.
H. 106, Sockel 53x53 cm.
Auf einem vierseitig eingeschwungenen, aus mit grünem Samt bespanntem Holz und schwarzem Granit gebildeten Sockel der denkmalartige Tafelaufsatz. An den vier Ecken über Voluten vier sitzende weibliche Gewandfiguren. Eine Minerva-Statue und ein Lorbeerzweig kennzeichnen die eine als Allegorie der Wissenschaft, eine Schreibtafel mit den Initialen Alpha und Omega sowie der Schreibstift die gegenüber sitzende Figur als Poesie. Die beiden anderen Frauen, eine mit ausgebreiteten Armen, die andere mit über dem Knie zusammengelegten Händen blieben ohne Attribut (wohl Allegorien der Barmherzigkeit und der Frömmigkeit).
Zwischen den Figuren je eine muschelförmige Schale über einem gehörnten Satyrkopf. An der Front der vierseitigen Basis des obeliskenartigen Aufbaus in Rundmedaillon und Relief das Brustbild von Bürgermeister H. KELLINGHUSEN. Unten das emaillierte Kellinghusen-Wappen: nach links laufender Löwe / Kleeblatt. Auf der Gegenseite das von einer Helmzier bekrönte und von Löwen flankierte emaillierte Hamburger Wappen. Auf der anderen Seite folgende Inschrift in flachem Relief: „Einem Hohen / SENATE / der freien und Hansestadt / HAMBURG / für das / neue Rathaus / gewidmet von der / Bürgermeister / Kellinghusen's / Stiftung / 1898, - zum

Gedächtnis / auf Se. Magnificenz / Herrn Bürgermeister / HEINRICH / KELLINGHUSEN / J. U. D. / in Hamburg geb. / den 16. April 1796 / gest. den 20. April 1879". – Auf der Basis ein von Silberornamenten gefaßter und mit vier Lapislazulisteinen besetzter vierseitiger Obelisk aus Bergkristall. An den Ecken des korinthischen Kapitells je ein Minervakopf. Als Bekrönung die vollplastische Silberstatue der stehenden Minerva.
Marken: A. SCHÖNAUER / 800 / Reichsstempel: Halbmond und Krone.
Gestiftet 1898 von der Bürgermeister Kellinghusen's Stiftung, Hamburg.

Der Tafelaufsatz von 1898 mit dem Bildnis des Bürgermeisters Kellinghusen ist die erste Arbeit Alexander Schönauers für den Ratssilberschatz. Gleichsam als Probearbeit hatte er bereits 1896 ein Straußenei als Pokal in Silber gefaßt, der von drei liegenden Löwen getragen und von einer Burganlage (vielleicht als Idealbild der Hammaburg?) bekrönt wird. Professor Justus Brinckmann, der Direktor des Museums für Kunst und Gewerbe, konnte den Hamburger Industriellen und Kunstsammler Theodor Heye dafür gewinnen, diese großartige Goldschmiedearbeit zu finanzieren. Im Besitz seiner Nachfahren befindet sich der so kostbar gefaßte Straußenei-Pokal noch heute. Mit dieser seiner ersten in Hamburg geschaffenen Arbeit bewies der junge, in München ausgebildete Alexander Schönauer, daß er alle Techniken des Goldschmiedehandwerks vom Treiben, Gießen, Gravieren bis zum Niellieren, Emaillieren und Fassen kostbarer Materialien vollendet beherrschte. Daraufhin gab der Senat Schönauer 1897 den Auftrag zu einem Pokal für die „Kaiserregatta". Gleichzeitig wurde er als Senatsgoldschmied zum Schöpfer des neuen Ratssilbers bestellt, für das alle Mitglieder des Senats eine Arbeit stifteten. Die ersten Entwürfe von Schönauer, so auch der Kellinghusen-Tafelaufsatz, orientieren sich noch weitgehend an historischen Vorbildern. Sie sind jedoch diesen an Kostbarkeit der Materialien und Vielfalt der angewandten Techniken gleichzustellen. Wie die erhaltenen 31 Arbeiten für den Ratssilberschatz bestätigen, verschloß sich Schönauer aber auch in den folgenden Jahren den neuen Bestrebungen des Jugendstils und des Art déco nicht. Demnach demonstrieren seine Senats-Prunkstücke eine vorzügliche und konsequente Abfolge der Stile vom Historismus der 1890er Jahre bis zum Art déco von 1913.

Lit.: Die Goldschmiede Hamburgs, I, 1985, S. 222, Nr. 16.

Wie das Model
einer barocke
Brunnenanlag
erscheint diese
Aufsatz, der zu de
ersten Schöpfun
gen Alexande
Schönauers für da
Ratssilber zäh

Männer, die das Tor zur Welt öffneten

Ballin, Laeisz, Woermann, Godeffroy und die größte Reederei der Welt

Am 27. Mai um 14.30 Uhr versammelten sich im dunkel getäfelten Konferenzzimmer der Börsenhalle ehrbare Hamburger Kaufleute. Es waren Ferdinand Laeisz, August Bolten, Theo Ferdinand Tesdorpf, Adolph Godeffroy, Carl Woermann und andere. 41 Firmen hatten sich zusammengefunden, um eine neue Hamburger Reederei zu gründen. Es war das Jahr 1847, es war die Geburtsstunde der „Hamburg Amerikanischen Packetfahrt-Actien-Gesellschaft“, der HAPAG.

Nr. 122.

Die Reform.

Hamburg 1858.

Ein Volksblatt für Hamburg und den Norden.

Post-, Dampf- und Packet-Schifffahrt:

Hamburg-Amerikan. Packetfahrt-Actien-Gesellschaft

unter Direction der Herren:

Adolph Godeffroy, Vorsitzender, C. Woermann, F. Laeisz, H. J. Merck & Comp., Joh. Schuback & Söhne, W. A. Milberg, General-Agent.

Von Hamburg nach New-York

(eventuell Southampton anlaufend).

Post-Dampfschiff Borussia, Capt. Trautmann, am 15. October.

„ Hammonia, „ Schwensen, „ 1. November.

Güterfracht: Ermäßigt auf 8 $ & 15 % für Baumwollw. & ord. Güter, für andere Waaren 12 $ & 15 % pr. 40 Cubikfuß Hamb.; Gold, Silber, Juwelen ¼ %, Contanten ½ % in voll.

Passage-Preise: Pr. Crt.-$ 150 für 1ste Cajüte, Pr. Crt.-$ 90 für 2te Cajüte, Pr. Crt.-$ 60 für Zwischendeck, überall inclusive Beköstigung.

Portosatz per einfachen Brief von Hamburg nach allen Theilen der Vereinigten Staaten 6 ß Crt. oder 4½ Sgr. Beförderung frankirt oder unfrankirt. Die Adresse bedarf der Bezeichnung: via Hamburg.

Ferner nach New-York: am 15. October, Packetschiff „Elbe“, Capitain Voß,

nach New-Orleans, Galveston und Indianola:

Liniendienst Eine Titelseite der Zeitung „Die Reform“ aus dem Jahre 1858: Die noch junge „Hamburg-Amerikanische Packetfahrt-Actien-Gesellschaft“ (HAPAG) offeriert einen Liniendienst von Hamburg nach New York. Weitere Fahrtziele sind New Orleans, Galveston und Indianola am Golf von Mexiko

In einem bescheidenen Häuschen am Baumwall wurde dem (zweimal in Konkurs gegangenen) Färber und Fabrikanten Samuel Joel Ballin von seiner zweiten Ehefrau Amalie das 9. Kind geboren. Es war der 15. August 1857, es war die Geburtsstunde von Albert Ballin. Er sollte die HAPAG zur größten Reederei der Welt machen.

Die Gründerväter verdienten am Elend: am Elend der Auswanderer, die Mitte bis Ende des vergangenen Jahrhunderts Deutschland verließen. Sie flohen vor den Folgen der ersten industriellen Revolution, die ihnen die Arbeitsplätze genommen hatte. Sie flohen, um nicht wegen ihres Glaubens und ihrer politischen Überzeugung verfolgt zu werden. Und sie zahlten reichlich – pro Passage zwischen 70 und 120 Taler preußisch Courant (ein Taler preußisch Courant entspricht nach heutiger Rechnung etwa 20 bis 30 Mark) – um in ihr gelobtes Land, Amerika, zu kommen.

Siebzehn Monate nach der Gründerversammlung in der Börsenhalle, am 15. Oktober 1848, lief die „Deutschland“ unter Kapitän Hancker als erstes Schiff der HAPAG nach New York aus: ein Vollschiff mit 40,4 Meter Länge und 9,5 Meter Breite. Als die HAPAG im Ersten Weltkrieg (1914-1918) zusammenbrach, gehörten ihr 178 Seeschiffe mit zusammen 1 235 357 BRT.

Albert Ballin

Ein Genie aus kleinen Verhältnissen machte die HAPAG groß: Albert Ballin, ein kleinwüchsiger Jude mit Schmalspur-Schulbildung. Er kam von ganz unten und wollte nach ganz oben – und wurde zu einem der beherrschenden Wirtschaftsführer der Jahrhundertwende.

Ballin erbte von seinem Vater den Anteil an einer Auswanderer-Agentur, schloß sich mit erst 24 Jahren mit Edward Carr, Neffe des Reeders Rob. M. Sloman, zusammen, der zwei Schiffe besaß. Die beiden waren so erfolgreich, daß die ungleich größere HAPAG die mißliebige Konkurrenz ausschaltete: Ballin wurde Chef ihrer Passageabteilung. Bereits zwei Jahre später wurde er in

An Bord des HAPAG-Schiffes Bulgaria: Albert Ballin mit Kapitän Schmidt 1899

Albert Ballin (1857 – 1918): Er machte die HAPAG zur größten Reederei der Welt. 73 Linien befuhr seine Reederei kurz vor dem Ersten Weltkrieg, Ballin „erfand“ die reine Kreuzfahrt-Schiffahrt. Der „Freund des Kaisers“ starb, als Wilhelm II. ins Exil ging – an einer Überdosis Tabletten

Der Triumphzu Der Sohn des Reeder gründers Adol Godeffroy schenk diesen Tafelaufs 1911 dem Senat. stolzer Haltu erscheint eine Fraue figur, die die HAP symbolisiert, hin dem knienden Meer gott Neptun u seinen Tritone Siehe S. 62/

PLURIBUS UNUM
SEINER VATER-STADT
GEWIDMET ZUM ANDENKEN
SEINES VATERS
VON

Von Hamburg in die Welt
Aus dem Hamburger Hafen lief jeden Mittwochmorgen ein Postdampfschiff nach New York aus. Und einmal im Monat schickte die HAPAG einen Dampfer in die Karibik (damals noch Westindien genannt). Das Plakat stammt aus dem Jahre 1858

Hoher Besuch in der Feldbrunnenstraße
Die prachtvolle Villa von Albert Ballin, dem mächtigen Generaldirektor aus der Blütezeit der HAPAG. Hier in der Feldbrunnenstraße 58 empfing er mehrfach den deutschen Kaiser Wilhelm II. zum Frühstück. Auf dem kleinen Foto rechts begrüßen sich die beiden mit Handschlag. Im Fond des Mercedes Graf Zeppelin

den Vorstand berufen, nach weiteren elf Jahren war er Generaldirektor der HAPAG. Er hatte die Gesellschaft zur größten Reederei der Welt gemacht.

Als Ballin die Passageabteilung übernahm, unterhielt die HAPAG einen Postdampferdienst HH – New York und vier Linien nach Westindien und Mexiko. Am Vorabend des Ersten Weltkrieges waren es 73 Linien.

Mit Energie und Tatkraft erneuerte er den Schiffspark, richtete neue Linien ein, begegnete jeder Konkurrenz durch geschickte Verträge. Er ist der Pionier der Kreuzfahrt: mit der „Lustyacht Prinzessin Victoria Luise" baute Ballin das erste reine Kreuzfahrtschiff heutigen Stils und begründete mit den „Allgemeinen Reisebüros" einen neuen Geschäftszweig. Er verdiente auch am Krieg: Während des Burenkriegs stiegen die Frachtraten, während des Spanisch-Amerikanischen Krieges verkaufte er zwei Schnelldampfer an die Spanier.

1907 trat Ballin auch ins Afrika-Geschäft ein. Danach fuhren HAPAG-Schiffe in alle Welt (mit Ausnahme Australiens).

Was für ein Mann war dieser wohl größte Hamburger Reeder? Heute würde man ihn als „Selfmademan" und „Workaholic" bezeichnen: Er war immer im Dienst, saß auch sonntags an seinem Schreibtisch mit Blick auf die Alster. War ein Perfektionist und Detailfanatiker. So kam er von einer Kreuzfahrt zurück und hatte notiert: „Handtücher zu klein, Äpfel minderwertig, größere Butterdosen". Er verbesserte zwar die Kranken- und Altersvorsorge für seine Mitarbeiter, baute aber kein Vertrauensverhältnis zu ihnen auf, blieb ihnen fern und fremd. Haßte die Gewerkschaften – und die haßten

ihn. Ein Despot, der als glänzender Gastgeber und brillanter Erzähler galt, wenn er repräsentieren mußte, Einladungen gab.

Als „Freund des Kaisers" ist Ballin in die Annalen eingegangen. Tatsächlich frühstückte Wilhelm II. häufig in Ballins Villa an der Feldbrunnenstraße, taufte auch den Riesendampfer „Imperator" für 2822 Passagiere – der für beider Größenwahn sprach. Und Ballin durfte mit Seiner Majestät im Park spazierengehen. Als Ballin aber am 5. September 1918 im Kasseler Schloß Wilhelmshöhe versuchte, dem Kaiser klarzumachen, daß der Krieg verloren sei, blieb er erfolglos.

An dem Tag, an dem Kaiser Wilhelm dann doch abdankte und ins Exil nach Doorn ging, starb Albert Ballin – mit 61 Jahren an Beruhigungsmitteln. Bis heute ist nicht abschließend geklärt, ob er den Freitod gesucht oder versehentlich eine Überdosis geschluckt hat.

Sein Lebenswerk war vernichtet: durch Kriegsverluste und Ablieferungen an die Entente-Staaten verlor die HAPAG praktisch ihre gesamte Flotte.

Carl Woermann

Jeden Morgen ritt Carl Woermann von Neumühlen, wo er ein Landhaus bewohnte, zu seinem Kontor in der Großen Reichenstraße in die Innenstadt. Im Sommer nahm er auch manchmal den Fährdampfer elbaufwärts.

Der Firmengründer des bedeutenden Handelshauses mit Reederei (1837), dessen wohlhabende Familie aus Bielefeld stammte, hatte bei seinem Hamburger Onkel David Friedrich eine Kaufmannslehre absolviert, seine Cousine Eleonore geheiratet (nach ihr benannte er sein erstes Schiff, eine große Brigg). Er handelte mit Westindien und Südamerika – und erkannte: Zum Handel braucht man Geld und Schiffe.

So begründete er die „Commerzbank" – und schickte Schiffe nach Afrika. Sie brachten rotes Palmöl, das man in Europa dringend für Lampenöl, Speisefett und Seife brauchte. Unter Carl Woermann (1813-1880) wurde die Hamburger Firma der Inbegriff des deutschen Afrikahandels (eigene Faktoreien in Liberia, Guinea,

Carl Woermann
Der 1813 geborene Hamburger Kaufmann gründete nicht nur die wichtigste hanseatische Afrika-Linie, sondern auch die Commerzbank. Er wurde zum Leiter der Finanzdeputation gewählt, was dem heutigen Amt des Finanzsenators entspricht. Die Nachfolgerin seiner Reederei existiert noch. Sie heißt „Deutsche Afrika-Linien"

Die Hammonia kurz vor dem Auslaufen im Hamburger Hafen. Die schnelle Postschiffe der HAPAG hatten in den 50er Jahren des letzten Jahrhunder neben ihren Segeln häufig schon eine Dampfmaschine als Hilfsantrie

PAMIR

Ferdinand Laeisz Der im Jahre 1801 geborene Kaufmann begann seine Karriere mit selbstgefertigten Zylindern, die er nach Übersee verschiffte. Die von ihm gegründete Reederei wurde wegen ihrer schnellen Segelschiffe, deren Namen alle mit „P" begannen, weltberühmt. Sein Sohn schenkte Hamburg die Musikhalle

Kamerun). Bereits 1878 besaß Woermann zwölf Segelschiffe. Die Hamburger erkannten Woermanns Erfolg an – und machten ihn zum Leiter der Finanz-Deputation, praktisch zum Finanzsenator. Die Nachfolge-Reederei, die DAL (Deutsche Afrika-Linien), wird heute von den Brüdern Heinrich und Eberhart von Rantzau geführt.

Ferdinand Laeisz

Als Elfjähriger mußte er Mülltonnen leeren und Straßen fegen. Als er mit 86 starb, hinterließ er eine der größten Privatreedereien Deutschlands: Ferdinand Laeisz (1801-1887).

Der Begründer einer Reeder-Dynastie war sechstes von zehn Kindern eines Kaufmannes, lernte während seiner Wanderjahre in Berlin die Anfertigung seidener Zylinderhüte. Mit 24 startete er eine eigene Fertigung auf dem Dachboden seines Elternhauses – mit so großem Erfolg, daß die Hüte bis nach Lateinamerika exportiert wurden.

Tabak, Kaffee, Kautschuk kamen auf den Schiffen zurück – so wurde Laeisz Kaufmann wider Willen. Erst im dritten Anlauf gelang ihm der Einstieg ins Reedergeschäft: 1857 taufte er ein neues Schiff „Pudel" nach seiner Schwiegertochter Sophie, die krauses Haar hatte. Deshalb begannen alle Namen der Laeisz-Schiffe (vor Beginn des Ersten Weltkrieges waren es 16) mit „P" – vor allem die berühmten „Flying P-Liner". „Pamir", „Potosi", „Passat" – die schönen, schnellen Viermastsegler, die vor allem Salpeter für die Düngerproduktion aus Übersee holten.

Ferdinand Laeisz war ein sozialer Unternehmer: Er unterstützte den Bau von Volksküchen, einer Volksbadeanstalt, stiftete Wohnungen für Witwen und Rentner. Sein Sohn Carl schenkte Hamburg die Musikhalle – für zwei Millionen Mark!

ie Pamir ar einer der erühmten 'lying P-Liner" er Reederei aeisz. Der ermastsegler ef 1905 in amburg vom apel und ging n 21. September 957 mit 3780 onnen Gerste 1 Bord unter. ur sechs Besatngsmitglieder berlebten

Adolph Godeffroy

Adolph Godeffroy (1814-1893), Sproß aus dem weltbekannten Handelshaus, der die HAPAG aufbaute, war mit 43 Jahren pleite: Tante Marianne aus Berlin griff ihm mit 75 000 Mark unter die Arme – und er wurde trotzdem ein großer Mann.

Der kleine Adolph war wie ein Prinz aufgewachsen: Vater Johann Cesar V. beschäftigte in seiner Villa in Dockenhuden 1819 zwei Diener, einen Hausknecht, drei Hausmädchen, einen Koch, eine Unterköchin, eine Magd, zwei Kutscher sowie etliche Gärtner und Gartenarbeiter.

Als junger Mann baute Adolph die erste überseeische Niederlassung des väterlichen Handelshauses Godeffroy & Co in Havanna auf. In den vierziger und fünfziger Jahren des letzten Jahrhunderts waren die Godeffroys (Adolph hatte drei Brüder und eine Schwester) die größten Reeder Hamburgs, ihre Hausflagge, der weiße Falke im blauen Feld, auf allen Weltmeeren bekannt.

Einer der bekanntesten Godeffroys (sie stellten fast 300 Jahre lang Kaufleute und Senatoren) wurde Adolph, weil er von der ersten Generalversammlung zum leitenden HAPAG-Direktor gewählt worden war – und das 33 Jahre blieb. Er etablierte die HAPAG als Institution in der Hansestadt, er schaffte den reibungslosen Übergang vom Segler zum Dampfschiff. Und er erwirtschaftete in den ersten 18 Jahren eine Dividende von zehn Prozent!

Als Godeffroy ging, hinterließ er 20 Dampfer und ein Aktienkapital von 15 Millionen Mark. Auf dem Postfahrtschiff „Westfalia" wurde er verabschiedet und mit einem silbernen Tafelaufsatz geehrt. Sein einziger Sohn Adolph Etienne wurde Eisenbahn-Unternehmer auf Kuba – und schenkte der Stadt den Silberschatz als Erinnerung an seinen Vater.

Das Haus am Ballindamm (damals Alsterdamm) bezog die HAPAG 1903. Vorher residierte man in der Deichstraße (seit 1870) und am Dovenfleth (seit 1890)

19 TAFELAUFSATZ „TRIUMPHZUG"

Sy & Wagner, Berlin, 1880. Ratssilberschatz, Inv. Nr. 62 (B.-Verz. Nr. 72)

Silber, gegossen, getrieben, gedrückt, ziseliert, graviert, emailliert, teilvergoldet. H. 46, L. 68, B. 48 cm. Tafelaufsatz in Form einer auf einem Sockel angeordneten Figurengruppe. Auf vier aus Muscheln, Delphinen und Voluten zusammengesetzten Füßen ein von Perl- und Wellenbändern sowie einem Eichenlaubkranz umzogener Sockel von ovaler Grundform; die Bänder des Kranzes tragen die Namen der aktiven Schiffe der Hamburg-Amerika-Linie. Der gekehlten Zarge des Sockels vorgesetzt, von nautischen Geräten, Flaggen und Zweigen flankiert, die emaillierten Wappen der Vereinigten Staaten von Amerika, des Deutschen Reiches, der Hamburg-Amerika-Linie sowie eine Rollwerkkartusche mit der Aufschrift: „HERRN ADOLPH GODEFFROY DEM VORSITZENDEN IHRER DIREKTION VOM 1. JUNI 1847 BIS 30. JUNI 1880 IN EHRENDER ANERKENNUNG SEINER VERDIENSTVOLLEN WIRKSAMKEIT DIE HAMBURG AMERIKANISCHE PACKETFAHRT AKTIEN GESELLSCHAFT". Zwei später angebrachte Schilder haben folgende Aufschrift: „SEINER VATER-STADT HAMBURG GEWIDMET ZUM ANDENKEN SEINES VATERS VON SEINEM SOHN A. E. GODEFFROY NEW YORK MÄRZ I – 1911". Auf der Wellen imitierenden Deckfläche des Sockels steht in einem mit dem Hamburger Wappen verzierten und von Hippokampen gezogenen Muschelboot eine die HAPAG personifizierende weibliche Gestalt im griechischen Gewand mit der (nicht mehr vorhandenen) Standarte der Gesellschaft; auf Warenballen sitzend Merkur, am Heck ein Steuermann, am Bug ein geflügelter Knabe, der durch Posthorn und Felleisen die Beförderung der Post durch die Gesellschaft versinnbildlicht. Auf den Wellen eine Nereide, dazu Tritone, Delphine und ein von muschelhornblasenden Knaben gestützter Neptun. Marken: Sy & Wagner / Berlin / 800. Gestiftet 1911 von Adolph Etienne Godeffroy (Havanna / Cuba 1840-1919 Neversink Lodge / USA), Eisenbahnbauunternehmer.

■ Der Aufsatz wurde von der Firma Sy & Wagner, Berlin, nach einem von dem Bildhauer Carl Börner geschaffenen Modell, dem ein Entwurf des Architekten Martin Haller vorausging, gearbeitet. Da der silberne Aufsatz noch nicht fertiggestellt war, wurde das Modell dem Mitbegründer und langjährigen ersten Direktor der HAPAG, Adolph Godeffroy (Hamburg 1814-1893) anläßlich seines Ausscheidens aus der Firma bei einem Festmahl an Bord des HAPAG-Postdampfschiffes „Westphalia" am 11. Dezember 1880 überreicht. Die freie Komposition des Triumphzuges, wohl der Amphitrite, gibt diesem Aufsatz unter den Ratssilberstücken seinen besonderen Rang. Der ovale Sockel ist nur als tragender Rahmen für den prächtigen Meereszug der die Schiffahrtslinie versinnbildlichenden Göttin geschaffen. Das vielfigurige Bildwerk ist ganz malerisch aufgefaßt; der Entwerfer Haller muß sich für sein Modell Gemälde aus den Salons der Gründerzeit zum Vorbild genommen haben. In diesem Zeitraum gehörte das Stellen von lebenden Bildern nach Gemälden zur hochgeschätzten Unterhaltung bei Gesellschaften. Haller geht einen Schritt weiter und gestaltet ein Thema der Malerei als silbernen Figurenzug.

Lit.: Ausst. Kat. Historismus, 1977, Nr. 112.

Adolph Godeffroy
Der 1814 geborene Reeder aus vermögendem Hause baute die erste Niederlassung des väterlichen Handelshauses in Havanna auf. Von der ersten Generalversammlung der neu gegründeten HAPAG wurde er zum Direktor gewählt. In seiner Amtszeit schaffte die Firma den damals bahnbrechenden Übergang vom Segler zum Dampfschiff. Bei seinem Abschied erhielt er den Tafelaufsatz „Der Triumphzug" (rechts) als Geschenk. Sein Sohn Adolph Etienne vermachte das prunkvolle Stück später dem Senat

Die Imperator in New York
Ein schwimmendes Grandhotel. Als sie am 23. Mai 1912 auf der Hamburger Vulkan-Werft vom Stapel lief, hatte die HAPAG auf einen Schlag die Führungsposition im Geschäft der internationalen Luxus-Passagierschiffahrt: 277 m lang, 30 m breit, 1180 Mann Besatzung und Platz für 2822 Passagiere (davon allerdings die meisten in Zwischendecks)

Der Triumphzu
Eine Seitenansich
Vorne reckt Neptun di
Brust aus den Woger
gestützt von Putte
mit Muschelhörnern
Hinter ihm steige
Rosse aus den Weller
geführt von der „Götti
Hapag". Sie hält eine
Flaggenstock, an den
ursprünglich die Star
darte der HAPAG be
festigt war. Der Knab
mit dem Posthorn z
ihren Füßen symbo
lisiert die Beförderun
von Postfracht durc
die Gesellschaft. Ir
Heck bedient ei
Seemann mit Süd
wester das Ruder. Da
prächtige Werk wir
noch heute als Tafe
aufsatz bei festliche
Banketten verwende

SEINER VATER-STADT HAMBURG
GEWIDMET ZUM ANDENKEN
HERRN ADOLPH GODEFFROY
DEM VORSITZENDEN IHRER DIRECTION
VOM 1 JUNI 1847 BIS 30 JUNI 1880
IN EHRENDER ANERKENNUNG
SEINER VERDIENSTVOLLEN WIRKSAMKEIT
DIE HAMBURG AMERIKANISCHE PACKETFAHRT
SEINER VATER-STADT HAMBURG
GEWIDMET ZUM ANDENKEN
SEINES VATERS
WIELAND
WESTPHALIA

Neptuns Schutz
Ein Tafelaufsatz, den die Schiffsversicherer 1898 für den Ratssilberschatz stifteten. Er zeigt Neptun, den Gott des Meeres, auf dessen Wohlwollen die Assekuranzen zum Gedeihen ihrer Geschäfte angewiesen waren. Neptun sitzt auf einem Felsen, der von silbernen Muscheln eingefaßt ist. In die Kristallglasschale wurden Blüten oder Früchte gefüllt

20 TAFELAUFSATZ „NEPTUN"

Hamburg (?), 1871. Ratssilberschatz, Inv. Nr. 12

Silber, gegossen, getrieben, ziseliert, graviert; Kristallglas. H. 45, ø des Fußes 22,5, ø der Kristallglasschale 31,5 cm. Auf einem von Muscheln eingefaßten Felsen sitzt Neptun mit Dreizack. Am Felsen Anker, Kiste, Tonne, Warenballen. Hinter ihm ein dickes Schilfrohr mit Blättern und Kolben, das eine runde, passig geschweifte, geschliffene Kristallglasschale trägt. In der Mitte oben offener kelchartiger Auswuchs des Schilfrohrs als Blumenvase. Auf einem Wappenschild am Felsen die gravierte Inschrift: „Der Verein / Hamburger Assecuradeure / seinem Schiffsbesichtiger / Capitain W.H. Sleeboom / October 1871". Ohne Marken. Gestiftet 1898 aus dem Nachlaß von Kapitän Sleeboom.

Wenn die Schiffsversicherer ihrem Kontrollbeamten einen Tafelaufsatz widmeten, mußte selbstverständlich Neptun, der Gott der Meere, Zentralfigur sein. Aufwendig wird sein Felsensitz von silbernen Muscheln eingefaßt. Zugleich sind die Transportgüter unter seinen Schutz gestellt.
Den praktischen Zweck erfüllt das Prunkstück durch die von Schilf getragene vielfach geschliffene Kristallglasschale. Mit zentralem Blumenbouquet und mit köstlichen Früchten konnte das Ensemble ebenso eine Augenweide wie eine Verlockung darstellen.

21 HAMMER UND KELLE VON DER SCHLUSSSTEINSETZUNG DER BROOKSBRÜCKE

Hamburg, 1888. Ratssilberschatz, Inv. Nr. 7

Am 29. Oktober 1888 bekam Hamburg seinen Freihafen. Die Zollfreiheit war die Grundlage für einen weiteren großen wirtschaftlichen Aufstieg der Stadt. Auf dem silbernen Hammer und der Kelle, die bei der Schlußsteinsetzung benutzt wurden, ist das wichtige Datum festgehalten

Silber, gegossen, getrieben, ziseliert, graviert; Elfenbein, geschnitzt.
Hammer: L. 25,5, B. 18,5 cm, Kelle: L. 34,5, B. 18,2 cm.
Silberner Hammerkopf mit vierkantiger Bahn und flacher, scharfkantig auslautender Finne. Am Ansatzrund für den Schaft stilisiertes Blattwerk in Trapezfeld unter Ornamentkante. Auf der Oberseite das von Blüten eingefaßte Hamburger Wappen. Der keulenförmige Schaft aus Elfenbein mit Kerbschnittdekor. An der Verdickung die Umschrift: „zur ehre gottes / zum wohle des vaterlands / zum segen hamburgs / kaiser wilhelm d. 29. oct. 1888". Silberne Kelle in Dreieckform; auf der Oberseite Pflanzendekor in Dreipaßrahmen. An der Längsseite Pflanzen- und Ornamentbordüre. Der balusterförmige Elfenbeingriff mit Kerbschnitt verziert. Inschrift: „kelle gebraucht von / kaiser wilhelm II am 29. oct. 1888".
Marken: Beide Silberteile mit Reichsstempel: Halbmond und Krone / 800. Stifter: Familie Petersen, Hamburg.

Hammer und Kelle erinnern an die jahrelang geführten Auseinandersetzungen des Senats mit Reichskanzler Otto von Bismarck um den Zollanschluß Hamburgs. Erst das Verhandlungsgeschick von Bürgermeister Versmann ermöglichte 1881 einen für Hamburg äußerst vorteilhaften Kompromiß. Zwar verlor Hamburg seinen Status als zollfreies Staatsgebiet, doch wurde ihm ein umfangreicher Freihafen zugestanden. Damit begann eine der glänzendsten Epochen Hamburgs als Hafen- und Wirtschaftsplatz. 1888 traten der „Zollanschluß" und damit die Freihafenregelung endgültig in Kraft. Eigenhändig setzte Kaiser Wilhelm II. an der Brooksbrücke den Schlußstein für die neue Speicherstadt. Auf Hammer und Kelle ist der 29. Oktober jenes Jahres als Datum des denkwürdigen Ereignisses festgehalten.

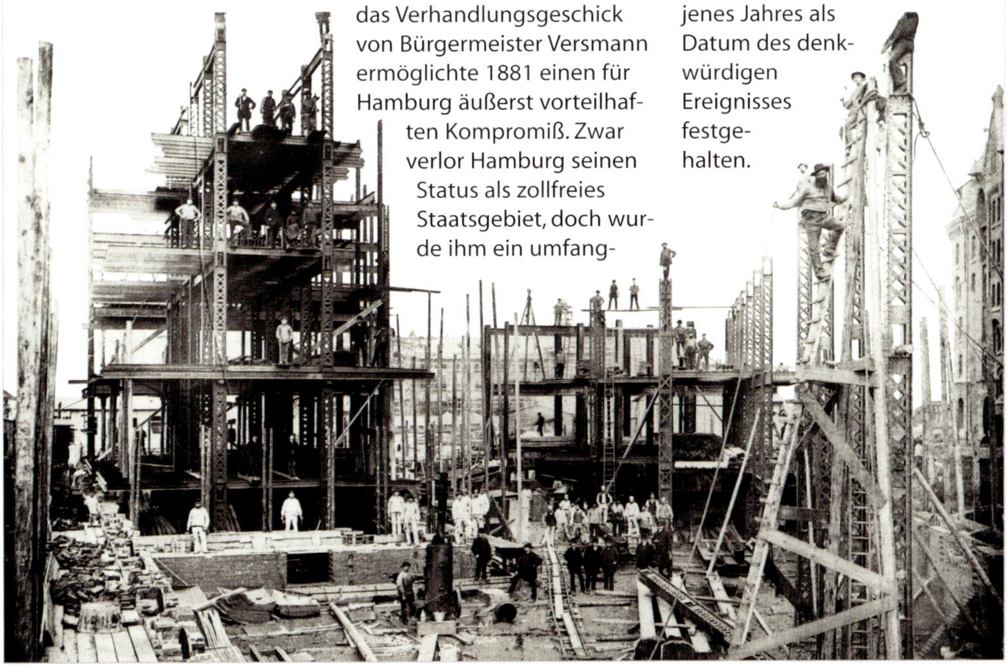

Der Bau des Freihafens
Für das neue zollfreie Hafengebiet wurde ein ganzer Stadtteil geräumt. Lagerhäuser standen dicht an dicht mit direktem Zugang vom Wasser aus. Sackgüter und Stapelwaren konnten von Schuten aus über Kranbalken direkt in die verschiedenen Stockwerke gehievt werden

22 ZWEI PRUNKSCHLÜSSEL MIT HAMBURGER WAPPEN

Hamburg, um 1892 (?).
Ratssilberschatz, Inv. Nr. 8
a) Gußeisen. L. 23,7, B. 8,3 cm.
b) Messing, gegossen, ziseliert, vergoldet. L. 15, B. 4,8 cm.
a) Gußeiserner Prunkschlüssel. Am röhrenförmigen Schaft zwei Profilbaluster. Der Griff als Hamburger Wappen gebildet, das von C- und S-Ornamenten eingefaßt wird.
b) Messingvergoldeter Prunkschlüssel. Der röhrenförmige Schaft mit Balusterprofilen versehen. Am runden Griff das Hamburger Wappen im Lorbeerkranz.
Ohne Marken. Gestiftet von Familie Petersen, Hamburg.

Zu keiner Tür passen diese beiden Prunkschlüssel. Vielleicht wurden sie zum Anlaß der Richtfeier des Rathauses im Jahre 1892 symbolisch übergeben

■ Im Inventar des Ratssilberschatzes ist weder vermerkt, zu welchen Türen diese Prunkschlüssel passen, noch wann sie gestiftet wurden. Da sie wie die 1888 von Kaiser Wilhelm II. bei der Schlußsteinsetzung der Brooksbrücke benutzten Hammer und Kelle (Kat. Nr. 21) von der Familie Petersen geschenkt worden sind, muß ein enger Bezug zum Bürgermeister bestehen. In seiner barocken Ornamentik weist der gußeiserne Prunkschlüssel eine gewisse Ähnlichkeit mit den Verzierungen des großen gitterartigen Außenportals vom Rathaus auf. Wie das an diesem angebrachte Firmenetikett ausweist, wurde es von dem Hamburger Schlossermeister Eduard Schmidt & Sohn hergestellt. Wenn dieses auch aus Schmiedeeisen gefertigt worden ist, der Schlüssel aber aus Gußeisen besteht, kann doch beides von demselben Unternehmen stammen. Allerdings besaß der Schlüssel sicher keine reale Funktion, ebensowenig wie der messingvergoldete Schlüssel, der zu dem Senatsgehege passen könnte. Vielleicht wurden beide Schlüssel bei der Richtfeier des Rathauses am 7. Mai 1892 symbolisch übergeben. Damals hielt Bürgermeister Petersen die Festrede. Doch die Eröffnung des neuen Rathauses im Jahre 1897 erlebte das Stadtoberhaupt nicht mehr. Bei jener Richtfeier hatte er sich eine tödliche Erkältung zugezogen. In großer Sorge über die im Sommer ausgebrochene Cholera starb er am 14. November 1892. Die Familie ehrte sein Andenken u.a. durch diese Stiftungen.

Bauboom der Kaiserzeit
Bedeutendstes Hamburger Bauwerk der Kaiserzeit: das 1897 eingeweihte Rathaus. Innen für die nüchterne Kaufmannsstadt Hamburg von ungewohnter Pracht. Mit schweren Ledertapeten ausgeschlagene Zimmerfluchten, beeindruckende Freitreppen; im großen Festsaal können unter schweren Kristallüstern 500 Gäste gleichzeitig dinieren. Der Bau kostete elf Millionen Goldmark

„Kaiserlicher Yacht-Club Kiel" ist auf dieser Weinkanne eingraviert. Vermutlich wurde sie vom Gewinner einer Regatta gestiftet

23 WEINKANNE

M. H. Wilkens & Söhne, Bremen, 1912. Ratssilberschatz, Inv. Nr. 6 (Zugangsinventar)

Silber, gegossen, getrieben, ziseliert, punziert, graviert. H. 54,5, ø des Fußes 21 cm. Von rundem, profilierten Fußring über zwei spitz auslaufende Buckelkränze geschweift aufsteigende, sich verjüngende Wandung. Kantige Formen an Schnauze und Henkel. Zierlich eingeschwungener Deckel mit Knospenknauf über Buckelkranz. Zwei weitere Friese aus Weinlaub am Hals des Kannenkörpers sowie die Wellenranke mit stilisierten Blättern und Blüten auf der Deckelwandung. Am Gefäßkörper die Inschrift „KAISERLICHER YACHT-CLUB KIEL, 24. JUNI 1912" sowie ein Wimpel (vermutlich des Yachtclubs). Marken: Handpresse / 600 / Reichsstempel: Halbmond und Krone, Modell-Nr. 208206. Wahrscheinlich vom Gewinner der Kanne in das Ratssilber gestiftet.

Die Form des Gefäßes erinnert an die von Kat. Nr. 52, ist darüber hinaus durch die Verschmelzung von Jugendstil-Elementen – den Buckelkränzen – und Art déco-Motiven in Form und Dekor gekennzeichnet. Die Silhouette des Deckels scheint islamischen Formen nachempfunden zu sein.

Von der Kogge zum Containerschiff

Ruder, Segel, Schraube: Drei Meilensteine für die große Geschichte der Seefahrt

Nur ein schwimmender Körper, ein einfacher Baumstamm: das Schiff der Frühzeit. Dann kam das Floß aus mehreren verbundenen Stämmen oder Schilfbündeln. Später wurden Baumrinde und Lehm zum Abdichten verwendet. Schließlich wird es mit Flechtwerk verstärkt und mit Fellen bedeckt. Dann lernte der Mensch, Werkzeuge herzustellen, das Holz zu bearbeiten und den Baumstamm auszuhöhlen. Die alten Römer benutzten Flöße noch zum Zinntransport.

Zu Beginn der Eisenzeit (800 vor Chr.) ist das Schiff ganz aus Holz gefertigt. Mit Seitenwänden, Deck und Bänken für die Ruderer. Auch ein Steuerruder wurde angebracht. Und zwar auf der rechten Seite. Daher die Bezeichnung Steuerbord. Es folgt die Ausrüstung mit Segeln. Bis dahin waren mehrere Jahrtausende vergangen. So wird das Erscheinen der ersten Barken im Mündungsgebiet der großen Ströme Euphrat und Nil etwa in die Zeit vor 10 000 Jahren datiert.

Wie die ägyptischen Schiffe ausgesehen haben, zeigen Motive auf mehr als 6000 Jahre alten Tonkrügen. Ägypten war die erste Seemacht der damaligen Zeit. Aber dann verliert es seine führende Rolle. Kreter und Phönizier übernehmen die Vorherrschaft, werden in der Antike (500 vor Chr.) von den Griechen abgelöst. Galeeren mit übereinander angeordneten Ruderbänken bestimmen das Bild.

Nach dem Untergang von Karthago wird Rom zum unbestrittenen Herrscher über jenes Meer „im Mittelpunkt der Welt". Es entstehen Schiffe wie schwimmende Festungen. Mit Türmen, Rammsporn und den berühmten klappbaren Enterbrücken. Doch schließlich zerfällt auch das Römische Reich (bis 400 nach Chr.). Im Ringen um die Beherrschung der Meere schlägt die Stunde der nordischen Seemänner.

Das Wikingerboot

Die wilden Gesellen aus dem hohen Norden waren nicht nur räuberische Barbaren. Sie galten auch als geniale Schiffbauer des 9. bis 11. Jahrhunderts. Das belegt ein Fund im norwegischen Gokstad. Der aus einem 24 Meter langen Eichenstamm gehauene Kiel war mittschiffs gekrümmt. Vorteil: Das von 32 Ruderern (16 auf jeder Seite) angetriebene Schiff mit zusätzlicher Besegelung konnte sich im Kampf um seine eigene Achse drehen.

Und: Das „Gokstadschiff" erreichte jedes gewünschte Ziel. Den Beweis lieferte der Seefahrer Magnus Andersen.

Das Kampfboot der Wikinger
war gegen Angriffe durch die Schilde der Krieger geschützt, die über den Rudern aufgehängt wurden. Die Verbindung von Segel und Rudern machte diesen Schiffstyp besonders beweglich

Die Kogg
mit dem auffällig
stolzen Adlerko
am Steven steht i
Hamburger Ratha
vor einer Fenste
front im Aufgar
zum Senatsgeheg
Beschreibur
auf S. 8

1893 ließ der Kapitän das Gokstadschiff originalgetreu nachbauen und segelte damit von Bergen bis nach Neufundland über den Atlantik. Für die 4800 Kilometer lange Strecke brauchte er 27 Tage. Dabei erreichte das wendige Schiff Geschwindigkeiten bis zu 11 Knoten.

Die Hansekogge
Der „Lastesel" des Mittelalters kam weit herum

Die Hansekogge

Einer der bedeutendsten Segelschiffstypen Nordeuropas. Im 14. Jahrhundert fuhren die „Lastesel" des Mittelalters im gesamten Nord- und Ostseeraum, nach Skandinavien, Rußland, England, Frankreich und Spanien, gelegentlich auch ins Mittelmeer. Zu den wenigen, zumindest in Teilen erhaltenen Originalen gehört die „Bremer Kogge" von 1380. Rekonstruktionen ergaben: Das Handelsschiff mit Eichenholzplanken muß etwa 23,5 Meter lang, 6,20 Meter breit, 60 Tonnen schwer gewesen sein. Tragfähigkeit: 200 Tonnen. Besatzung: 15 bis 20 Mann. Segelfläche: 190 Quadratmeter. Die Wrack-Reste wurden 1962 bei Baggerarbeiten in der Weser entdeckt, sind heute im Bremerhavener Schiffahrtsmuseum zu sehen.

Die Ostsee-Karracke

Das Hanseschiff des 15. Jahrhunderts. Im Handels- und Seefahrtsmuseum von Helsingör ist eine Weiterentwicklung und Vergrößerung der Kogge zum Dreimaster zu sehen. Bis zum 16./17. Jahrhundert segelten Karracken mit dem kastellartigen Vorschiff und dem relativ langen Heckaufbau in nördlichen Gewässern. Der „Adler von Lübeck" ist einer der seltenen Fälle, in denen die Darstellung eines namentlich bekannten, typähnlichen hansischen Schiffes erhalten ist. Der Segler war etwa 65 Meter lang, lief 1566 vom Stapel. Das Rigg bestand aus einem Vor-, Groß- und zwei Besanmasten. 1581 schlug das mit einer 1600 Tonnen schweren Salzfracht beladene Schiff auf der Rückfahrt von Portugal leck, wurde in Lissabon abgewrackt.

Die Karracke
war eine Weiterentwicklung und Vergrößerung der Kogge zum Drei- und Viermaster

Der Teeklipper

Die „Cutty Sark" (963 BRT) ist das letzte erhaltene Segelschiff, das an den Teeklipper-Rennen von 1870 bis 1880 teilnahm. Der Veteran ist noch heute in Greenwich im Dock zu besichtigen, erinnert an die große Zeit der schnellen Hochseesegler. Das 65 Meter lange Schiff lief 1869 im schottischen Dumbarton vom Stapel, machte acht Tee-Reisen. Bemerkenswert: Im Kampf gegen die „Thermopylae" von Shanghai nach London hatte die „Cutty Sark" (2980 qm Segelfläche) schon über 400 Seemeilen in Führung gelegen, als im Sturm das Ruder brach und ein Notruder eingesetzt werden mußte. Die „Thermopylae" zog vorbei, kam nach 115 Tagen ins Ziel. Vorsprung: nur eine Woche. Bevor Englands schnellster Segler (London – Melbourne/Australien in 60 Tagen) für immer an der Themse festmachte, wurden bis 1949 Kadetten an Bord ausgebildet.

Die „Cutty Sark"
ist noch heute im Dock von Greenwich zu besichtigen

Das Auswandererschiff

Der erste kombinierte Dampf-Segler für die Transatlantikfahrt hieß „Borussia" (1867 BRT). 1856 nahm die HAPAG den Liniendienst nach Amerika auf. Reisedauer: 15 Tage. Zum Vergleich: Windjammer brauchten pro Tour im Schnitt sechs Wochen. Die 85 Meter lange und 11,7 Meter breite „Borussia" konnte in drei Klassen etwa 500 Passagiere befördern, war ein typisches Auswanderer-

Ein Mastenwa
von Segelschiffe
bestimmte das B
an den Landung
brücken um 18
Schon damals gab
die eisernen Üb
gänge von Land, n
denen der Zugang b
jeder Tide mögli
war. Vorn im Bild sie
man einige abgestel
Pferdewagen, m
denen vermutl
Proviant auf die Schi
gebracht wurd
Es gibt bereits ei
richtige Straße
beleuchtung u
eine Litfaßsä

Die Borussia brachte bis zu 500 Passagiere in die Neue Welt, allerdings unter oft katastrophalen hygienischen Bedingungen

schiff. Die meisten Reisenden fuhren im Zwischendeck (310 Plätze) zwischen Laderaum und Oberdeck. Die Unterbringung war primitiv. Die Kojen waren aus Brettern zusammengeschlagen, mußten auf dem Rückweg entfernt werden, weil der Raum für Fracht benötigt wurde. Bei Sturm und Regen waren die Luken zu. Es gab keine Belüftung. Die Zubereitung von Mahlzeiten wurde fast unmöglich. Ärztliche Versorgung fehlte. Da nur wenige Toiletten vorhanden waren, herrschten oft katastrophale hygienische Zustände. Trotzdem trafen in Spitzenjahren Mitte des 19. Jahrhunderts bis zu 250 000 Deutsche in der Neuen Welt ein. Die „Borussia" sank am 1. Dezember 1879 im Sturm. Von 184 Menschen konnten nur 15 gerettet werden.

Der Heringslogger

Der Fischgroßhändler Friedrich Busse aus Geestemünde ließ 1898 den ersten Heringsdampfer unter deutscher Flagge bauen: die „Friedrich Albert" (189 BRT). Das mit Schlepp- und Treibnetzen versehene Schiff war 39 Meter lang, 6 Meter breit, hatte 325 PS. Charakteristische Merkmale: offene Brücke, weißer Bug-Keil; am Schornstein prangte ein großes „H". Auf dem Achterschiff lag ein großes Rettungsboot ohne Davits. Es mußte im Notfall mit dem Besanmast ausgesetzt werden oder bei einem Untergang so aufschwimmen. Hauptfanggebiet war die Nordsee. Der für etwa 20 Tage ausgerüstete Heringslogger lief um die zehn Knoten, hatte bis zu 18 Mann Besatzung, konnte mehrere tausend Seemeilen ohne Unterbrechung zurücklegen.

Die „Preussen" der Laeisz-Reederei, das einzige Fünfmastvollschiff der Welt ohne Hilfsantrieb, konnte die Ladung von 18 Güterzügen schlucken

Das Fünfmastvollschiff

1902 wurde die „Preussen" von der Tecklenborg-Werft in Geestemünde für die Hamburger Laeisz-Reederei abgeliefert. Das einzige Fünfmastvollschiff der Welt ohne Hilfsantrieb. Der 124 Meter lange und 16 Meter breite Windjammer konnte die Ladung von 18 Güterzügen (je 30 Waggons à 15 Tonnen) schlucken, transportierte pro Reise jeweils 8000 Tonnen Salpeter ums Kap Hoorn nach Europa. Die Segelfläche betrug 5560 qm. Das stehende und laufende Gut mit 1268 Blöcken, 248 Takelage-Schrauben hatte eine Gesamtlänge von über 41 Kilometern. Der Flaggenkopf des größten Mittelmastes lag 68 Meter über dem Kiel. Der „Höhepunkt im Segelschiffbau überhaupt" strandete 1910 nach einer Kollision mit dem Dampfer „Brighton" im englischen Kanal vor Dover.

Der Atlantik-Dampfer

Die „Imperator" war der erste deutsche Passagierliner mit einem luxuriösen Hallenschwimmbad, damals das größte Schiff der Welt. 40 Mil-

Die „Friedrich Albert" wurde 1898 vom Fischgroßhändler Friedrich Busse als erster Heringsdampfer unter deutscher Flagge gebaut

Die „Imperator" trat im Juni 1913 ihre Jungfernfahrt nach New York an. Sie war damals das größte Schiff der Welt, kostete 40 Millionen Reichsmark

lionen Reichsmark teuer, gebaut bei der Hamburger Vulkan-Werft für die Reederei Hapag-Lloyd. Am 11. Juni 1913 trat der mit 52 117 BRT vermessene Vier-Turbinen-Schnelldampfer (76 000 PS) die Jungfernfahrt von Hamburg nach New York an. Der 277 Meter lange Riese verbrauchte bei einer Geschwindigkeit von bis zu 24 Knoten etwa 1000 Tonnen Kohle pro Tag. 2822 Fahrgäste konnten in vier Klassen befördert werden. 1180 Besatzungsmitglieder, darunter 118 Köche und Küchenpersonal, versorgten die Reisenden. Am 3. März 1938 wurde die „Imperator" bei einem Großbrand in New York schwer beschädigt, danach aufgelegt und 1946 schließlich in Rosyth verschrottet.

Der Stückgutfrachter

Berühmt wegen ihrer Eleganz und Technik: die „Cap San Diego". Vorgängerin der modernen Containerschiffahrt. Der von dem bekannten Architekten Caesar Pinnau entworfene und 1961 in Hamburg gebaute Stückgutfrachter galt als „weißer Schwan des Südatlantiks". Der schlanke Schiffskörper mit dem gebogenen Steven glich eher einer Yacht. Zwischen 1961 und 1981 machte die 144 Meter lange und 20 Knoten schnelle „Cap San Diego" (9989 BRT) für die Reederei Hamburg-Süd 120 Rundreisen. Dabei wurden von Europa Maschinen nach Südamerika transportiert und in den Kühlräumen Früchte und Fleisch zurückgebracht. An Bord arbeiteten 49 Mann, dazu gab es Platz für 12 Passagiere. Seit 1988 liegt der Dampfer (11 650 PS) als Museumsschiff an Hamburgs Überseebrücke.

Das Containerschiff

Ein Gigant der Meere: die „Kate Maersk". Hellblauer Rumpf, weiße Aufbauten, mit 318 Metern fast so lang wie der Pariser Eiffelturm hoch (320 m). Der rund 500 Millionen Mark teure Jumbo-Frachter (81 488 BRT) unter dänischer Flagge gehört zu den größten Containerschiffen der Welt, kann im Liniendienst zwischen Europa und Fernost bis zu 6000 Stahlkisten in 17 Reihen neben- und übereinander transportieren. Der 43 Meter breite Stahlkoloß (13 Mann Besatzung) hat maximal 14 Meter Tiefgang. Die Hauptmaschine mit rund 74 640 PS beschleunigt den 1996 von der „Odense Staalskibsvaerft" abgelieferten Ozeanriesen auf 25 Knoten.

Die „Kate Maersk", Gigant der Meere, ist mit 318 Metern fast so lang wie der Pariser Eiffelturm hoch

Die „Cap San Diego", eleganter Stückgutfrachter aus den 60er Jahren, heute Museumsschiff an der Überseebrücke

Mit den Koggen wurde die Hanse für lange Zeit zur führenden Seemacht. Das Leben der Seeleute war auf diesen schwerfälligen Schiffen außergewöhnlich hart

Alltag auf einer Hansekogge 1389

DIE ARBEIT IST KNOCHENHART. Und gefährlich. Wenn es nicht schnell genug geht, haut der Käpt'n mit der Peitsche dazwischen. Warmes Essen gibt es nur bei Flaute. Das Klo ist ein Eimer, und faule Zähne zieht der Zimmermann. Ohne Betäubung!

Alltag auf einer Hansekogge im Jahr 1389. Schon damals ist eine Seefahrt eigentlich gar nicht lustig!

Schon die normale Arbeit ist Streß pur. Beim ersten Morgenlicht geht's los. Takelage kontrollieren. Segel setzen, auch bei schlechtem Wetter. Das schwere Ruder bedienen. Zwischendurch immer wieder verrutschte Ware umstauen. Getreide-Ladungen umschaufeln, denn wenn es zu lange unter Deck liegt, erwärmt es sich so stark, daß es sich selbst entzünden kann. Alle möglichen Schäden ausbessern. Ab und zu auch mal ein Leck stopfen.

Bei Sonnenuntergang ist noch lange nicht Schluß: Aufräumen, Putzarbeiten, Werkzeug in Ordnung bringen. Und: Auch nachts wird gesegelt! Dazu kommt der Wachdienst auf der Brücke: Die Seeleute sind nach dem „System der drei Wachen" eingeteilt. Sie wechseln sich alle vier Stunden (= ein „Quartier") ab.

Der Obersteuermann und seine beiden Assistenten stehen am Ruder. Die Matrosen müssen wichtige Wegzeichen melden: Küstenverlauf, charakteristische Berge, Flußmündungen, Wälder. Weitere Aufgaben: Wolken und Wetter beobachten, immer wieder mit dem Senkblei die Wassertiefe messen, vor allem aber nach Seeräubern Ausschau halten. Deshalb steht immer einer im Ausguck – lebenswichtig!

Die Arbeitszeit wird mit der Schiffs-Sanduhr kontrolliert. Im Hafen geht's dann im Akkord weiter: Ladung löschen, neue Ware an Bord hieven, Lebensmittelvorräte aufstocken, frisches Wasser in große Holzfässer tanken. Und auch hier muß immer wieder etwas repariert werden – vor allem dort, wo man auf See nicht so richtig rankommt.

Die Arbeitszeit wird mit der Schiffs-Sanduhr kontrolliert. Im Hafen geht's dann im Akkord weiter

Die Besatzung zählt meist rund zwanzig Mann:

Der Kapitän („schipher") ist auch Manager. Als Vertreter der Reeder an Bord trägt er die Verantwortung für Besatzung, Ware und Schiff. Hauptaufgabe auf See: Für Zucht und Ordnung sorgen. Führungsmittel: Faust und Peitsche. Autoritätsprobleme sind unbekannt, Widerrede gibt's nicht, Gewerkschaft auch nicht. Im Hafen ist der Käptn auch Verkäufer, feilscht mit den dort ansässigen Händlern um Waren und Preise.

Der Obersteuermann („sturemanne") ist Chef des seemännischen Personals. Er navigiert das Schiff, steckt den Kurs ab, kommandiert das Ruder und leitet die Anlegemanöver. Nur wenn gerade mal gar nichts los ist, läßt er sich von seinen Assistenten ablösen.

Der Bootsmann („boosmann") treibt als Vorarbeiter die Matrosen zur Höchstleistung an, packt aber auch selber zu.

Der Schiffsschreiber ist für die gesamte Logistik verantwortlich: Er führt das Bordtagebuch (Logbuch), hat immer ein Auge auf die Fracht und hilft dem Kapitän beim Verhandeln und Verkaufen in den Häfen.

Der Zimmermann repariert alles, was aus Holz ist. Gleichzeitig ist er Schiffsarzt, doktert an Knochenbrüchen, Verletzungen und allen möglichen Krankheiten herum. Besonders häufig ist die Ruhr, an der immer wieder Matrosen sterben.

Der Segelmacher kümmert sich um die Takelage, kontrolliert die Taue und flickt zerrissenes Tuch. Das ist Schwerstarbeit, denn auf See geht pausenlos was kaputt.

Obwohl das Leben an Bord wirklich hart ist – die Koggen sind die modernsten Arbeitsplätze, die es gibt

Der Koch ist zwar für die Verpflegung zuständig, aber kochen darf er nur, wenn der Kapitän es erlaubt – auf Koggen herrscht ständig höchste Brandgefahr, schon ein einziger Funke könnte zur Katastrophe führen! Warmes Essen gibt es deshalb nur bei Windstille. Außerdem kauft und lagert der Koch alle Lebensmittel und teilt die Rationen ein.

Die Matrosen haben den Rang von Gesellen, die den Meistern wie dem Zimmermann oder dem Segelmacher zugeteilt werden. Der Schiffsjunge ist der Azubi, aber ohne schützende Bestimmmungen: Bei jedem Fehler setzt es Ohrfeigen!

Obwohl das Leben an Bord wirklich hart ist – Personalmangel gibt es nicht, denn die Zeiten sind schlecht und die Koggen die modernsten Arbeitsplätze, die es gibt.

Die Containerschiffe der Hanse fassen 200 Tonnen Ladung: Korn, Weizen, Roggen, Gerste, Hirse und Dinkel, Holz, Kupfer, Zinn

und Blei kommen als Schüttladung in den Frachtraum. Verderbliche Lebensmittel wie Hering, Stock- oder Klippfisch und natürlich flüssige Ware wie Hopfen, Bier (schon damals Exportschlager!) und Wein werden in Fässern, den Containern des Mittelalters, transportiert. Stoffballen, feines Tuch aus Flandern, Leinwand, Pelze und englische Wolle sind so vor Wasserschäden geschützt. Auch ein paar Tonnen mit Teer sind an Bord – manchmal muß ein Leck auf hoher See ausgebessert werden.

Die Navigation ist Nervensache. Kompaß und Seekarten gibt es nicht

Der Termindruck ist groß, denn die Konkurrenz schläft nicht, und wer als erster ankommt, kann am teuersten verkaufen. Also immer volle Kraft voraus. Für die Besatzung heißt das: Höchstes Arbeitstempo. Von Lübeck nach Danzig braucht die Kogge vier Tage – wenn das Wetter mitspielt. Nach Bergen (Norwegen) sind die Hanseschiffe aber auch schon mal zwei bis drei Wochen unterwegs, und manche fahren sogar durch den gefürchteten Golf von Biscaya und die Straße von Gibraltar bis nach Marseille. Dieser Törn dauert zwei Jahre. Keine sehr angenehme Reise.

Fernreisen sind nicht angenehm. Die Navigation z.B. ist Nervensache. Kompaß und Seekarten gibt es nicht. Nur grobe Wegbeschreibungen und primitive Handbücher halten die Kogge „upp der trade" (auf der festen Route) – immer an der Küste entlang. Manchmal muß das Schiff aber auch aufs offene Meer hinaus, und dann wird natürlich auch bei Nacht gesegelt. Der Obersteuermann orientiert sich nach den Sternen. An manchen Küsten lotsen aber auch schon Leuchtsignale (große Feuer) das Schiff. Der erste deutsche Leuchtturmwärter steht bereits seit dem Jahr 1316 in Travemünde auf Posten.

Der Hanse-Seemann ist schon von der Kleidung her auf einiges gefaßt: Mantel mit Kapuze, dicke Strumpfhosen, stabile Lederschuhe, bei Kälte Fellweste, Hauptsache: warm und strapazierfähig.

Zur Ausrüstung gehören: Eßbesteck mit zweizinkiger Gabel, Holzlöffel und Messer mit Stahlklinge. Als Geschirr hölzerne Daubenschalen. Als Waffen Degen, Schwerter, Armbrüste, dazu das persönliche Handwerkszeug, alles in einer Holzkiste, die jeder Seemann mit an Bord bringt.

Zu Essen gibt es nur Fertiggerichte. Die Alltagskost ist ein Abtörner: Erbsen, Bohnen, Linsen, nur mal schnell eingeweicht und dann zu Brei gestampft. Ab und zu kommt wenigstens ein Stück Fisch (Hering, Dorsch, Kabeljau, Stockfisch), nur selten auch mal Fleisch auf den Teller, gepökeltes Rind oder ein Stück Speck. Der Geschmack ist Nebensache – die Lebensmittel müssen vor allem haltbar sein. Deshalb werden sie durch Pökeln, Trocknen oder Räuchern konserviert und ebenfalls in Fässern gelagert.

Als Sättigungsbeilage gibt's Brot, zum Trinken Wasser, manchmal aber auch leichtes Bier. Die Lieblingssorte der Hanse-Seeleute heißt „Braunschweiger Mumme". Essenszeit ist nach jedem Wachwechsel. In die Kantine unter dem Achterkastell dürfen nur Kapitän, Steuermann und Passagiere. Die Seeleute bleiben an Deck. Trotzdem ist auch dort gutes Benehmen Pflicht. Das Seerecht der Hanse schreibt ganz offiziell vor: Bei Tisch darf keiner unflätig reden – und schon gar nicht seine Notdurft verrichten!

Zum Schlafen sucht sich der Seemann ein Plätzchen im Beiboot oder im Frachtraum. Dort breitet er seine Strohmatratze aus und haut sich in den Schlafsack aus Schafsfell. Für Kapitän, Steuermann und Passagiere sind Kabinen im Kastell auf dem Achterdeck reserviert.

Das WC hinter der Steuerbordkajüte ist wirklich eins: der hölzerne Toilettenkasten hängt unmittelbar über den Wellen, für Hygiene sorgt die Gischt. Das kreisrunde Sitz-Loch ist mit Rücksicht auf die männliche Anatomie vorne eingekerbt. Aber auch dieser Klo-Komfort ist nur der Schiffsführung vergönnt – die Mannschaft kriegt Eimer oder schwingt sich einfach mal kurz über die Bordwand.

Freizeit ist für die Hanse-Matrosen fast ein Fremdwort. Spielen zum Beispiel ist an Bord offiziell verboten. Allerdings drücken die meisten Kapitäne schon mal ein Auge zu! Beim Würfeln und Karteln geht es um Geld, aber das populärste Glücksspiel heißt „Tric-Trac" und ist eine Art hansisches Backgammon. Außerdem spinnen auch die Matrosen des Mittelalters schon gern Seemannsgarn, erzählen sich alle möglichen Schauergeschichten, z.B. über Störtebeker.

Auf größeren Koggen reisen die Kaufleute, denen die Waren gehören, oft selber mit und heuern manchmal Musikanten und Gaukler für ein Bordprogramm gegen die Langeweile an. Und schon damals singen die Seeleute gern, anders als heute auch religiöse Lieder. Denn das hansische „Schiffsvolk" ist sehr fromm – Grund zum Beten gibt es ja auch genug.

Der Schutzheilige der Seeleute ist Petrus. Vor jeder Fahrt spendet der Kapitän in der Kirche einen erklecklichen Betrag für eine gute Reise. Und nach überstandenen Gefahren wie Schiffbruch, Piraterie und Krieg läßt er eine Weihegabe oder Dankestafel anfertigen. Noch heute stehen alte Schiffsmodelle in den Kirchen der Hansestädte. Außerdem gibt's an Bord regelmäßig Gottesdienste – der Kapitän predigt persönlich, und da paßt jeder gut auf. Wer nicht zur Messe kommt, kriegt Ärger.

Die Arbeit ist vertraglich geregelt. Nach der Winterpause (11. November bis 22. Februar) gehen die Stellenangebote raus. Zeugnisse gibt es nicht. Der Kapitän fühlt den Bewerbern im Einstellungsgespräch selbst auf den Zahn und sucht sich dann die Besten aus. Der Matrose bekommt „Handgeld", einen Vorschuß, der ihn schon mal an das Schiff bindet.

Seemanns-Lohn: Der Tarif liegt bei 20,5 Pfennigen – pro Woche! Aber der „Pfennig hamburgisch" ist viel mehr wert als unserer. Im Mittelalter bekommt man für 20 solcher Pfennige (es gibt Dutzende verschiedener Währungen) vier Hühner oder 267 Eier. Ein Schwein kostet 180 „Pfennig hamburgisch", ein Paar Stiefel 132, Schuhe 36, eine Gans 12 Pfennig. Brot und Bier sind viel billiger. Nach heutigem Geld wären 20 Pfennig ungefähr so viel wie 100 DM. Deshalb verdient der hansische Seemann sich gern was nebenbei. Zur Heuer („hure") gibt's z.B. das „Kühlgeld" für das Umschaufeln von Getreide. Auch ein „Windegeld" für das Ein- und Ausladen der Ware wird extra bezahlt. Und außerdem dürfen Seeleute selber Handel treiben. Jeder bekommt im Laderaum für seine Waren einen vertraglich garantierten Platz. Wenn er den nicht braucht, kann er den freien Stauraum aber auch gegen bar an den Kapitän verkaufen.

Für die nötige Disziplin an Bord sorgen harte Strafen. Treue und Gehorsam sind das oberste Gebot. Wer sich nicht dran hält, kriegt Hiebe. Bei schwereren Delikten wird der Delinquent einfach auf der nächsten Insel ausgesetzt.

Ein soziales Netz gibt es nicht. Bei Krankheiten auf See droht voller Lohnausfall: Der Pechvogel muß sogar den Vorschuß wieder rausrücken – das Geld wird zwischen Kapitän und der Besatzung, die jetzt die Mehrarbeit hat, aufgeteilt. Und wer seinen Vertrag nicht einhält, verliert die gesamte Heuer (Hamburger Schiffsrecht von 1292). Später steht auf den Wiederholungsfall sogar die Todesstrafe.

Aber der Arbeitgeber hat auch eine Fürsorgepflicht: Wird ein Besatzungsmitglied krank oder im Kampf verletzt, sorgt der Kapitän wenigstens für die bestmögliche Behandlung. Und auch wenn dadurch ein Liefertermin überschritten wird: Der Kranke wird am nächsten Hafen abgesetzt. Stirbt ein Seemann, bestattet der Kapitän ihn auf See und regelt den Nachlaß. Den erhält die Familie – mit dem Rest der Heuer.

Todesfälle auf See sind leider nicht selten – auch wegen der vielen Piraten, die damals vor allem Nord- und Ostsee unsicher machten. Wenn sie angreifen, hilft keine Wasserschutzpolizei – die Seeleute müssen sich selbst ihrer Haut wehren. Mit Schwertern, Degen, Armbrüsten und Pfeilen verteidigen sie Schiff, Ladung und das eigene Leben.

Bei Krankheiten auf See droht voller Lohnausfall: Der Pechvogel muß sogar den Vorschuß wieder rausrücken

amburger :hauerleute
ie in den Jahrhun- rten zuvor wurden ch um 1900 für die hiffe Männer mit uskeln gebraucht d mit Fäusten, die packen konnten. Schuten wurde die dung angeliefert d mit Muskelkraft Bord der Lasten- gler gebracht und rstaut. Wie man eht, kreiste gelegent- h auch die Buddel – ch harter Arbeit gab offensichtlich so anchen entspannen- n Schluck. Ein bei- he romantisches d aus jener Zeit, s aber trügt: Mit mantik hatte dieser ochenharte Job chts zu tun

Die Hafen-Schuten
Viele Frachtschiffe machten damals an Duckdalben fest – mächtigen Eichenpfählen, die im Elbstrom eingerammt waren. Sie hatten also keinen direkten Landzugang. In kleinen offenen Schuten wurden die Säcke und Ballen bei Sonnenaufgang herangefahren und mit Bord-Kränen in den Laderaum gehievt. Für die Schauerleute ein oftmals lebensgefährlicher Job, denn Arbeitsschutzmaßnahmen, wie z.B. das Tragen von Helmen, waren noch völlig unbekannt

24 TAFELAUFSATZ IN FORM EINER KOGGE

M. H. Wilkens & Söhne, Bremen, 1911. Ratssilberschatz, Inv. Nr. 88 (B.-Verz. Nr. 90)

Silber, gegossen, getrieben, ziseliert, punziert, graviert; Email. H. 94, L. 78, B. 41 cm. Tafelaufsatz in Form einer Kogge. Auf durchbrochenem Sockel von spitzovalem Grundriß Fische zwischen geschweiften Bandornamenten; die Breitseiten zeigen zwei Kartuschen, die eine mit Gravur des Hauses der Seeberufsgenossenschaft, die andere mit der Aufschrift: „Der Hansestadt Hamburg zur Erinnerung an meinen Vater Richard Krogmann, dem langjährigen Vorsitzenden der Seeberufsgenossenschaft. Hamburg, den 3.3.1939 C. V. Krogmann Bürgermeister". Auf der Wellen imitierenden Oberfläche des Sockels tragen zwei Tritone und eine Nereide die Kogge mit einem Bug in Form eines Adlers; am Heck die Fahne der Seeberufsgenossenschaft. Marken: Wilkens / Handpresse / 800 / Reichsstempel: Halbmond und Krone / Modell-Nr. 203734.

Gestiftet 1939 von Bürgermeister Carl Vincent Krogmann. Der Tafelaufsatz wurde Dr. Ing. h.c. Richard Krogmann (Hamburg 1859-1932 Teneriffa), Kaufmann und Reeder, 1900-1932 Vorsitzender der Seeberufsgenossenschaft, anläßlich seines 25jährigen Jubiläums 1925 überreicht.

■ Das Schiff in Form einer mittelalterlichen Einmastkogge mit Achterkastell trägt außenbords eingehängte Schilde, die als Relikt der Kriegsschiffe aus der Wikingerzeit betrachtet werden können. Die Form des Aufsatzes bietet sich für das Repräsentationssilber einer Hansestadt besonders an, doch reicht die Geschichte der Schiffe als Tafelschmuck weiter zurück. Seit dem 13. Jahrhundert sind solche Aufsätze nachgewiesen. Außerhalb des kirchlichen Bereichs, wo sie als Reliquiare dienten, finden sie sich auf der fürstlichen Tafel am Platz des Herrschers. Zur Aufnahme seines Bestecks bestimmt, später als Trinkgefäße und vor allem

im 17. Jahrhundert als reine Schaustücke oder als Gewürzbehältnisse verwendet, behalten schiffsförmige Goldschmiedearbeiten durch die Jahrhunderte ihren Platz auf der Tafel. Nur in Barock und Rokoko werden sie nicht in die Serviceprogramme einbezogen. Der Aufsatz der Bremer Firma Wilkens stellt kein getreues Koggenmodell dar: In künstlerischer Freiheit ist durch die Ausarbeitung der Galionsfigur des flügelschlagenden Adlers geradezu ein Mischwesen aus Vogel und Schiffskörper entstanden.

Lit.: Ausst. Kat. Historismus, 1977, Nr. 133.

Phantasievoll belebt erscheint der üppig ausgestattete Sockel der Hansekogge. Dem Meer entstammende Fabelwesen (zwei Tritone und eine Nereide) steigen halb aus den bewegten Wellen und tragen den schlanken Schiffsrumpf. Siehe auch S. 69

25 TAFELAUFSATZ MIT TRITON UND NEREIDE

Sy & Wagner, Berlin, 1889. Ratssilberschatz, Inv. Nr. 58 (B.-Verz. 69)

Silber, gegossen, getrieben, ziseliert, punziert, vergoldet; Email, Amethyste, Granate. H. 27, L. 75, T. 45 cm. Vier Delphinköpfe tragen das langgezogene Oval des Aufsatzes, das an den Schmalseiten jeweils ausgebuchtet erscheint. Über wappengezierter Sockelzone ein Plateau, das eine ovale Schale mit reichem Feston- und Volutendekor trägt. Ein muschelhornblasender Triton und eine leierschlagende Nereide flankieren das Aufsatzbecken. Auf zwei Kartuschen die Widmungsinschrift „SR. MAGNIFIZENZ HERRN BÜRGERMEISTER VORSTAND DER AUSWÄRTIGEN ANGELEGENHEITEN CARL PETERSEN DR. ALS ZEICHEN DER DANKBAREN VEREHRUNG DIE DIPLOMATISCHEN UND KONSULARISCHEN VERTRETER IN HAMBURG" und „6. JULI 1809/6. JULI 1889". Marken: Sy & Wagner / H. Zacharias ERF. / Reichsstempel: Halbmond und Krone / Schale: 900 / Einsatz: 800. Gestiftet 1909 von der Familie des Bürgermeisters Dr. Carl Petersen.

Der glückliche Umstand, daß das diplomatische Korps sich zu einer gemeinsamen Gabe an den Bürgermeister zusammenschloß und jedes vertretene Territorium nur in den bunten Wappenschilden in Erscheinung tritt, ermöglichte den Auftrag für den aufwendigen, opulent geschmückten Aufsatz, der die Prunkliebe der Entstehungszeit anschaulich vor Augen führt. Ein Programm und ein Bildgedanke sind auf die wie Versatzstücke applizierten Meereswesen beschränkt. Die glitzernde, im Zusammenspiel mit den Blumenarrangements in der Einsatzschale prächtig aufleuchtende Oberfläche war angestrebt, eine Aussage, ein tiefergehender Gehalt sind nicht mehr gefragt. Als Vorbilder sind die Weinzisternen, die Kühlgefäße des 17. und des 18. Jahrhunderts, zu nennen, wie sie vor allem im Hugenottensilber Englands erhalten sind (vgl. J. F. Hayward, Huguenot Silver in England, London 1959, S. 22). *Lit.: Ausst. Kat. Historismus, 1977, Nr. 113.*

Geschenk der Konsuln

In der Form erinnert dieser prachtvolle Tafelaufsatz an Kühlgefäße des 17. Jahrhunderts. An den Schmalseiten bläst ein Triton das Muschelhorn, und eine Nereide schlägt die Leier. Die in Hamburg ansässigen Konsuln und Diplomaten machten dieses Kunstwerk Bürgermeister Carl Petersen 1889 zum Geschenk

eeresgott und
asserixe
eigen in diesem Paar
n Tafelaufsätzen
s wild aufgewühl-
m Wasser, auf
n Schultern tragen
eine als Welle
formte Schale

26 ZWEI TAFELAUFSÄTZE „WELLENSPIEL"

1. *M. H. Wilkens & Söhne, Bremen, 1898. Ratssilberschatz, Inv. Nr. 38 (B.-Verz. Nr. 49)*

Silber, gegossen, getrieben, ziseliert, punziert, graviert. H. 76, B. 37, L. 67 cm. Dieser Aufsatz bildet mit dem folgenden ein Paar, das sich nur in der Gestaltung des Schaftes und der Figuren unterscheidet. Über breit ausgreifendem Rocaillensockel ist wogendes Wasser in aufwehenden Schleiern so wiedergegeben, daß sich daraus zwei große Schalen bilden, aus deren Mitte ein Postament aus Muschelwerk aufsteigt, auf dem hier ein Meeresgott steht, dessen linke Schulter eine weitere, hoch aufwehende Wasserschleierschale trägt. Die Figur hält eine Lyra in Händen, zu Füßen lagern eine Nereide und ein junger Triton. Dem Fuß vorgesetzt zwei Kartuschen, eine mit graviertem Hamburger Wappen, die andere mit der Aufschrift: „In Dankbarkeit gewidmet von den Kindern von Johannes Carl Wilhelm Lütcke E.H. Senats Buchdrucker 1886 – 1902". Marken: Handpresse / 800 / Reichsstempel: Halbmond und Krone / sowie die Modell-Nr. 122096. Gestiftet von der Firma Lütcke & Wulff, Hamburg, einer 1887 gegründeten Buchdruckerei, die bis heute existiert und die seit 1887 die Senatsmitteilungen und das hamburgische Gesetz- und Verordnungsblatt in ununterbrochener Folge druckt.

■ Die Form- und Dehnbarkeit von Silber gab dem ausführenden Künstler die Möglichkeit, dem Element Wasser in überzeugender Nachbildung Gestalt zu geben. Der reich geschmückte Schaft mit den Figuren, die trotz der Attribute nicht benannt werden können, unterstreicht bei beiden Aufsätzen nur das schwerelose, vom Wind aufgepeitschte Wasser der Schalen.

Gegenstück zu Nr. 26/2.

Lit.: Ausst. Kat. Historismus, 1977, Nr. 115.

2. *M. H. Wilkens & Söhne, Bremen, 1913. Ratssilberschatz, Inv. Nr. 69 (B.-Verz. Nr. 77)*

Silber, gegossen, getrieben, ziseliert, punziert, graviert. H. 76, B. 37, L. 67 cm. Die Trägerfigur dieses Aufsatzes ist eine Frauengestalt, die mit der Rechten die obere Schale stützt und in der Linken die Ranke einer Wasserpflanze hält. Zu ihren Füßen lagern eine muschelhornblasende Nereide und ein junger Triton. Auf den Sockelkartuschen die Aufschriften: „Dem Hohen Senat der Freien und Hansestadt Hamburg" und „In Dankbarkeit ein treuer Sohn seiner Vaterstadt Aug. Christ. Ferdinand Wulff Eines Hohen Senats Buchdrucker". Marken: Wilkens / Handpresse / 800 / Reichsstempel: Halbmond und Krone sowie die Modell-Nr. 225320. Gestiftet 1914 von der Familie des A.C.F. Wulff. August Christian Ferdinand Wulff (Hamburg 1840 – 1913 Ottenstein) war seit Gründung der Druckerei Lütcke & Wulff, Hamburg, deren Mitinhaber.

Gegenstück zu Nr. 26/1.
Lit.: Ausst. Kat. Historismus, 1977, Nr. 116.

Zwei Seejungfrauen stützen emaillierte Austernschalen. Die Tradition, für das Salz auf der Tafel ein Gefäß mit sinnhaftem Bezug zum Wasser des Meeres zu schaffen, geht bis in die Renaissance zurück

27 ZWEI SALZSCHALEN MIT SEEJUNGFRAU

Alexander Schönauer, Hamburg, 1902. Ratssilberschatz, Inv. Nr. 37

1. ***(B.-Verz. Nr. 40)***
Silber, gegossen, getrieben, punziert, graviert, teilvergoldet; Email.
H. 6, B. 9, L. des Löffels 8 cm.
Naturalistisch geformte, innen emailüberzogene Austernschale, von einer daneben lagernden Seejungfrau gehalten.
Unter deren Körper die Schrift: „SENATOR G.F.H.A. HOLTHUSEN 1902", daneben die gravierten Wappen Hamburgs und der Stifterfamilie. Der zugehörige Löffel besteht aus emaillierter Muschel-Laffe und einem Stiel, der in Eichenblättern endet.
Ohne Marken.
Gestiftet 1902 von Gottfried Friedrich Heinrich August Holthusen (Floegeln/Hann. 1848-1920 Hamburg), Kaufmann, von 1896 bis 1913 Senator.

2. ***(B.-Verz. Nr. 47)***
Silber, gegossen, getrieben, punziert, graviert, teilvergoldet; Email. H. 4,2, B. 9 cm.
Als Gegenstück zu Kat. Nr. 27/1 eine Variation vor allem in der Gestaltung der Seejungfrau, die sich hier neben der Austernschale niederbeugt, um den Krebs, der als Fuß gegen das Gefäß gestellt ist, zu betrachten. Der zugehörige Löffel ist wie der vorige gebildet. Die Inschrift unter dem Frauenkörper lautet: „SENATOR HUGO BRANDT 1902", daneben das Wappen der Familie Brandt.
Ohne Marken.
Gestiftet 1902 von Hugo Brandt (Hamburg 1845-1933), Kaufmann, seit 1901 Senator.

■ Die nicht bezeichneten Stücke sind laut Auskunft von Frau Gertrud Schönauer im Jahre 1977 Arbeiten ihres Vaters. Der Goldschmied greift mit den maritimen Motiven von Meerjungfrau und Muschel auf die seit der Renaissance durchgehende Tradition zurück, für das Salz auf der Tafel ein Gefäß mit sinnhaftem Bezug zum Wasser des Meeres zu schaffen. Bei diesen Schalen handelt es sich um freie Nachschöpfungen von Vorbildern des berühmten Paul de Lamerie (1688-1751), eines Hugenotten, der in London wirkte. Lameries Stücke wurden bereits im frühen 19. Jahrhundert von Paul Storr (1771-1844) in London kopiert. Schönauer wird diese Arbeiten gekannt haben.

Lit.: Schmidt, 1912, S. 11, 12. – Hüseler, Schönauer, 1946, S. 30 f. – Gold und Silber 4, 1951, S. 4 und Abb. S. 14. – Ausst. Kat. Historismus, 1977, Nr. 119 und 120. – Die Goldschmiede Hamburgs, I, S. 114, 226, Nr. 31 und 32. – Hamburger Abendblatt v. 6. 9. 1995, S. 16 „Die Schatzkammer des Rathauses". – von Bargen, 1995, S. 35, 43.

28 TAFELAUFSATZ „WIKINGERSCHIFF" MIT NARWALZAHN

Alexander Schönauer, Hamburg, 1908. Ratssilberschatz (B.-Verz. Nr. 5)

Silber, gegossen, getrieben, teilvergoldet; Email, Narwalzahn, Perlmutter, Amazonite, Opale, Koralle. H. 95, B. 23, L. 67 cm. Tafelaufsatz in Form eines Wikingerschiffes. Runder, von einem Astwerkfries mit Perlmuttermedaillons umzogener Trompetenfuß. Darauf bootsförmige Schale, deren Vor- und Achtersteven in Tierköpfen auslaufen; am oberen Rand durchbrochener Spiralranken- und Rosettenfries mit zwei Hamburger Wappen. In eine Silberfassung gesetzter Mast aus Narwalzahn, gestützt von zwei zu den Steven führenden, mit Amazonitanhängern verzierten Bügeln, die durch eine opalbesetzte Halterung am Mast befestigt sind. Auf der Mastspitze ein Postament aus Fischen und einer Muschel, darauf eine Frauenfigur, vielleicht Amphitrite, die einen – jetzt verlorenen – Korallenzweig in der Linken hielt. Inschrift auf dem Fuß: „EHRENGABE DER FREIEN UND HANSESTADT HAMBURG FÜR DIE REGATTA AUF DER UNTERELBE, 1908".
Marken: A. Schönauer / Hamburger Beschau / Reichsstempel: Halbmond und Krone / 800.
Gestiftet vom Verein Seefahrt.

■ Das weitgehend stilisierte Schiff gleicht einem an Vor- und Achtersteven in weitgeöffneten Schnäbeln auslaufenden Wikingerschiff. Die Verwendung von Narwalzahn unterstreicht den nordisch-skandinavischen Charakter des Aufsatzes. Narwalzahn, im Mittelalter für den Stirnschmuck des sagenhaften Einhorns gehalten und daher von unerhörter Kostbarkeit, ist auch später stets besonders geschätzt worden. Der Thron der Könige Dänemarks in Schloß Rosenborg besteht aus diesem Material. Bei Schönauers Schiff ist der Narwalzahn das einzige Element, das in der sonst strengen Stilisierung aller Teile seine natürliche Windung und Drehung behält und dadurch als die zentrale, kostbar gefaßte Mitte hervorgehoben erscheint.

Lit.: Im Museum für Kunst und Gewerbe: Goldschmiedearbeiten von Alexander Schönauer, in: Hamburger Fremdenblatt, März 1931. – Hüseler, 1946, S. 20-21. – Ausst. Kat. Historismus, 1977, Nr. 130. – Die Goldschmiede Hamburgs, I, S. 114, 222, Nr. 17.

Der Mast aus dem Zahn eines Wales
Tafelschmuck in Form eines Wikingerschiffes. Der Mast besteht aus dem Stoßzahn eines Narwales. Die Frauenfigur auf seiner Spitze trug ursprünglich einen Korallenzweig

Die Stadt der Schreiber

In der Zeit vor Schreibmaschine und Computer wurde in Hamburgs Kontorhäusern fleißig mit der Hand geschrieben – in Schönschrift

HAMBURG – die Stadt der Schreiber. Hier wurden die Kontorhäuser erfunden. Kontor bedeutete ursprünglich „Zähltisch". Um die Jahrhundertwende boomte der Import aus Übersee. Die meisten Kontorhäuser wurden in dieser Zeit gebaut, die Hälfte zwischen 1903 und 1914. 200 Gebäude aus dieser Zeit sind heute noch erhalten. Berühmte Beispiele: das Kaufmannshaus an der Bleichenbrücke oder das Chilehaus. Rundherum entstand das Kontorhausviertel.

Die Hamburger Kaufleute brauchten für ihre Geschäfte in aller Welt Gehilfen – die Handlungsgehilfen. Die meisten waren Männer, Frauen verrichteten als Kontoristinnen meist nur Hilfsarbeiten. Sie waren oft ungelernt, sahen ihre Arbeit als Übergangsstadium bis zur Ehe und wurden deshalb als billige Arbeitskräfte eingesetzt.

Sie schrieben mit Federhalter und Tinte. Die Schreibmaschine hielt in den Hamburger Kontoren Anfang des Jahrhunderts zunächst nur vereinzelt Einzug. Erst nach dem Ersten Weltkrieg wurde sie handlicher und verbreitete sich. Mit der Schreibmaschine begann die eigentliche Epoche der Frauenarbeit in den Kontoren. Frauen wurden als Maschinenschreiberinnen, Stenotypistinnen eingestellt. Später auch für die maschinelle Buchhaltung. Und Federhalter und Tinte waren bald nur noch glänzendes Statussymbol der wohlhabenden Kaufleute.

Protokolle
Gewissenhaft wurde jede Senatssitzung im Rathaus protokolliert. Anfragen, Antworten, Debatten und Zwischenrufe wurden peinlich genau von professionellen Schreibern festgehalten. Viele dieser Berichte, sie reichen bis ins Mittelalter zurück, werden im Sitzungssaal des Senats aufbewahrt

Schreib-schatull
Was ein Kaufman in seinem Konto auf dem Schreibtisc stehen hatte, wa für Kunden un Lieferanten wie ein Visitenkarte. Bei alle hanseatische Bescheidenheit – ma zeigte doch, was ma hatte. Die silberne Schreibschatulle konnten nicht pracht voll genug sein Diese trägt an de Frontseite sogar ein Hafenansicht Siehe auch S. 9

Wie lebte eine kleine Angestellte damals in Hamburg? Margarethe, 22, Kontoristin im Seidenhaus Brandt, im Dezember 1913...

Glitzernde Kronleuchter tauchen den Saal in glänzendes Licht. Margarethe steht in der Tür, von einer prachtvollen Robe umhüllt. Strahlend schön ist sie an diesem Abend. Silvesterball im Trocadero, dem elegantesten Tanzlokal der Stadt. Plötzlich steht ein vornehm gekleideter Herr vor ihr, reicht ihr die Hand zum Tanz. Die Kapelle spielt einen Tango, der neueste Schrei in diesem Hamburger Winter. Tief blickt Margarethe ihrem schönen Kavalier in die Augen und dann – klopft es! Klopft es?

Zum zweitenmal pocht die Mutter energisch an die Tür zu Margarethes kleiner Kammer. Es ist ein kalter Morgen im Dezember 1913. Nicht Silvester. Und auch nicht das Trocadero, sondern die kleine 2-Zimmer-Wohnung in Eimsbüttel, in der Margarethe mit ihrer Mutter lebt, seit der Vater bei einem Unfall gestorben

Eines der alten Ratsprotokolle
mit einem genehmigten Beschluß: „placet" (rechts unten)

Mercurii d 21 Mart
Mercurii d 21 Mart
C. Placet

Seidenhaus Brandt, Mönckebergstraße
Bänder, glänzende Stoffe aus Samt und Seide – das Seidenhaus Brandt in der Mönckebergstraße 27 war ein wahres Einkaufsparadies. Für eine Hamburger Deern wie Margarethe Haubenbacher war es eine Ehre, hier arbeiten zu dürfen

und der Bruder aus dem Haus ist. Der rauschende Ball – er war nur ein schöner Traum.

Sechs Schläge der Kirchturmglocken zählt sie. Steigt aus dem Bett, zitternd, es ist bitter kalt an diesem Morgen. Die Mutter hat den Kohleherd in der Küche gerade erst eingeheizt. „Hast wohl wieder von deinem Märchenprinzen geträumt?" brummt die Witwe. Margarethe ist schon 22 und immer noch nicht verheiratet. „Wer nimmt auch schon eine Braut ohne Mitgift und ohne Vater", denkt sie.

Nach der Volksschule lernte Margarethe auf der Grone-Schule Schönschrift, Schnellschreiben, Handelslehre. Jetzt fand sie eine Anstellung als Kontoristin im Seidenhaus Brandt in der Mönckebergstraße 27. Das kannte Margarethe von den Anzeigen in der Hanseatischen Wochenschau. Seidene Bänder boten sie an und glänzende Stoffe aus Samt und Seide. 60 Mark im Monat verdient sie dort jetzt. Das Geld gibt sie zu Hause ab. Muß die Mutter mitversorgen, die Miete für die kleine Altbauwohnung ohne Bad verschlingt schon 28,20 Mark.

Margarethe wäscht sich in der Küche, schlüpft in den langen, nicht zu engen dunklen Rock, in die weiße Bluse, zieht den Gürtel fest, steckt ihre Haare ordentlich hoch. 45 Minuten geht sie zu Fuß ins Kontor. Mit der Straßenbahn fährt sie nur selten: Eine Fahrt bis zur Mönckebergstraße kostet zehn Pfennig. Mehr als ein Kilo Kartoffeln vom Gemüsekarren auf dem Gänsemarkt.

Es ist 7.45 Uhr. In der Stadt strömen die Menschen in die Kontore und Läden. Mit dem Paternoster fährt Margarethe hinauf zu ihrem Arbeitsplatz. Sie ist nicht die erste im Brandtschen Kontor. Der Buchhalter arbeitet schon an seinem Stehpult: Ärmelschoner, weißes Hemd, Binder, ordentlicher Scheitel. Säuberlich führt er die Handelsbücher mit roter und blauer Tinte. In Schönschrift, das ist gesetzlich vorgeschrieben: „Bei der Führung der Handelsbücher und bei den sonst erforderlichen Aufzeichnungen hat sich der Kaufmann einer lebendigen Sprache und der Schriftzeichen einer solchen zu bedienen", murmelt Margarethe vor sich hin. Diesen Text aus dem HGB (Leipzig 1909) hatte sie auf der Grone-Schule lernen müssen.

Die Bücher, sie sind das Herzstück in jedem Kontor: Ausweis der Ehrlichkeit des Kaufmannes. Und die Buchhalter so etwas wie die heimlichen Chefs unter den Angestellten. Buchhalter wäre Margarethe auch gern geworden. Mehr als doppelt soviel hätte sie dann verdient. Wenn schon der Kavalier auf dem Ball nur ein Traum ist. Aber sie ist eine Frau. Und Frauen als Buchhalter, das ist in Hamburg zu dieser Zeit undenkbar.

Pünktlich, um kurz vor 8 Uhr, ist sie an ihrem Platz. Acht Handlungsgehilfen teilen sich den Raum. Schreibtische, Stehpulte, Leitz-Ordner, Ablagekörbe, sogar ein Telefon! „Endlich, Fräulein Haubenbacher!" ruft einer. „Ich muß Ihnen dringend eine Korrespondenz diktieren!" Margarethe nimmt den Brief auf. Er soll gleich weg, deshalb schreibt sie ihn sofort mit Federhalter und Tinte ab. In Schönschrift, das hat sie schließlich gelernt. Beim Schreiben spürt sie wieder diesen Schmerz in der Hand. Der Federhalter ist sehr dünn. Erst gestern hatte Margarethe wieder einen Krampf vom

Frauen im Konto
Streng ging es zu i den hanseatische Kontoren. Die Herrer auch die jungen, tru gen selbstverständlic Anzug und Krawatte Für die Damen wa die weiße Bluse zur züchtigen Rock Pflich Die Stühle hart, kaur gepolstert. Die jung Dame vorn im Bil hat sich ein Kisse untergeschober Ganz hinten schau der ältere Herr mi dem Schnauzer herü ber – er schein zu kontrollierer ob wirklich all bei der Sache sin

vielen Schreiben. Danach muß sie Kaffee brühen. Wichtiger Geschäftsbesuch beim Herrn Kaufmann. Sie schließt die Augen und schnuppert: echter Bohnenkaffee!

Weil ihre Kollegin krank ist, bedient sie heute auch das Telefon. Briefe öffnen, Korrespondenz-Durchschläge in Ordner sortieren. Verstohlen guckt Margarethe auf die große Uhr hoch oben an der Wand: Mittag, eine Stunde Pause! Sie schlüpft in ihren Mantel und aus der Tür. Ein Stück weiter in der Mönckebergstraße hat ein großes Kaufhaus eröffnet – Karstadt. Dort gibt es einfach alles. Sogar eine Abteilung mit wunderschönen Ballroben. Da guckt sich Margarethe am liebsten um. Gucken kostet ja nichts. Und vielleicht kommt der Kavalier im Trocadero ja doch noch irgendwann . . .

Ein langer Arbeitstag
Außer Briefeschreiben gehörte auch die Verwaltung des Schriftwechsels zu den Aufgaben einer Kontoristin. In mächtigen Aktenschränken wurde sorgsam verwahrt, was heute auf eine einzige Diskette paßt

Weil die Sonne scheint, schlendert sie rüber zum Alsterpavillon. Beobachtet die feinen Herren und Kaufleute, wie sie ihren Mittagskaffee einnehmen. Auf einer Bank ißt Margarethe ihr Schmalzbrot. Sie kaut und stellt sich vor, das Schmalz sei Butter. Die ist viel teurer, kostet 1,45 Mark das halbe Kilo, Schmalz nur 75 Pfennig.

Zurück im Kontor muß sie Korrespondenzen abschreiben, Adressenlisten erstellen. „Bald ist Wochenende“, denkt sie. „Morgen, Sonnabend, noch einen halben Tag . . .“

Sonntag will sie ins Kino gehen. Nicht in ein großes Lichtspielhaus wie das Lessingtheater am Gänsemarkt. In ein kleines Kino, wie es sie unten in den Kontoren hier in der Mönckebergstraße gibt. Da kostet ein Besuch nicht einmal 50 Pfennig.

Heute abend macht sie pünktlich um 18 Uhr Feierabend. Wie oft sitzt sie hier länger, manchmal bis nach 20 Uhr! Beim Hinausgehen erhascht sie einen Blick in das Kontor des Kaufmanns: ein schwerer Eichenschreibtisch, ein gerahmter Stich an der Wand, ein Globus. Auf dem blankpolierten Holz der Tischplatte blitzt ein edles silbernes Schreibzeug. Oh, ja! So eines hätte Margarethe für ihr Leben gern. Wie wunderbar kühl muß es sich anfühlen! Schreiben würde sie nicht damit. Oder nur ganz selten. Ansehen würde sie es, immerzu.

Sie seufzt leise und macht sich auf den Heimweg. Die Brandtschen Handlungsgehilfen gehen noch auf ein Bier in das Café Severin an der Reeperbahn 11. Margarethe kauft unterwegs in der Fischräucherei Abfallbückling ein. Der ist an Kopf und Schwanz beschädigt, paßt nicht in die Kiste und ist deshalb besonders günstig. Und schließlich ist heute Freitag.

Zu Hause bereitet sie das Essen, macht hinterher die Küche sauber. Ganz nah am Kohleherd stopft sie spätabends noch Strümpfe. Es ist nach 22 Uhr, als ihr die Augen zufallen. Draußen ist es dunkel. Eisiger Dezemberregen prasselt gegen die Scheiben. Plötzlich wird es hell. Glitzernde Kronleuchter tauchen den Saal in glänzendes Licht. Und ein vornehm gekleideter Herr reicht Margarethe die Hand . . .

Im Fernsehen gibt es an dieser Stelle immer einen Abspann: Alle Personen und Ereignisse sind frei erfunden. Ähnlichkeiten mit lebenden Personen sind rein zufällig und nicht beabsichtigt.

Margarethe Haubenbacher ist auch frei erfunden. Ihr Name zumindest. Denn genauso könnten diesen Tag, im Winter 1913 in Hamburg, viele junge Frauen erlebt haben. So haben sie gearbeitet, so haben sie geträumt. Die Schreiberinnen in den Hamburger Kontoren: Sie sind heute die Bürodamen, Sachbearbeiterinnen und Sekretärinnen in den Großraumbüros bei Banken, Versicherungen und Handelsfirmen.

Das Chilehaus ist wegen seiner ungewöhnlichen Architektur (Schiffsform) Hamburgs bekanntestes Kontorhaus

Einzigartig
im Hamburger Silber ist dieser Kasten für Schreibzeug, Streusandbüchse und Tintenfaß von 1756. Der Künstler mußte viele Familienwappen auf engem Raum zur Geltung bringen

29 SCHREIBZEUG

Johann Georg Dolle, Hamburg, 1756. Ratssilberschatz (B.-Verz. Nr. 145)

Silber, gegossen, getrieben, ziseliert, punziert, graviert. H. 23,8, B. 27, T. 12 cm. Annähernd rechteckiger Deckelkasten mit geschweiften Kanten, nach oben ausgezogene Rückwand mit geschweiftem Umriß. Darin zwei Ausbuchtungen zur Aufnahme von Streusandbüchse und Tintenfaß, in der Mitte kleines Behältnis mit Deckel. Auf der Frontseite des Kastens Wappen des Stifters Nicolaus Hinsche; auf der rocaillenverzierten Rückwand das von Löwen flankierte Hamburger Wappen sowie die Wappen der Familien Poppe, Schele, Corthum und Schuback. Auf der Rückseite die von Schweifwerk gerahmte Inschrift: „PRAETURA FUNCTUS, F.F. NICOLAUS HINSCHE MDCCLVI". Marken: Hamburger Beschau mit A (=1752-1769) / Meistermarke IGD gerahmt. Praeturgeschenk des Nicolaus Hinsche von 1756.

J. G. Dolles Schreibzeug ist eine einzigartige Schöpfung. Anscheinend mußte eine Lösung gefunden werden, die hinreichend Platz für die verschiedenen Wappen bot und diese zugleich deutlich sichtbar machte. Hierfür wurde der Typus des 17. Jahrhunderts mit Kasten und Rückplatte gewählt, und die im 18. Jahrhundert sonst freistehenden Tinten- und Streusandbehältnisse sind in die plastisch ausgearbeitete Rückwand gesetzt. Über dem streng symmetrischen, dem italienischen Rokoko entsprechenden Deckelkasten löst sich die klare Form des Schreibzeugs in schäumend quirlender, wirbelnd bewegter Rocaille auf. Im Hamburger Rokokosilber steht diese Arbeit ohne Vergleichsstück da.

Lit.: Griesheim, Die Stadt Hamburg, Traktat von 1760, S. 71. – Beneke, 1889, S. 14, 15, 28. – Hüseler, 1950, S. 432 I. – Hüseler, o.J., S. 31, 37, Abb. 36. – Scheffler, 1965, I, S. 573, Nr. 1040 a. – Die Goldschmiede Hamburgs, I, S. 112; II, Nr. 432,4; III, Abb. 741.

Dieser Schreibzeugkasten gehörte ursprünglich der alten Hamburger Bank, wurde jedoch in das Ratssilber übernommen

30 SCHREIBZEUG

Paulus Schütte, Hamburg, 1693. Ratssilberschatz (B.-Verz. Nr. 120)

Silber, getrieben, graviert. H. 14,4, B. 22,2, T. 12,2 cm. Zweigeteilter rechteckiger Kasten auf vier Kugelfüßen. Die hintere Hälfte mit Scharnierdeckel. Im vorderen Teil zylindrische Gefäße für Streusand und Tintenfaß (dieses mit Klappdeckel). Das Tintenfaß und der Basisteller für die Streusandbüchse sind fest mit dem Kastenboden verschraubt. Auf der halbkreisförmigen Rückwand das gravierte, von Löwen flankierte Hamburger Wappen. Darüber die Inschrift: „BANCO / Ao 1693". Marken: Hamburger Beschau mit C (=1688-1698) / Meistermarke PS in Schild.

Wahrscheinlich wurde das silberne Schreibzeug aus der alten Hamburger Bank in das Rathaus übernommen. Schreibzeuge bestanden schon im 16. Jahrhundert aus einem Kasten, der die Schreibutensilien sowie Tintenfaß und Streusandbüchse aufnahm und gewöhnlich mit einem Klappdeckel versehen war. Diese Grundform wurde auch im Barock beibehalten. Erst im 18. Jahrhundert ordnete man die Behältnisse mit Leuchter (zum Siegeln), Dochtschere und Glocke frei auf einem häufig geschweiften Tablett. Das Hamburger Schreibzeug wurde offensichtlich, da es auf der schildförmigen Rückplatte mit einem großen Stadtwappen geschmückt ist, vor allem bei Verhandlungen des Magistrats benutzt. Von dieser üppigen Wappengravierung abgesehen, ist es dennoch recht schlicht gehalten. Einfache Profilleisten begrenzen die Kastenseiten und geben auch den Rundgefäßen ihre Fasson. Das Hamburger Exemplar ist eines der wenigen erhaltenen silbernen Schreibzeuge aus der Barockzeit.

Lit.: Meinz, 1964, S. 47 u. Abb. 399. – Die Goldschmiede Hamburgs, I, S. 112 mit Abb.; II, S. 181 Nr. 227/15.

31 SCHREIBZEUG

Unbekannter Concessionist, Hamburg, 1858. Ratssilberschatz (B.-Verz. Nr. 14)

Silber, gegossen, getrieben, ziseliert, punziert, graviert; Glas. H. 20,5 cm. Auf einem aus drei großen Blättern an Astwerk gebildeten Tablett ein Tintenfaß und eine Streusandbüchse, zu Apfel und Birne geformt. Auf dem Ende des Zweiges blütenförmiger Kerzenhalter. Ovales Schild in Blätterrahmen mit der Inschrift: „Zur Erinnerung gewidmet dem Herrn Amtspatron Senator G.H. Kirchenpauer Dr. 1858". Darunter fahnenhaltendes Lamm mit der Umschrift: „DAS AMT DER KNOCHENHAUER". Marken: Hamburger Beschau mit D (=1853-1865) / nicht lesbare Concessionistenziffer. Gestiftet von Frau Bürgermeister Kirchenpauer.

Das in Blatt- und Fruchtformen gestaltete Schreibzeug geht in seiner naturalistischen Erscheinung auf Rokoko-Beispiele zurück, die in Augsburg und dann auch in Hamburg im dritten Viertel des 18. Jahrhunderts entstanden. Der Hamburger Meister Johann Conrad Otersen (tätig 1761-1790) nahm vermutlich die Anregung vom Augsburger Christian Drentwett d. J. auf. Nicht nur das Exemplar des Ratssilbers von 1858, sondern auch ein englisches Vergleichsstück von 1845/46 im Londoner Victoria & Albert Museum belegt, daß man im Zweiten Rokoko besonders einfallsreiche Schöpfungen des 18. Jahrhunderts nacharbeitete.

Lit.: Unveröffentlicht. – Zu Otersens Arbeiten vgl. Die Goldschmiede Hamburgs, III, Abb. 743, 746.

Apfel und Birne nachgeformt sind Tintenfaß und Streusandbüchse, ein Kerzenhalter in Blütenform krönt das Kunstwerk. Hier ist das späte Rokoko kopiert, das das Spiel mit Naturformen liebte

Die Linken in der Bürgerschaft („Linkes Centrum") schenkten ihrem Präsidenten diese kunstvolle Siegelgarnitur zur Einweihung des Rathauses 1897. Die Streichholzschachtel-Halterung rechts trägt das Hamburger Wappen als Relief

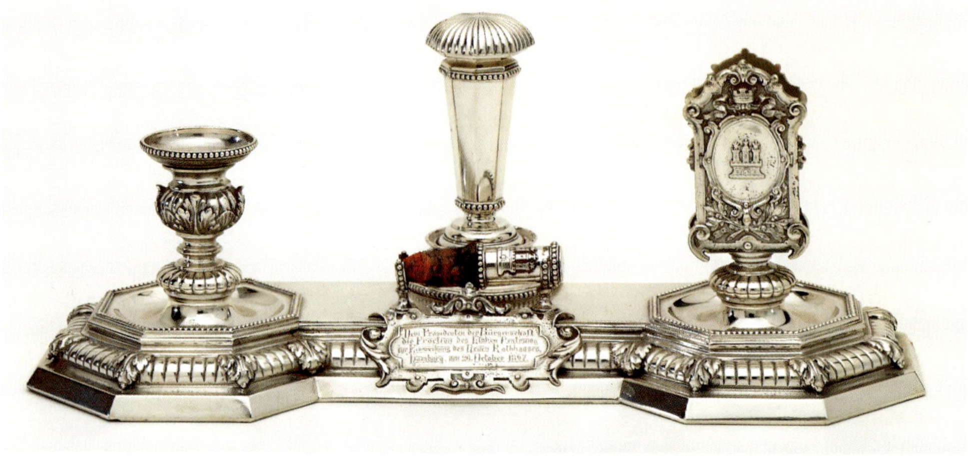

32 SIEGELGARNITUR

M. H. Wilkens & Söhne, Bremen, 1897. Ratssilberschatz (B.-Verz. 139)

Silber, gegossen, gedrückt, ziseliert, punziert, graviert. H. 15,5, B. 35 cm.
Von gleicher Grundform und mit denselben Schmuckelementen wie die Garnitur Kat. Nr. 34. Auf der Sockelplatte links ein niedriger Kerzenhalter, in der Mitte das Petschaft mit einem Halter für Siegellack und rechts die Halterung für das Streichhölzerbehältnis, das das Hamburger Wappen als Relief trägt. Auf dem Sockel blattwerkgerahmtes Schild mit der Aufschrift: „Dem Präsidenten der Bürgerschaft die Fraction des Linken Centrums zur Einweihung des neuen Rathauses Hamburg, am 26. October 1897".
Marken: Handpresse / 800 / Reichsstempel: Halbmond und Krone.
Geschenk an den Präsidenten der Bürgerschaft Siegmund Hinrichsen anläßlich der Einweihung des neuen Rathauses.
Lit.: Hamburger Abendblatt v. 6.9.1995, S. 16 „Die Schatzkammer des Rathauses". – von Bargen, 1995, S. 28, 39.

33 SCHREIBZEUG „LIVERPOOL"

Heming & Co. Ltd., London, 1930. Ratssilberschatz, Inv. Nr. 89

Silber, gegossen, getrieben, ziseliert, punziert, graviert. H. 29, B. 43,5, T. 30 cm.
Nahezu rechteckiger Kasten von geschweiftem Umriß auf vier Füßen, gebildet von je zwei eine Tafel rahmenden Delphinen. Der Deckel trägt zwei viereckige Gefäße mit abgeschrägten Ecken und Mulden für das Schreibgerät; auf ihren Griffen und der Deckelmitte je ein Albatros. Die Schmalseiten des Kastens zeigen, von Tritonen gerahmt, die Wappen von Liverpool und Hamburg. Breitseiten, Ecktafeln und Deckelgefäße bringen gravierte Ansichten von Liverpool und diversen Fracht- und Passagierschiffen. Auf dem Deckel zwei ovale Tafeln mit gekreuzten Zeptern, Schwertern sowie gravierte Inschrift: „To Hamburg from the Lord Mayor of Liverpool on the occasion of his visit June 1930".
Marken: H & Co. Ltd. im Dreipaß / Leopardenkopf / schreitender Löwe / Jahresbuchstabe O (1929).
Geschenk des Lord Mayor of Liverpool anläßlich seines Besuches in Hamburg 1930.

■ Die vom Bürgermeister der Stadt Liverpool der Stadt Hamburg geschenkte silberne Schreibgarnitur – die im Grunde die Ausmaße eines Tafelaufsatzes hat – ist als großer Kasten gearbeitet, der die Schreibutensilien enthält. Sie ist ein Zeugnis für die ausgezeichneten Kontakte der Hansestadt zu anderen Nationen, für die ebenfalls Schiffahrt und Überseehandel die wesentliche Basis ihres Wohlstandes waren.
Das Schreibzeug spricht mit seinen Darstellungen des Hafens von Liverpool und der dort verkehrenden Schiffe die gemeinsamen starken Beziehungen von Stifter und Beschenkten zur Seefahrt an. Für Liverpool, das man fast als Schwesterstadt Hamburgs bezeichnen könnte, spielten Hafen und Schiffe eine genauso lebenswichtige Rolle wie für die Hansestadt.

■ ***Abb. auf S. 87***

34 SCHREIBZEUG

M. H. Wilkens & Söhne, Bremen, 1897. Ratssilberschatz (B.-Verz. Nr. 138)

Silber, gegossen, gedrückt, ziseliert, punziert, graviert; Glas. H. 16,5, B. 35, T. 14,5 cm. Kräftige Sockelplatte mit zwei achteckigen Einsätzen für die gläsernen Tintenfässer. Sockel und Deckel der Gläser mit Rippendekor. Zwischen ihnen über glattem Grund ein pergolaähnliches Gestell zur Ablage von Stiften mit dem blattwerkverzierten Hamburger Wappen unter Mauerkrone. In der Sockelmitte Zierschild mit der Inschrift: „Dem Präsidenten der Bürgerschaft die Fraction der Rechten 3. November 1897". Marken: Wilkens / Handpresse / 800 / Reichsstempel: Halbmond und Krone sowie die Modell-Nr. 123381. Geschenk an den Bürgerschaftspräsidenten Siegmund Hinrichsen anläßlich der Einweihung des neuen Rathauses.

■ Die Garnitur erscheint wie die Miniaturausführung zweier Pavillons vor einem Parktor. Sie demonstriert die Formphantasie und den Aufwand, die für ein solches Gerät eingesetzt wurden, ohne daß – abgesehen von der Funktion und dem Stadtwappen – ein direkter Bezug zur Person des Beschenkten angestrebt war.

Lit.: Hamburger Abendblatt v. 6. 9. 1995, S. 16 „Die Schatzkammer des Rathauses". – von Bargen, 1995, S. 28, 39.

Die Rechten machten dem Präsidenten zur Rathaus-Einweihung ein phantasievolles Schreibzeug zum Geschenk. Die Form erinnert an zwei Pavillons mit einem Parktor

„Der König kommt!“

Eines der prunkvollsten Gastgeschenke im Ratssilberschatz verdankt Hamburg einem Besuch Edwards VII., König von Großbritannien

Edward VII.
Der Urgroßvater von Elizabeth II. besuchte Hamburg im Juni 1904. Dabei verliebte er sich in zwei wunderschöne Kannen, erhielt sie als Geschenk und revanchierte sich mit dem Holbein-Pokal (rechts). Er machte eine Hafenrundfahrt, traf Kaufleute in der Börse und genoß den festlichen Empfang im Rathaus. Schon damals galt Hamburg als anglophil; feine Leute legten ihre Gärten nach englischem Muster an

Das junge Mädchen hat es eilig. In seinem schönsten Kleid läuft es die Alster entlang, Richtung Dammtorbahnhof. Nur gut, daß die Herrschaft in Harvestehude ihm heute freigegeben hat …
Aber schließlich ist nicht irgendein Tag. Sondern der Tag, an dem der König kommt! Edward VII. von England. Man schreibt den 28. Juni 1904. Ein Dienstag. Das Mädchen ist aufgeregt: Der König kommt mit dem Zug, und man kann den hohen Besuch wahrscheinlich sehen!

Über Hamburg hängen dicke graue Wolken. Der Wind weht aus West. Das Thermometer zeigt nur 15 Grad – ziemlich kühl für einen Sommertag. Es ist vormittags, 11 Uhr. Das Dienstmädchen aus Harvestehude, nennen wir sie Anna, ist nicht die einzige, die den König sehen will. Eine unübersehbare Menschenmenge wälzt sich zum Bahnhof. Viele Frauen mit Kindern, die englische Fähnchen tragen. „Der König kommt!“ Schutzleute beobachten den Aufmarsch stirnrunzelnd. Und dann, um fünf Minuten vor zwölf, hält der Sonderzug mit den sechs Waggons schnaufend im Bahnhof.

Anna sieht nicht viel, so sehr sie sich auch reckt, aber sie ist wenigstens dabei. Edward VII. ist ziemlich dick, erzählt ihr jemand. Klar, das wußte sie. Schon damals wurde viel geklatscht, und es gab ja auch vorlaute Zeitungen, wie z.B. das „Hamburger Echo“. Er soll gut und reichlich essen, der König, er liebt den Wein und die Damen, und seine Untertanen nennen ihn, durchaus freundlich gemeint, „tum tum“ – die Wampe!

Für Politik interessiert sich Anna nicht so sehr. Die Schlagzeilen werden vom Ostasien-Krieg zwischen Japan und Rußland beherrscht. In Hamburg spricht man über den Bier-Boykott, mit dem die Gewerkschaften von den Brauereien bessere Arbeitsbedingungen erzwingen wollen. Man schreibt Barmbek noch mit ck und Steinwerder mit ä. Hin und wieder ertränkt sich ein junges Mädchen aus Liebeskummer in der Alster, und die Damen tragen Matrosenhüte mit Ripsband. Ein gesellschaftlicher Höhepunkt ist zum Beispiel das Militärkonzert im „Parkhotel Teufelsbrück“ – und hoher Besuch, so wie dieser …

Ein englischer König war noch nie in der Hansestadt gewesen. Dabei war Hamburg schon damals anglophil – englische Gärtner pflegen die Parkanlagen an der Elbchaussee, englische Ingenieure hatten die Gaswerke gebaut, und die Kaufleute beschwören die guten Handelsbeziehungen zwischen den beiden Ländern.

Trotzdem gibt es auch Spannungen. Auf See sind England und Deutschland Konkurrenten. In Hamburg wird gemunkelt: Der König kommt nur, weil Botschafter Sir William Ward ihn gedrängt hat! Und in einem Telegramm an den Senat heißt es sogar: „Der König stimmt dem Besuch nur zu, wenn der Empfang in allen Bevölkerungsschichten freundlich sein wird …“

Hamburg ist Boom-Town. Die Stadt wächst unaufhaltsam. Auf St. Pauli ist gerade das Hafenkrankenhaus fertiggestellt worden. Auch der Straßenbau geht gut voran. Ja, der König kommt in eine stolze Stadt!

Vorher war Edward bei der Kieler Woche gewesen, wo er seinen Neffen, Kaiser Wilhelm II., getroffen hatte. Das

Der Holbein-Pokal Die Spitze des Deckelpokals, den der König dem Senat schenkte, zeigt die Kro und darunter das Monogramm Edwards VII. Das Silber ist teilweise vergoldet, die Verzierungen sind Blätte und Ranken nachempfunden. Den ganzen Pokal sehen Sie auf S. 1

VII

Verhältnis zwischen den beiden Männern ist frostig. Wilhelm II. läßt sämtliche verfügbaren deutschen Kriegsschiffe auffahren – was Edwards Stimmung nicht gerade hebt. Vermutlich ist er froh, als er Kiel hinter sich läßt und nach Hamburg dampft!

Das Empfangs-Komitee. Bürgermeister Gerhard Hachmann steht an der Spitze (tragisch: ein paar Tage später wird er einer Herzattacke erliegen). Dann Bürgermeister Georg Mönckeberg, einige Senatoren, die Vertreter der „englischen Kolonie". Roter Teppich, draußen Hurra-Rufe und das Musikkorps des 31. Infanterie-Regiments intoniert „God save the King"! Würdevoll schreitet Edward die Front der Ehrenkompanie ab, die mit wehenden Fahnen und aufgepflanzten Seitenbajonetten auf dem Loigny- (heute Theodor-Heuss-) Platz Aufstellung genommen hat. Da wird Anna, dem Dienstmädchen, ganz warm ums Herz.

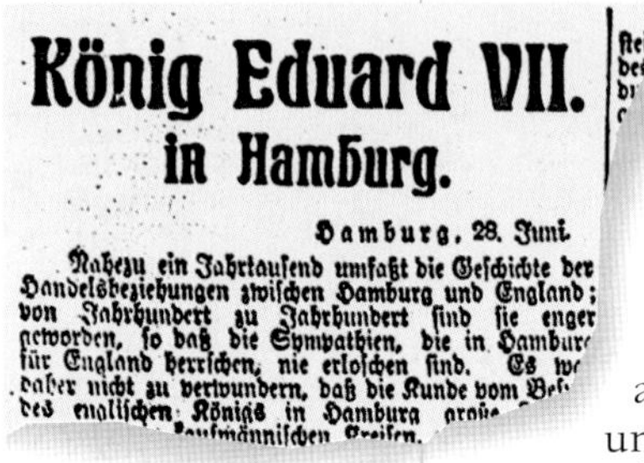

König Eduard VII. in Hamburg.

Hamburg, 28. Juni.

Nahezu ein Jahrtausend umfaßt die Geschichte der Handelsbeziehungen zwischen Hamburg und England; von Jahrhundert zu Jahrhundert sind sie enger geworden, so daß die Sympathien, die in Hambur[g] für England herrschen, nie erloschen sind. Es [...] daher nicht zu verwundern, daß die Kunde vom Be[...] des englischen Königs in Hamburg große[...] kaufmännischen Kreisen.

Im „Hamburger Fremdenblatt" wurde über den Besuch des Königs außerordentlich wohlwollend berichtet. Wortreich schilderte der Chronist das Interesse, das dem Staatsgast von der Bevölkerung entgegengebracht wurde. Die englische Presse war schon damals frecher. So war dort zu lesen, daß der König wegen seiner Leibesfülle den Spitznamen „Wampe" trug. Eine Bemerkung, die sich schließlich auch bis nach Hamburg herumsprach.

Eskortiert von einer Wandsbeker Husaren-Schwadron, bringt eine Kutsche, gezogen von vier Rappen den prominenten Gast zu den Landungsbrücken, wo der Staatsdampfer „Johannes Dalmann" schon wartet. Viele Schiffe haben bis über die Toppen geflaggt! Der König steht auf dem Achterdeck und läßt sich die Hafenanlagen ganz genau erklären.

Nächster Termin in der Börse. An den Vorsetzen gibt's einen kleinen Zwischenfall, als plötzlich ein englischer Seemann auf die königliche Kutsche zustürmt! Ein Schutzmann reißt ihn im letzten Moment zurück. Dabei hatte der getreue Untertan seinem König nur mal die Hand schütteln wollen . . .

Dann der festliche Empfang in der Börse mit über 1000 Kaufleuten. Alfred Michahelles, Präses der Handelskammer: „Ich fordere Sie auf, meine Herren, unserem ehrerbietigsten Dank für die hohe Ehre dieses Besuchs Ausdruck zu verleihen, indem Sie mit mir einstimmen in den Ruf: König Edward von Großbritannien und Irland, Kaiser von Indien – Hoch! Hoch! Hoch!"

Der Gast spricht deutsch mit Berliner Dialekt, kann sich also ohne Dolmetscher bedanken. „Ich werde diesen Besuch (. . .) nie vergessen . . ."

13.55 Uhr. Ankunft im Rathaus! Es ist bewacht wie ein Tresor (Hamburger Fremdenblatt: „Mit Kriminal- und Sicherheitsbeamten völlig gespickt"). Im Kaisersaal werden Kaviar, Bouillon, Lachs, Kalbsrücken aufgefahren, die Tische sind mit rotem Mohn und weißen Seerosen geschmückt. Edward schwärmt heftig für zwei silberne Weinkannen aus dem Ratssilberschatz, verziert mit Ansichten von Elbe und Alster. Prompt bekommt er sie als Geschenk, läßt sie einpacken und verstauen. Um 16 Uhr geht's dann noch mal um die Alster, zum Dammtorbahnhof zurück – viereinhalb Stunden hat der Besuch nur gedauert. Winkend steht der König am Fenster, als sich der Zug in Bewegung setzt.

Die Sache mit den beiden Weinkannen hat übrigens ein Nachspiel. Sie waren nämlich ihrerseits ein Geschenk an die Stadt (gestiftet von den Senatoren Holthusen und Dr. von Melle). Bissig kommentiert das „Hamburger Echo" später: „Bei nicht hochwohlgeborenen Leuten pflegt man Geschenke nicht wieder zu verschenken . . ."

Aber der Ärger verfliegt, als am 1. Juli 1904 im Rathaus eine Kiste aus London eintrifft. „Für den herzlichen Empfang" bedankt sich König Edward VII. beim Senat der „Free and Hanse Town" mit dem wunderschönen, über einen halben Meter hohen „Holbein-Pokal". Benannt nach dem Renaissance-Künstler Hans Holbein dem Jüngeren. Das Silber vergoldet. Reichlich mit Diamanten und Türkisen verziert!

Und im „Hamburger Echo" steht wörtlich zu lesen: „Der dicke Ede hat sich nobel gerächt!" Das aber findet Anna respektlos. Einen echten König „dicken Ede" zu nennen, schickt sich nun wirklich nicht, denkt sie und beginnt kopfschüttelnd, die frisch gestärkten Laken zusammenzulegen.

Auf dem Weg zur Hafenrundfahrt bekam Edward V[...] neben dem Bürgermeister sitzend, einen ersten Eindruck vom schönen Hamburg. Die vornehm[...] Victoria-Kutsche wurde von vier Rappen gezogen und von einer Husaren-Schwadron begleit[...]

35 „HOLBEIN"-POKAL

Robert Garrard II, London, 1861/62. Ratssilberschatz, Inv. Nr. 42 (B.-Verz. Nr. 52)

Zwei Putten flankieren diese Edelstein-Agraffe an der Kuppa des Pokals von 1861/62

…as Geschenk des …önigs
…orbild für den Pokal …ar eine Federzeich-…ung Hans Holbeins … J. aus dem 16. Jahr-…undert, die er für …ne Seymour, dritte …emahlin Heinrichs VIII. …n England, schuf

Silber, gegossen, getrieben, ziseliert, punziert, graviert, vergoldet; Email, Diamanten, Amethyste, Granate, Türkise. H. 65,5 cm.
Deckelpokal im Renaissancestil. Fuß in gestufter Wölbung ausgezogen. Über kurzem Schaft hohe Kuppa mit breiter, gekehlter Einschnürung zwischen kräftigen Wulstringen. Der Deckel mit breitem, flachem Rand, aus der Wölbung in eine kompliziert gestaltete Bekrönung aufsteigend, die, zwischen Spangen montiert, das englische Königswappen, das Monogramm Edwards VII. und darüber die englische Krone trägt. Der reiche Schmuck des Pokals besteht aus Blattranken, Festons, Maskarons, Putten, email- und steinbesetzten Elementen, Tudor-Rosen und, als plastische Büsten in Tondi auf der Einschnürung der Kuppa, die Porträts von Michelangelo, Raphael, Holbein und Erasmus von Rotterdam. Inschrift auf dem Lippenrand: „The Gift of Edward VII, King of Great Britain & Ireland, Emperor of India & C, to the Senate of the Free and Hanse Town of Hamburg, in remembrance of His Majesty's Visit, June 28, 1904".
Marken: RG unter Krone / Steuermarke (Königinnenkopf) / schreitender Löwe /Jahresbuchstabe f für 1861/2 / Britannia.
Gestiftet 1904 von König Edward VII. von Großbritannien als Gegengabe für die ihm anläßlich seines Hamburg-Besuches im Juni 1904 vom Senat geschenkten Alster- und Elbekannen des Senatsgoldschmieds Alexander Schönauer (siehe Kat. Nr. 36 und 37).

Dem Pokal Garrards liegt eine kolorierte Federzeichnung Hans Holbeins d. J. von 1536/37 zugrunde (Ashmolean Museum Oxford, P.I.299), die er für Jane Seymour, dritte Gemahlin Heinrichs VIII. von England, schuf. Danach war im 16. Jahrhundert ein mit Diamanten und Perlen verzierter Goldpokal gearbeitet worden, der sich bis 1625 im Besitz des Königshauses befand, dann zum Verkauf in die Niederlande geschickt wurde und seitdem verschollen ist (K.T. Packer, Catalogue of the Drawings of the Ashmolean Museum I, 1938, S. 133 f., Taf. LIX).
Garrard variiert die Vorlagenzeichnung Holbeins vor allem in den Porträtbüsten an der Kuppa und in den Insignien der Bekrönung. Als der Pokal 1862 von Garrard auf der Londoner Weltausstellung gezeigt wurde, trug er unter der Krone das Emailporträt Königin Victorias. Von 1862 bis 1904 befand sich der Pokal wahrscheinlich in königlichem Besitz (Mitteilung des Victoria & Albert Museums, London, 28.1.1977). Es gehört zum Phänomen des Historismus, die Werke der bewunderten alten Meister, hier Hans Holbeins d. J., in Neuschöpfungen wiedererstehen zu lassen und die Vorlage dabei ganz unbefangen mit zeitgenössischen Inhalten und Darstellungen zu aktualisieren. Die Manufaktur Garrard stellt mit dieser Goldschmiedearbeit den hohen Rang ihrer handwerklichen Fähigkeiten und zugleich ihre schöpferische Phantasie unter Beweis. Eine nahezu getreue Nachbildung des Pokals der Holbeinzeichnung, 1880 von J. Kautsch in Prag ausgeführt, befindet sich im dortigen Kunstgewerbemuseum.

Lit.: Weltausstellung London 1862, Masterpieces III, Taf. 221; Amtlicher Bericht 2, S. 660. – Schmidt, 1912, S. 9. – Karl Denker, Das beste Stück ist der Krug von König Edward VII., Hamburger Abendblatt v. 19.2.1977, S. 5. – Ausst. Kat. Historismus, 1977, Nr. 109. – Welt am Sonntag v. 24.8.1980, S. 53, „Die ungeliebten Schätze des Senats" m. Abb. – Hamburger Abendblatt v. 6.9.1995, S. 16, „Die Schatzkammer des Senats". – von Bargen, 1995, S. 37, 40-42.

Michelangelo, Erasmus von Rotterdam, Holbein und Raphael – ihre Porträts trägt der Holbein-Pokal rund um die Einschnürung der Kuppa. Vorlagen alter Meister wurden häufig genutzt, man scheute sich auch nicht, sie abzuwandeln

36 WEINKANNE („ELBEKANNE")

Alexander Schönauer, Hamburg, 1903. Ratssilberschatz, Inv. Nr. 40 (B.-Verz. Nr. 50)

Hamburger Hafenbauten bilden die Füße der „Elbekanne". In der Abbildung oben sehen wir einen der Leuchttürme, unten den Turm der Kehrwiederspitze. Auch die kleinsten Details sind deutlich herausgearbeitet: Duckdalben, Treppen zum Anleger, selbst die Festmach-Ringe

Silber, gegossen, getrieben, ziseliert, punziert, graviert, teilvergoldet; Email. H. 42 cm. Konische Deckelkanne mit drei Füßen aus Architekturformen, die den Kehrwiederturm des Hamburger Hafens sowie zwei Leuchttürme darstellen. Über gewölbtem Fries an der unteren Wandung drei rechteckige Felder mit Panoramen: der Kaiser-Wilhelm-Hafen, die Stadtansicht von der Elbe aus, Cuxhaven mit Alter Liebe und Kugelbake. Der Wandungsbereich darüber zeigt, von gedrehten Zügen eingefaßt, das emaillierte Hamburger Wappen. Doppelbögiger, kantig geformter Henkel. Auf dem Deckel das emaillierte Wappen der Familie Holthusen unter üppiger Helmzier. Die Umschrift lautet: „SENATOR GOTTFR. FRIEDR. HEINR. AUG. HOLTHUSEN 1903". Marken: A. Schönauer. Gestiftet 1904 von Gottfried Friedrich Heinrich August Holthusen (Floegeln / Hann. 1848 – 1920 Hamburg), Kaufmann, von 1896 bis 1913 Senator.

■ Die Elbekanne und ihr Gegenstück, die Alsterkanne (Kat. Nr. 37), wurden König Edward VII. von Großbritannien anläßlich seines Besuches in Hamburg 1904 als Geschenk überreicht, da er Gefallen an ihnen gefunden hatte. Daraufhin arbeitete Alexander Schönauer sie ein zweites Mal.
Die Gefäßform geht auf die zinnernen Schleifkannen der alten Zünfte zurück, ist aber auch der von Steinzeugkrügen verwandt. Die Architekturformen der Füße sind ähnlich an spätgotischen Goldschmiedearbeiten verwendet, hier allerdings handelt es sich um die Miniaturnachbildungen damals in Hamburg stehender Bauten. Elbe- und Alsterkanne sind vorzügliche Beispiele für die Verbindung und Durchdringung von Stilelementen des Historismus und des Jugendstils in der Zeit um die Jahrhundertwende.
Lit.: Hüseler, 1946, S. 24. – Ausst. Kat. Historismus, 1977, Nr. 126. – Die Goldschmiede Hamburgs, I, S. 114, 219, Nr. 5. – Hamburger Abendblatt v. 6.9.1995, S. 16, „Die Schatzkammer des Rathauses". – von Bargen, 1995, S. 36, 37, 41.

Die „Elbekann ist mit graviert Stadtansicht geschmückt. Sie ru auf Miniaturnac bildungen früher Hamburger Hafe bauten. Bei seine Staatsbesuch fa Englands Kön Edward VII. Gefall an der Kanne, so d sie ihm verehrt wurd Der Senatsgol schmied Alexand Schönauer schuf d Kanne daraufh für das Rathaus e zweites M

37 WEINKANNE („ALSTERKANNE")

Alexander Schönauer, Hamburg, 1903. Ratssilberschatz, Inv. Nr. 41 (B.-Verz. Nr. 51)

Silber, gegossen, getrieben, ziseliert, punziert, graviert, teilvergoldet; Email. H. 45 cm. Bei diesem Exemplar bilden drei Schwäne die Füße. Über einem Seerosenfries sind die rechteckigen Felder mit gravierten Hamburger Ansichten gefüllt: Binnenalster, Außenalster, Lombardsbrücke, Uhlenhorster Fährhaus. Darüber das von gedrehten Zügen eingefaßte Hamburger Wappen, an der oberen Wandung ein emaillierter Möwenfries. Auf dem Deckel das helmziergeschmückte Emailwappen der Familie Lappenberg und die Umschrift: „SENATOR FRIEDRICH ALFRED LAPPENBERG I.U.D. 1903". Marke: A. Schönauer. Gestiftet 1904 von Friedrich A. Lappenberg (Hamburg 1836-1916), Dr. jur., Hanseatischer Oberlandesgerichtsrat, von 1888 bis 1907 Senator.

Zur Geschichte und Form der Kanne vgl. Kat. Nr. 36. Die Alsterschwäne als Gefäßfüße erinnern zwar an vogelförmige Füße früherer Zunftkannen, boten sich aber auch Schönauer als Bildgedanke an, da Alster und Schwäne im Bewußtsein der Hamburger zusammengehören.

Gegenstück zur Elbekanne, vgl. Kat. Nr. 36.

Literatur: Hüseler, 1946, S. 24. – Ausst.Kat. Historismus, 1977, Nr. 127. – Die Goldschmiede Hamburgs, I, S. 114, 219, Nr. 6. – Hamburger Abendblatt v. 6. 9. 1995, S. 16, „Die Schatzkammer des Rathauses". – von Bargen, 1995, S. 36.

Die „Alsterkanne
zeigt gravierte Ansic
ten von Binnenalste
Außenalster, Lombard
brücke und Uhle
horster Fährhaus. Dr
Schwäne bilden d
Gefäßfüße. Auch die
Kanne mußte vo
Senatsgoldschmie
Schönauer noch einm
gearbeitet werden, d
König Edward VII. d
Original als Gescher
erhalten hat

Besuch im Rathaus
Ein Foto vom 28. Juni 1904: In Admiralsuniform gekleidet, geht Edward VII. auf den Eingang des Hamburger Rathauses zu. Begleitet wird er von Bürgermeister Gerhard Hachmann. Zuschauer heben ihre Hüte, bringen „Hoch"-Rufe aus. Weiter hinten sind Jungs auf die Rathausmarktlaternen geklettert, um besser sehen zu können

A. SCHÖNAUER

Auf die feine Hamburger Art

„Die Hamburger sind gute Leute und essen gut. Über Religion, Politik und Wissenschaft sind ihre respektiven Meinungen sehr verschieden, aber in betreff des Essens herrscht das schönste Einverständnis."

(Heinrich Heine)

Bier und Heringe waren es, die Hamburg im Mittelalter reich und die Hamburger satt gemacht haben. In den späteren Jahren und Jahrhunderten entwickelten sich die Hamburger zu richtigen Vielfraßen: So weist ein Küchenzettel für feine Tafeln aus der Mitte des letzten Jahrhunderts 23 Gänge auf – nicht gerechnet Suppe und Dessert!

Nach dem Ende der französischen Besatzung (1806-1814) entwickelten die Hamburger so etwas wie Bürgerstolz und legten Wert auf die Kunst des Servierens, das Anordnen der

Das Ratssilber besteht nicht nur aus Schaugerät. Auch silberne Bestecke gehören dazu. Sie werden im Rathaus zum Festmahl aufgelegt

Gerichte, den Aufbau der Schüsseln. Die feine hanseatische Art hat sich erst Mitte des 19. Jahrhunderts etabliert, wobei man bei den Briten „abguckte".

Das berühmteste Essen Hamburgs ist natürlich das „Matthaei-Mahl", zugleich eines der ältesten überhaupt (seit 1356). Zu ihm wurden von den Mitgliedern des Rats „die Hamburg freundlich gesonnenen Mächte" geladen. Diese brachten einen gewaltigen Appetit mit: Aus einer alten Rechnung geht hervor, daß zu einer der ersten Matthaei-Mahlzeiten 29 Lämmer, 9 Schafe, 5 Kapaune und 145 Hühner geschlachtet wurden. Man verzehrte 1000 Austern, 3300 Eier, 4 Rehe, zwei Wildschweine und 87 Pfund Mandeln.

Aber nicht nur die hohen Herren im Rathaus langten kräftig zu. Eine Speisekarte aus dem Jahr 1894 weist aus, daß sich auch bei (Groß-)Bürgers die Tische bogen: St. Hubertus-Suppe, Steinbutt mit holländischer Tunke, Ochsenbraten garniert nach Godard, Kartoffelbälle, Frische Helgoländer Hummer, Französische Masthühner, Salat, Eingemachtes,

Über die Kosten der Hamburger Ratsessen wurde schon 1724 ordentlich buchgeführt

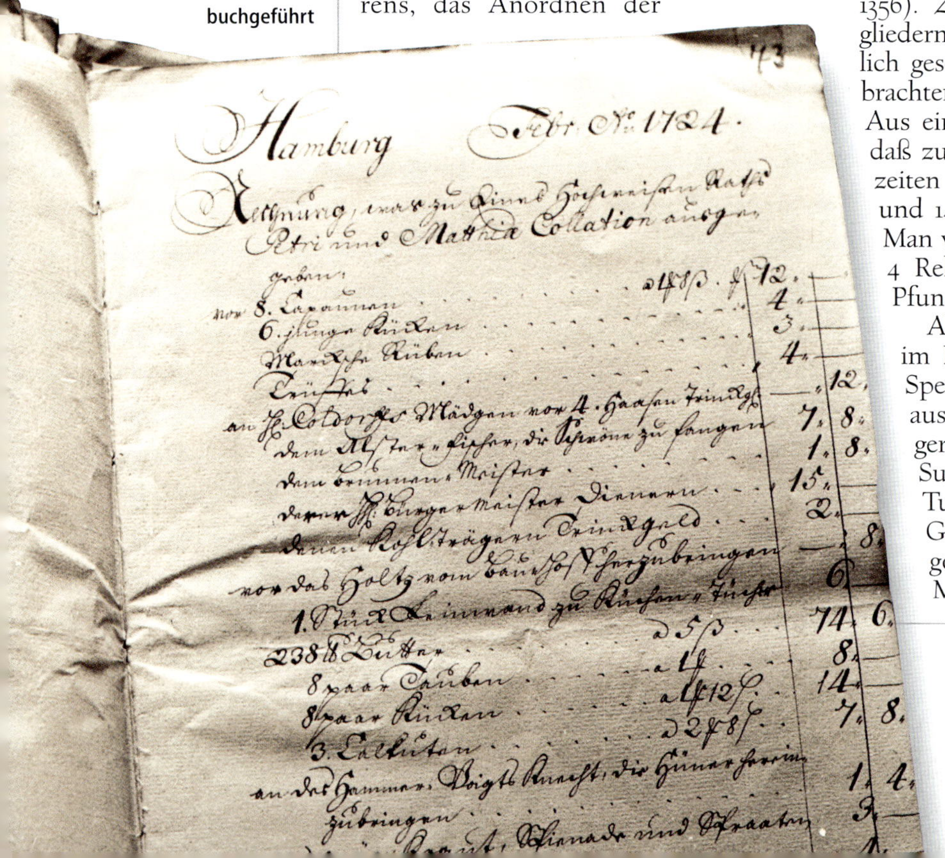
Hamburg Febr. Ao. 1724.

Terrinen zählen zu den jüngeren Schöpfungen im Service zusammenhang, da Suppen und Ragouts erst vom Ende des 17. Jahrhunderts an zur Speisenfolge gehörten. Siehe S. 11

Das Matthaei-Mahl gestern… Dieser Holzschnitt zeigt das fröhliche Schlemmen beim Matthaei-Mahl. Das Festmahl gibt es seit 1356 – für die „Hamburg freundlich gesonnenen Mächte"

Blumenkohl mit Morcheln, Junge Erbsen, Gefrorenes nach Guttenberg-Guttenberg, verschiedene Käse, Früchte, Kaffee gabs zu einem Abendessen in einer der schloßartigen Villen an der Elbchaussee oder am Harvestehuder Weg. Die Hausfrauen und Gastgeber wollten sicher auch ihren Gästen imponieren: wenn keine da waren, standen meist nur Bücklinge, Brot, Butter und Käse auf dem Tisch.

„Das Hamburgische, das sei die Kunst, die Welt am Lieferanteneingang zu empfangen und ihr das Gefühl zu geben, dies sei die größte Auszeichnung, die man hier zu vergeben hat". (Siegfried Lenz)

Der Spötter kann nicht die prächtigen Tafeln des vorletzten Jahrhunderts vor Augen gehabt haben: riesenhafte Tafelaufsätze und Prunkgeschirre aus Gold und Silber zierten die Festtafel im 18. Jahrhundert. Im 19. Jahrhundert war diese Tafeldekoration passé. Autorin Sophie Charlotte Hommer schreibt 1879 in ihrem „Illustrirten Hamburger Kochbuch": „...Schönes Porzellan thut denselben Dienst, wenn es auch nicht direkt aus China stammt. Desgleichen lassen Bestecke, die nur versilbert sind, nichts zu wünschen übrig; aber nichtdestoweniger soll in jedem anständigen Haushalte mindstens für 12 Personen Silberzeug vorhanden sein..." Damals entstanden in Hamburger (Hanauer und Bremer) Manufakturen Silberbestecke in klassischen Formen, wie „Augsburger Faden" oder „Spaten", die heute noch beliebt sind und von jungen Leuten gekauft werden.

Feine Tischwäsche war an der Hamburger Tafel des 19. Jahrhunderts das A und O: Am Tag wurde der Tisch mit Leinen, zu festlichen Anlässen mit Damast gedeckt – und zwar von der Hausfrau höchstpersönlich. Dazu gab es passende Stoff-Servietten, die als „Wiener Würstel" oder „Bischofsmütze" gefaltet wurden. Gläser und Karaffen mußten in Form und Dekor zusammenpassen, für den feinen Rhein- oder Moselwein gab es Römer. Ein Gast brachte mit vollem Glas den Toast auf die Hausfrau aus. Tischwein stand in Krügen auf der Tafel. Bier gab's nicht – der Gerstensaft war nicht fein genug.

Die Hausfrau bat zu Tisch und hob die Tafel wieder auf. Erst dann zogen sich die Herren zurück, um eine Havanna zu rauchen. An der Tafel galt striktes Rauchverbot!

Die Mittagstafel vor 100 Jahren – wie sah sie aus? Das faltenlose Tischtuch hing nach allen Seiten gleichmäßig herab. Um den Tisch zu schonen, legte man Unterlagen für heiße Schüsseln, Wachstuch-Deckchen für kleckernde Kinder auf. Die Serviette kam auf den Platzteller, das Brötchen daneben. Links die Gabel, rechts Messer und Löffel – oder Messer, Gabel und Löffel aufs Messerbänkchen. Hinter jeden Teller stellte man ein Wasser- und ein Weinglas – je nach Luxus der Tafel wurden bis zu 5 Gläser plaziert. Salz, Pfeffer, Essig und Öl wurden möglichst symmetrisch auf dem Tisch in Hufeisenform verteilt. Die Suppe wurde nach alter Sitte von der Hausfrau aufgefüllt. Nach der Suppe stellte man als Hauptgericht das Rindfleisch auf Platten und Schüsseln in die Mitte der

...und heute
Die langen Tafeln beim Matthaei-Mahl (nur während das Ehepaar Dohnanyi einlud, waren es runde) sind mit Damast, Römerkelchen und Blumengestecken geschmückt.
Im Vordergrund der Pokal, den Edward VII. geschenkt hat.
Die Herren tragen Smoking, die Damen festliche Abendkleider, wenn bei der Matthaei-Mahlzeit die Telemannsche Tafelmusik erklingt

Tafel – umgeben von kleinen Tellern mit Zwiebelchen, kleinen Gürkchen, Radieschen. Eine ideale Resteverwertung für die sparsame Hausfrau! Zwischen zwei Gästen wurde jeweils eine Flasche Rotwein und eine Flasche Weißwein gestellt – dursten mußte keiner!

„Gibt es bei einem Familiendinner auch Austern zu servieren, so pflegt man diese eine Stunde vorher aufzumachen. Man versieht jeden Teller mit 10 bis 12 Stück nebst den Citronenschnitten dazu. Servieren kann man Austern nach Belieben, vor oder nach der Suppe, doch müssen solche stets bis kurz vor dem Auftragen an einen kühlen Ort gesetzt werden“, beschreibt Sophie Charlotte Hommer die feine Hamburger Lebensart.

Vor dem Dessert wurde alles Überflüssige vom Tisch entfernt. Die Hausfrau hob die Tafel erst auf, wenn mehrfach vergeblich Nachtisch angeboten wurde.

„Je gefälliger das Arrangement des Ganzen, desto förderlicher für den Ruhm der Hausfrau“, schließt die Kochbuchautorin der Jahrhundertwende.

38 TERRINE MIT UNTERSATZ

Ernst Martin Bielenberg, Hamburg, 1820. Ratssilberschatz, Inv. Nr. 4 (B.-Verz. Nr. 17)

Bielenbergs auf einem Plateau präsentierte Terrine ist beispielhaft für klassizistisches Silber. Siehe Abb. S. 107, vgl. auch Kapitel „Das neue Silber", S. 24

Silber, gegossen, getrieben, ziseliert, punziert, graviert. H. 62, B. 45,5, T. 30,8 cm. Ovaler, in der Mitte gesteilter, auf vier Kugelklauenfüßen stehender Untersatz für die Terrine, deren Deckel die Form des Sockels verkleinert wiederholt. Als Bekrönung großer Pinienzapfen. An den Schmalseiten des Gefäßkörpers hochgezogene Ohrenhenkel. Sparsamer, in Friesen angeordneter Dekor aus Godronen und Blattformen. Auf der Wandung Gravuren des Hamburger Wappens sowie die eichenkranzgerahmte Inschrift: „ARNOLDO SCHVBACK CIVI HAMBVRGENSI DE TABVLARIO PVBLICO EGREGIE MERITO SENATVS HAMBVRGENSIS MDCCCXX". Marken: Hamburger Beschau mit V (1811-1829) / BB im Queroval. Geschenk des Hamburger Senats an Arnold Schuback. Von der Familie Schuback 1895 dem Ratssilberschatz gestiftet.

■ Terrinen zählen zu den jüngeren Schöpfungen im Servicezusammenhang, da Suppen und Ragouts erst vom Ende des 17. Jahrhunderts an zur Speisenfolge gehörten. Silberne Exemplare sind des materiellen Aufwandes wegen nie in großer Zahl gefertigt worden, so daß auf das einzelne Stück besondere gestalterische Phantasie verwendet wurde. Bielenbergs Terrine verkörpert den klassizistischen Typ in der fast schwebenden Präsentation auf hohem Sockel. Im Nebeneinander von glatt geschwungenen Flächen und kräftig ausgebildeten Ornamenten kommt das weiße Silber glänzend und leuchtend zur Wirkung.

Lit.: Schmidt, 1912, S. 9, 10, Abb. 8. – Meier-Oberist, 1925, S. 143. – Die Goldschmiede Hamburgs, I, S. 113; II, Nr. 544,1.

39 SAUCIERE

Alexander Schönauer, Hamburg, 1908. Ratssilberschatz, Inv. Nr. 54

Silber, getrieben, ziseliert, graviert, teilvergoldet. H. 15, L. 23,5, T. 10,3 cm. Auf ovalem, muschelartig gerippten Fuß die schiffchenförmige, geschweifte Sauciere. Der C-förmige Henkel verbindet Sauciere und Fuß. Riefelungen deuten eine Pflanzenstruktur an. Unter dem Henkel ein Blütenensemble. Die Sauciere innen ganz und außen teilvergoldet. Auf einer Breitseite das gravierte, von Löwen flankierte Hamburger Wappen. Auf der Gegenseite das viergeteilte Wappen Sthamer und die Beischrift: „Senator Gustav Friedrich Carl Johann Sthamer I. U. D. / 1908". Marken: A. SCHÖNAUER / Hamburger Beschau / Reichsstempel: Halbmond und Krone / 800. Gestiftet 1908 von Senator Dr. Gustav Friedrich Sthamer. Vorhanden sind drei gleiche Saucieren (von ursprünglich vier).

■ Durch den Kontrast der glattwandigen Sauciere zu dem gerippten, muschelartigen ovalen Fuß gewann Schönauer die Spannkraft für dieses Tafelgerät. Elegant verband er beide Teile mit einem Rundhenkel, dessen Ansatz einem eingerollten Blatt ähnelt. Den oberen Auslauf gestaltete er jedoch freier und damit noch dem Jugendstil verpflichtet. Selbst in einem so relativ einfachen Gefäß gelang dem Goldschmied die Verbindung einer traditionellen Vorgabe mit Naturformen und Elementen eines modernen Stils.

Senator Dr. Gustav Friedrich Sthamer schenkte seiner Stadt diese Sauciere: Sie wurde von Alexander Schönauer geschaffen, ist reich vergoldet und trägt das Hamburger Wappen

Amsinck und Gossler
Die Doppelhenkelschale mit Untersatz wurde von diesen bekannten Hamburger Familien gestiftet, die Schale trägt ihre Wappen. Sie wurde von Friedrich Peters wohl zur Silberhochzeit von Johannes Amsinck und Emilie Amsinck, geborene Gossler, gearbeitet

40 DOPPELHENKELSCHALE MIT UNTERSATZ

Friedrich Peters, Hamburg, um 1843. Ratssilberschatz, Inv. Nr. 3 (B.-Verz. Nr. 83)

Silber, gegossen, getrieben, ziseliert, graviert. Aufsatz: H. 55, B. (mit Henkeln) 54,5, ø der Schale 39 cm. Sockel: H. 10, B. u. T. 54 cm. Untersatz: Auf vier mit Voluten und Blättern verzierten Rundfüßen die quadratische Sockelplatte mit abgeschrägten Ecken und fassonierter, schräg ansteigender Zarge. Aufsatz: Runder profilierter Sockel auf ebenfalls vier mit Voluten und Blättern verzierten Füßen; gekehlter Schaft, gemuldete und gekehlte Schale mit Wellenrand. Zwei aus S- und C-Schwüngen zusammengesetzte gegenständige Henkel. Um den Schaft eingerollte Bänder, um die Schale hochgetriebene Zungen. Untersatz und Aufsatz von gravierten Rocaillen dicht überzogen. Auf dem Fuß zwei eingelassene Medaillons mit den Wappen der Familien Amsinck und Gossler. In der Schale ein Siebeinsatz. Marken: Hamburger Beschau mit Jahresbuchstabe A (1828-51) / PETERS im Rechteck. Gestiftet 1895. Stifter unbekannt, wahrscheinlich Helene Marie Antonie Amsinck geb. Lattmann, Witwe des Erdwin Amsinck.

■ Da der Silber-Aufsatz mit den Wappen der Familien Amsinck und Gossler versehen ist, entstand er vermutlich zur Silberhochzeit des Kaufmanns Johannes Amsinck (Hamburg 1792-1879) und der Emilie Amsinck geb. Gossler (Hamburg 1799-1875), die 1818 geheiratet hatten.
Die Schale diente, mit Blumen gefüllt, als Tafelaufsatz. Die Wandung ist reich mit gravierten Ornamenten im Stil des Zweiten Rokoko überzogen; desgleichen sind die weitgeschwungenen Henkel von diesen sehr bewegten Stiltendenzen bestimmt. Auf der ersten Weltausstellung 1851 in London erlebte das Zweite Rokoko einen gewissen Höhepunkt. Allerdings entfaltete es sich weniger in England als in Frankreich und Deutschland sowie dem übrigen kontinentalen Europa. Nach den Jahrzehnten klassizistischer Strenge und Schlichtheit im Zeitalter des Biedermeier wurden die ornamentale Fülle und Beschwingtheit des neuen Stils allgemein als eine willkommene Bereicherung begrüßt.

Lit.: Ausst. Kat. Historismus, 1977, Nr. 107. – Die Goldschmiede Hamburgs, II, S. 524, Nr. 638 / 2. – von Bargen, 1995, S. 42.

41 TAFELAUFSATZ MIT DEN „VIER JAHRESZEITEN"

Brahmfeld & Gutruf, Hamburg, um 1865. Ratssilberschatz, Inv. Nr. 72

Silber, gegossen, getrieben, ziseliert; Kristallglas.
H. 55, B. 52, T. 35 cm.
Runder Fuß auf Eichengeäst mit Blättern und Eicheln. Am säulenartigen Schaft vier vollplastische sitzende Frauen mit den Emblemen der Jahreszeiten. Darunter gotisierendes Arkadenrelief. Darüber ein Kranz von Eichenästen mit Laub und Eicheln. Als Einsatz flache, 16fach facettierte Kristallglasschale. Auf volutenartig eingerollten, seitlich ausschwingenden Zweigen je ein weiblicher Genius mit Schale und Taube. Am Rundfuß die gravierte Inschrift: „Einem Hohen Senat in Verehrung geschenckt aus dem Nachlass ihrer Eltern von Fanny Bernhardt, August 1915".
Ohne Marken.
Gestiftet im August 1915 von Fanny Bernhardt, Hamburg.

In der großen Kristallschale wurden Früchte angeboten. Für silberne Tafelaufsätze bevorzugte man während der 1850er/60er Jahre naturalistische Eichenzweige und entsprechendes Laubwerk als Verzierung, wie der damalige frühe Historismus sie schätzte. Der Schmuck des säulenartigen Stammes mit vollplastischen Genien als Parzen, Elemente, Sinne oder Jahreszeiten kommt in jener Periode auch bei Denkmälern vor. Dementsprechend besetzte man die seitlichen Blattgriffe ebenfalls mit Figuren, oft mit Bacchantinnen (vgl. Kat. Nr. 2, S. 25, 28-29), hier jedoch mit halbbekleideten Mädchen, die mit der Rechten einer Taube eine Trinkschale hinhalten. Der Tafelaufsatz kann der Firma Brahmfeld & Gutruf in Hamburg zugeschrieben werden, da die Figuren wie auch das Rankenwerk unter dem Fuß in gleicher Verarbeitung an einem vollbezeichneten Werk der Firma im Museum für Kunst und Gewerbe Hamburg nachzuweisen sind.
Lit.: Zum Vergleichsstück s. Bernhard Heitmann, Erwerbungsbericht 1989, in: Jahrbuch des Museums für Kunst und Gewerbe Hamburg, 9/10, 1990/91, S. 313-315.

„Vi… Jahreszeite…
Dieser Tafelaufsa…
diente als Obstscha…
Die Figuren a…
säulenartigen Sch…
stehen für d…
Jahreszeit…

42 FISCHBESTECKE

Koch & Bergfeld, Bremen, für Gutruf, Hamburg, um 1895/1900. Ratssilberschatz, ohne Inv. Nr.

Silber, geprägt, ziseliert, graviert. L. Fischheber 30,2, Gabel 26 cm.
Besteckteile mit Fadenmustergriffen. Das Schaufelblatt des Fischmessers und die fünfzinkige Gabel sind in Durchbruchsarbeit und mit reichem Ranken- und Rocaillendekor geschmückt. Auf einer Seite der Stielenden jeweils das Familienwappen, der Stiftername und eine Jahreszahl. Ein Fischbesteck und eine Gabel tragen den Namen Schröder, deren Familienwappen und die Jahreszahl 1799. In diesem Jahr stellte die Familie den ersten Senator (Christian Matthias Schröder, 1742 – 1821). Einer der Fischheber trägt den Namen Gossler, deren Wappen sowie die Jahreszahl 1821. Damals wurde Johann Heinrich Gossler (1775-1842) Senator. Ein weiteres Fischbesteck trägt den Namen Jenisch, das Wappen sowie die Jahreszahl 1727; damals wurde Paul Jenisch (1680-1745) Senator.
Marken: Gutruf / Kelch / 800 / Reichsstempel: Halbmond und Krone.
Stifter: Die Familien Schröder, Gossler und Jenisch, Hamburg.

Die Fischbestecke stammen von unterschiedlichen Stiftern: Die Familien Schröder und Jenisch erinnerten mit diesem Silbergeschenk an ihre ersten Mitglieder im Senatsamt

43 A FRUCHTSCHALE MIT HECKENROSEN-DEKOR

Alexander Schönauer, Hamburg, 1900. Ratssilberschatz, Inv. Nr. 14 (B.-Verz. Nr. 26)

Silber, gegossen, getrieben, ziseliert, punziert, teilvergoldet; Email. H. 24, ø Schale 31 cm.
Diese Fußschale bildet mit den sieben folgenden Stücken einen Satz; die Grundform und die Abmessungen sind jeweils gleich. Über glattem, leicht gekehlten Standring aufgewölbter Fuß, hier in Form eines von geflochtenem Zaun umschlossenen Terrainsockels. Aus diesem Garten wachsen die Rosen symmetrisch, wie an einem Spalier, um den kräftigen, säulenförmigen Schaft empor und bedecken auch die Außenwand der darüberliegenden flachen Schale. Die Deckplatte des Schaftes ist als Rosenblüte gestaltet. In deren Mitte das von einem Taureifen umzogene Wappen der Familie Lehmann mit der Umschrift: „BÜRGERMEISTER JOHANN CHRISTIAN EUGEN LEHMANN I.U.D. 1900". Flache, runde, mit Kielbogenbuckeln verzierte Aufsatzschale; in deren Spiegel, ebenfalls von einem Taureifen umzogen, das löwengehaltene, emaillierte Hamburger Wappen.
Marke: A. Schönauer.
Gestiftet 1900 von Bürgermeister Johann Christian Eugen Lehmann.

Vorbilder für die gefußte, flache Schale finden sich seit der Spätgotik; es handelt sich um Präsentier- und auch um Trinkschalen, die in Renaissance und Barock als „Tazza" zum vielfach gearbeiteten Gerätetyp wurden. Schon im Lüneburger Ratssilber (heute im Kunstgewerbemuseum Berlin) befand sich die Konfektschale des Lutke Olrike, Lüneburg 1541, die ebenfalls ein Wappen in der Schalenmitte trägt und die mit fruchtförmigen Buckeln verziert ist.
Schönauer löst sich insoweit von den historischen Vorbildern, als er Fuß, Schaft und Schale zu geschlossener Kontur zusammenbindet. Anstelle eines figürlich oder szenisch gestalteten Schalenbodens setzt er die Blüte in den Spiegel.
Unter den vielfältigen Tafelgeschirren des 19. Jahrhunderts wurde die Tazza-Form als Kredenzschale wiederbelebt.

Lit.: Die Goldschmiede Hamburgs, I, S. 224, Nr. 24.

Die Fruchtschale aus dem Jahr 1900 ist reich mit Rosen verziert, die Deckplatte des Schaftes als Rosenblüte gestaltet. Gestiftet wurde sie in Erinnerung an Bürgermeister Johann Christian Eugen Lehmann

Alpenveilchen mit lebhaft bewegten Blüten wachsen um den Schaft dieser Schale, gestiftet von Dr. Carl August Schröder, Senator und Bürgermeister zu Beginn dieses Jahrhunderts

43 B FRUCHTSCHALE MIT ALPENVEILCHEN-DEKOR

Alexander Schönauer, Hamburg, 1901. Ratssilberschatz, Inv. Nr. 19 (B.-Verz. Nr. 31)

Silber, gegossen, getrieben, ziseliert, punziert, teilvergoldet; Email. H. 24, ø der Schale 31 cm. Ähnlich Kat. Nr. 43 A. Hier ist der Schaft von einer üppig wachsenden Alpenveilchenpflanze mit lebhaft bewegten Blüten umstellt. Auf der Deckplatte des Schaftes keine Blüten- sondern Blätterformen und das Wappen der Familie Schröder mit der Umschrift: „SENATOR CARL AUGUST SCHRÖDER I.U.D. 1901". Die Einsatzschale mit Blüten- und Blattformen, in ihrer Mitte das Hamburger Wappen. Marken: A. Schönauer / 800 / Reichsstempel: Halbmond und Krone. Gestiftet 1901 von Carl August Schröder (Hamburg 1855-1945), Dr. jur., seit 1899 Senator und 2. Vizepräsident der Bürgerschaft, seit 1910 mehrfach Bürgermeister.

Lit.: Journal der Goldschmiedekunst, Leipzig 1903, Nr. 5, Abb. S. 35. – Ausst. Kat. Historismus, 1977, Nr. 123. – Die Goldschmiede Hamburgs, I, S. 224, Nr. 26.

Fruchtschale mit Maiglöckchen-Dekor und dem Hamburger Wappen. Sie erinnert an Bürgermeister Johann Georg Mönckeberg

43 C FRUCHTSCHALE MIT MAIGLÖCKCHEN-DEKOR

Alexander Schönauer, Hamburg, 1899. Ratssilberschatz, Inv. Nr. 13 (B.-Verz. 25)

Silber, gegossen, getrieben, ziseliert, punziert, teilvergoldet; Email. H. 25, ø Schale 31 cm. Den vorigen ähnlich, doch umstehen hier große, kreisförmig umgebogene Maiglöckchenblätter den unteren Schaft. Der Blumendekor bildet den konisch geweiterten Schaft und breitet sich am Schalenrand zugleich in naturalistischen Formen wie auch in für den Jugendstil typischem Rhythmus von Gruppierung und Linienführung aus. Am Schaftende das Wappen der Familie Mönckeberg mit der Umschrift: „BÜRGERMEISTER JOHANN GEORG MÖNCKEBERG I.U.D. 1899". Auf der Aufsatzschale Maiglöckchen zwischen Kielbogenbuckeln. Im Spiegel das Hamburger Wappen. Marke: A. Schönauer. Gestiftet 1899 von Bürgermeister Johann Georg Mönckeberg. Lit.: Die Goldschmiede Hamburgs, I, S. 223, 224, Nr. 21.

43 D FRUCHTSCHALE MIT ERDBEER-DEKOR

Alexander Schönauer, Hamburg, 1899. Ratssilberschatz, Inv. Nr. 15 (B.-Verz. 27)

Silber, gegossen, getrieben, ziseliert, punziert, teilvergoldet; Email. H. 25, ø Schale 31 cm. Den vorigen ähnlich. Über glattem, leicht gekehlten Standring gebuckelter Fuß, der in den kräftigen Schaft übergeht, aus dem die flache Kredenzschale mit gesteiltem Rand aufsteigt. An Schaft und Schale reliefierter Dekor aus den Blättern, Blüten und Früchten der Erdbeere. Das Schaftende als Erdbeerblüte gestaltet. In deren Mitte das emaillierte Wappen der Familie Möring mit der Umschrift: „SENATOR CARL PHILIPP FERDINAND MÖRING 1899". Im Spiegel der Aufsatzschale das emaillierte Hamburger Wappen. Marke: A. Schönauer. Gestiftet 1899 von Carl Philipp Ferdinand Möring (Hamburg 1818-1900), Kaufmann, seit 1861 Senator.

▪ Schönauer erhielt auf der Pariser Weltausstellung 1900 für diese Arbeit eine Goldmedaille.

Lit.: Ausst. Kat. Historismus, 1977, Nr. 118. – Die Goldschmiede Hamburgs, I, S. 223, Nr. 20.

▪ ***ohne Abbildung***

43 E FRUCHTSCHALE MIT EFEU-DEKOR

Alexander Schönauer, Hamburg, 1900. Ratssilberschatz, Inv. Nr. 17 (B.-Verz. Nr. 29)

Silber, gegossen, getrieben, ziseliert, punziert, teilvergoldet; Email. H. 25, ø der Schale 31 cm. Den vorigen ähnlich. Um Fuß und Schaft Efeuranken. Auf der Fahne der Schale Eichenblätter und Eicheln. Am Schaftende das Wappen der Familie Kähler sowie die Umschrift: „SENATOR ALEXANDER KÄHLER 1900". Auch auf der Aufsatzschale Eichenblätter und Eicheln. Im Spiegel das Hamburger Wappen. Marke: A. Schönauer. Gestiftet 1900 von Senator Alexander Kähler.

▪ Die Verbindung zweier verschiedener Pflanzen geht bei dieser Schale auf die beliebte Metapher vom Efeu, der sich um die Eiche rankt, zurück; diese Naturbeobachtung wurde sinnbildlich auf das harmonische Zusammenleben von Mann und Frau in der Ehe übertragen (vgl. H. Courts-Mahler, Goldelse).

Lit.: Die Goldschmiede Hamburgs, I, S. 224, Nr. 22.

▪ ***ohne Abbildung***

43 F FRUCHTSCHALE MIT NARZISSEN-DEKOR

Alexander Schönauer, Hamburg, 1900. Ratssilberschatz, Inv. Nr. 15 (B.-Verz. Nr. 27)

Silber, gegossen, getrieben, ziseliert, punziert, teilvergoldet; Email. H. 24, ø der Schale 31 cm. Den vorigen ähnlich. Der Umriß ist durch den sehr kraftvoll ausgebildeten Narzissenstrauß um den Schaft verändert. Am Schaftende das Wappen der Familie Stammann mit der Umschrift: „SENATOR JOHANN OTTO STAMMANN I.U.D. 1900". Die Aufsatzschale mit sechs eine Osterglockenblüte bildenden Buckeln. Im Spiegel das Hamburger Wappen. Marken: A. Schönauer / 800 / Reichsstempel: Halbmond und Krone. Gestiftet 1900 von Johann Otto Stammann (Hamburg 1835-1909), Dr. jur., seit 1886 Senator, 1906 Bürgermeister.

Lit.: Schmidt, Ratssilber, 1912, Abb. 12. – Meier-Oberist, 1925, S. 158. – Ausst. Kat. Historismus, 1977, Nr. 124. – Die Goldschmiede Hamburgs, I, S. 224, Nr. 25.

Wie ein Narzissenstrauß ist diese Fruchtschale gearbeitet. Der frühere Senator Johann Otto Stammann schenkte sie seiner Stadt

43 G FRUCHTSCHALE MIT NELKEN-DEKOR

Alexander Schönauer, Hamburg, 1900. Ratssilberschatz, Inv. Nr. 16 (B.-Verz. Nr. 28)

Silber, gegossen, getrieben, ziseliert, punziert, teilvergoldet; Email. H. 25, ø der Schale 31 cm.
Den vorigen ähnlich. Die Fußwölbung in Form von Buckeln mit Nelkenreliefs, um den Fuß hochgestellte Nelkenblätter. Am Schaftende das Wappen der Familie Burchard mit der Umschrift: „SENATOR JOHANN HEINRICH BURCHARD I.U.D. 1900".
Auf der Aufsatzschale Nelken zwischen Buckeln in Blattformen. Im Spiegel das Hamburger Wappen.
Marke: A. Schönauer.
Gestiftet 1900 von Senator Johann Heinrich Burchard.

Lit.: Die Goldschmiede Hamburgs, I, S. 224, Nr. 23.
ohne Abbildung

43 H FRUCHTSCHALE MIT ANEMONEN-DEKOR

Alexander Schönauer, Hamburg, 1901. Ratssilberschatz, Inv. Nr. 20 (B.-Verz. Nr. 32)

Silber, gegossen, getrieben, ziseliert, punziert, teilvergoldet; Email. H. 25, ø der Schale 31 cm.
Den vorigen ähnlich. Fuß und Schaft von Anemonenpflanzen umgeben, die an einem Gitter um den Schaft hochranken. Schale in Blütenform. Am Schaftende das Wappen der Familie Roosen mit der Umschrift: „SENATOR RUDOLPH ROOSEN 1901".
Auf der Aufsatzschale zwischen den Blättern einer großen Anemone kleinere Pflanzen. Im Spiegel das Hamburger Wappen.
Marke: A. Schönauer.
Gestiftet 1901 von Senator Rudolph Roosen.
Lit.: Die Goldschmiede Hamburgs, I, S. 224-225, Nr. 27.
ohne Abbildung

Flora,
die römische Göttin des blühenden Getreides und der Blumen, steht als Schaftfigur im Zentrum dieses Tafelaufsatzes. Er wird mit Früchten und Blumen gefüllt

44 TAFELAUFSATZ MIT FLORA

M. H. Wilkens & Söhne, Hamburg, 1895. Ratssilberschatz, ohne Inv. Nr.

Silber, gegossen, getrieben, ziseliert, punziert, graviert, teilvergoldet. H. 51, B. 62, T. 27 cm. Auf je vier Baluster- und Volutenfüßen stehende, an den Schauseiten ausgebuchtete, bauchige ovale Wanne mit geradem, durchbrochenen Rand aus Blatt- und Blütenranken. An den Schmalseiten Volutenhenkel aus Akanthuslaub. Von den beiden Wappen auf den Kartuschen wurde eines entfernt, das emaillierte Schaedtler'sche dagegen blieb erhalten. Aus der Wannenmitte aufsteigender runder Säulensockel mit den Inschriften: „Aus Hermann Schaedtlers Nachlass" und „Hamburg d. 19. Juni 1895". Darauf als Trägerfigur die Göttin Flora, auf ihrem Kopf eine weite, flache Schale mit durchbrochenem Blatt- und Blütenrand haltend. Marken: M H WILKENS SÖHNE, HAMBURG / Handpresse / 800 / Reichsstempel: Halbmond und Krone / Modell-Nr. 101544. Gestiftet von der Familie Schaedtler 1895 aus dem Nachlaß Hermann Schaedtlers.

Der Aufsatz verbindet die Formen der Jardinière und der Tazza in scheinbar überlängten Proportionen. Wie bei wenigen anderen Objekten wird an diesem Stück deutlich, daß es ganz auf das Zusammenspiel von Silberbehältnis, Blumenarrangements und vielleicht Früchten in der Tazza-Schale hin angelegt ist. In Dekor und Figurenbildung dominieren die konventionellen Formen des sog. Dritten Rokoko im Historismus.

Eine silberne Kogge bekrönt diesen Tafelaufsatz. Sie soll auf die Bedeutung Lübecks als Handels- und Hafenstadt hinweisen

45 TAFELAUFSATZ „LÜBECK"

M. H. Wilkens & Söhne, Bremen, für Carl Friedrich Wilhelm Buchwald Nachf., Lübeck 1914
Ratssilberschatz (B.-Verz. Nr. 10)

Silber, getrieben, ziseliert; Email. H. 59, ø 42 cm. Auf einem mit Buckeln, Laubwerk und Kugeln verzierten, abgetreppten Rundfuß eine sechsfach geschweifte runde Schale mit vertikalem Rand. Im Zentrum eine sechskantige, sich nach oben verjüngende Säule mit abschließendem Laubwerk-Kapitell und Kugel, die eine Kogge trägt. Am Schaft das von Mauerzinnen bekrönte emaillierte Lübecker Wappen: Doppeladler auf hellgrünem Fond; das Brustschild mit weißem und rotem Feld. Auf dem Rand der Schale die von Kordeln eingefaßte Inschrift: „DER SENAT / DER FREIEN UND / HANSESTADT / LÜBECK. / TRAVEMÜNDE / DEN 5. JULI 1914". Marken: C. BUCHWALD / Reichsstempel: Halbmond und Krone / 800 / Handpresse. Unbekannter Stifter.

■ Historisierende Zierelemente wurden beim Tafelsilber noch parallel zum Jugendstil und lange danach geschätzt. So präsentiert sich dieser Lübecker Tafelaufsatz von 1914 im Sechspaß wie eine gotische Schale. Sein Rundfuß ist mit Buckeln und Laubwerk besetzt, das auch die Mittelsäule wie ein Kapitell abschließt. Die bekrönende Kogge weist auf die Bedeutung Lübecks als Hafen- und Handelsstadt. Offenbar wurde der Tafelaufsatz von dem Lübecker Goldschmied Buchwald in Zusammenarbeit mit den Bremer Goldschmieden M. H. Wilkens & Söhne gefertigt; jedenfalls ist das Wilkens-Emblem, die Handpresse, der Markierung zugefügt worden.

Die Stadt, der Durst und das Bier

Ein großer Teil des Silberschatzes besteht aus Trinkgefäßen. Nicht von ungefähr, denn in Hamburg wurde schon immer gern getrunken. Und bestes Bier gebraut...

London – Themse, Tower, Trafalgar Square. Hier gilt Tradition. Britischer kann eine Stadt nicht sein, denkt der Tourist. Bis ihn der Durst in einen der Pubs treibt: „One beer, please." Da zapft der Londoner Wirt Hamburger Holsten aus dem Hahn. Alternativ gibt es noch australisches „Fosters", aber auch das in Hamburg gebraut, ein Lizenzvertrag. Hamburger Bier in London, das paßt doch nicht, denkt der Tourist – und irrt. Bier von der Elbe hat an der Themse Tradition. Schon vor 600 Jahren machten in London Schiffe fest mit Bier aus Hamburg.

Bier, Produktion und Export, ließen Hamburg im Mittelalter zur Wirtschaftsmacht aufsteigen. Ohne ihr Bier wäre die Stadt ein zweitrangiger Elbhafen im Schatten von Lübeck und Bremen geblieben.

Gehen wir zurück ins 14. Jahrhundert: Es gibt weder Kaffee noch Tee oder Limonade. Von Mineralwasser ganz zu schweigen. In den Städten ist nicht einmal das Wasser aus den Flüssen oder Kanälen genießbar. Das einzig Trinkbare ist Bier. Weil es beim Brauen erhitzt wird, kann man es gefahrlos trinken. Es wird in Mengen benötigt, auch als Grundnahrungsmittel. Mit Mehl oder Grütze versetzt ist es als Biersuppe oder Bierbrei das Standard-Frühstück des Mittelalters. Keine Sorge, die Menschen damals waren nicht schon beim Frühstück betrunken. Ihr Bier hatte nur wenig Alkohol. Und einen eigenartigen Geschmack. Denn gewürzt wurde das Gebräu mit Kräutern oder zerriebener Buchen- oder Eichenrinde. Die Hopfenwürze war den Bierbrauern Norddeutschlands unbekannt.

In dieser Situation schlägt die Stunde der Hamburger Bierbrauer. Sie kommen auf den Dreh, den zum Beispiel die Mönche von Weihenstephan schon 1150 kannten: Sie würzen mit Hopfen. Hamburger Bier wird plötzlich schmackhaft. Das spricht sich rum.

Die Friesen wollen Hamburger Bier. Die Holländer auch. Beide Märkte gehören bis dahin den Bremern. Die setzen ihrem Bier Hafer zu. Keine Chance gegen die Hamburger Konkurrenz. Als Graf Wilhelm von Holland 1321 die Einfuhr von Hamburger Bier verbietet, gibt es einen Bürgeraufstand. Zwei Jahre später ist das Verbot vom Tisch.

Flandern, Brabant, Skandinavien, England, Spanien, Portugal, Rußland – alle ordern Bier aus Hamburg.

Wie das Bier schmeckt? Johann Frederus Pommeranus schreibt 1537 in seinem Lobgedicht auf Hamburg über das Bier: „So angenehm ist der

„German Pilsener Export Beer" Schon seit dem Mittelalter ist deutsches Bier im Ausland gefragt. Hamburgs Brauereien lagen beim Export ganz vorn. Dieses Etikett der Holsten-Brauerei machte zu Beginn des Jahrhunderts Appetit auf ein kühles – Blondes

Ein Grundnahrungsmittel wie im 14. Jahrhundert war Bier um 1900 natürlich nicht mehr. Was unsere fröhliche Runde nicht vom Zechen abhielt...

Der Löw auf der Weinkann von Alexande Schönauer hält da Wappen des Stifter Senator Werner vo Melle. Der stolze Löw hält den Schild wie ei Fürstenwappe

Das starke Bockbier war neben dem normalen Bier auch früher schon eine beliebte Variante. Der Name „Bock" hat mit dem Tier nichts zu tun. Er ist abgeleitet aus dem Namen der Einbecker Brauerei, die im Mittelalter das „einpöckische" Starkbier abfüllte. Hier springt der Ziegenbock über ein Etikett der Holsten-Brauerei

Der Hopfenmarkt vor der Nikolai-Kirche 1905. Geschäftiges Treiben herrscht hier auch heute noch jeden Donnerstag beim Wochenmarkt. Neben „Hopfenmarkt" erinnern noch Straßennamen wie „Brauerknechtsgraben" (Neustadt) an Hamburgs große Bierzeit

Geschmack, daß es wohl göttlichem Nektar vergleichlich..." Ein in Erfurt 1575 erschienenes Buch über das Bierbrauen: „Das Hamburger Bier, erste Königin der Weizenbiere genannt, hat einen lieblichen, guten und angenehmen geschmack. Im Anfang süsse, aber hernach algemach gewinnet es einen weinlichen nachgeschmack. Ferner so hats an ihm viel substantz, reiche nahrung und genugsam nutriment, und nimmt der Mensch davon an seinem Leibe wohl zu. (...) Eine sonderliche Gabe Gottes ist es, das einem von diesem Biere das heupt nicht wehe tut." Mit anderen Worten: Es ist süffig, macht dick, aber keinen schweren Kopf.

1369 sind fast 60 Prozent der Ausfuhr im Hamburger Hafen Bier.

1375, Hamburg hat ungefähr 8 000 Einwohner, gibt es 457 Bierbrauer in der Stadt, etwa 270 von ihnen produzieren für den Export das sogenannte Schiffsbier, das mit Hefe haltbarer gemacht wird. 1517 sind es schon 531 Bierbrauer. Die meisten Brauhäuser liegen im Katharinen-Kirchspiel, direkt an den Fleeten. Da ist das Brauwasser ganz dicht dabei. In den Obergeschossen der Häuser werden die Rohstoffe aufbewahrt, die unteren Räumen dienen zum Mälzen, als Gärkeller.

Für den Bierexport werden Fässer gebraucht und Schiffe. Die Böttcher in Hamburg haben Hochkonjunktur, ebenso die Werften und Reepschlägereien. Brauer und Kaufleute investieren ihre Gewinne in neue Häuser, renovieren die alten. Steingiebel schmücken die Bauten. Folge: Die Grundstückspreise steigen. Zum Beispiel im St. Nikolai-Kirchspiel zwischen 1381 und 1390 um 70 Prozent! Eine Stadt boomt im Bierrausch.

Ein Pferdegespann der Bavaria und St. Pauli-Brauerei auf dem Weg zum Kunden. Heute unterhält nur noch die Holsten-Brauerei ein Pferdegespann – für werbewirksame Auftritte

Bei der Holsten-Brauerei rauchen die Schornsteine auch heute noch. 1879 wurde sie gegründet, ist heute der drittgrößte deutsche Braukonzern. In den Anfangsjahren dieses Jahrhunderts schwamm auch Holsten auf der Bayernwelle, wie das Dirndl auf dem Pilsener-Etikett zeigt

Fast 200 Jahre schwimmt Hamburg im Bier. Im 15. Jahrhundert werden im Jahresschnitt 250 000 Hektoliter gebraut. Aber Mitte des 16. Jahrhunderts ist es mit der Herrlichkeit vorbei. Die Exporte gehen drastisch zurück. Bier ist nicht mehr der Hauptposten in der Hamburger Handelsbilanz. Warum? In den Abnehmerländern hat man inzwischen auch gelernt, schmackhaftes Bier zu brauen. Für das aus Hamburg importierte Bier müssen Fracht und Zoll gezahlt werden – zu teuer. Die Kaufleute verlieren die Lust am Bierhandel, an dem nichts mehr zu verdienen ist. Und die Hamburger Bierqualität ist nicht mehr, was sie mal war. Wegen gestiegener Preise wird beim Brauen am Weizen gespart. Das merkt der auswärtige Kunde.

Beweis für den Qualitäts-Verfall: Wenn der Hamburger Rat zu Anfang des 17. Jahrhunderts Bier als Ehrengeschenk ausgibt, läßt er es lieber aus Einbeck kommen. Zu dem Zeitpunkt können die Hamburger Bürger längst zwischen 17 importierten Biersorten wählen. Besonders beliebt sind Ale und Porter aus England. So ändern sich die Zeiten.

Alemania-Bier In Hamburg gebraut, weist es auf Münchener Abstammung hin. Im 19. Jahrhundert waren bayerische Biersorten in Hamburg beliebt

Viele Brauhäuser machen dicht. Im 30jährigen Krieg werden überflüssig gewordene kupferne Braupfannen zu Kanonen umgegossen! Pulver und Blei statt Hopfen und Malz. Die Geschütze der starken Festung Hamburg stehen 1620 auf dem neuen Wall. Die Besitzer der Pfannen werden mit sogenannten Pfannenbriefen entschädigt, eine Art festverzinsliches Wertpapier.

Natürlich wird in Hamburg weiter Bier getrunken und gebraut. Aber was für ein furchtbares Gesöff! Ein Hamburger Reisender schreibt in sein Tagebuch 1657: „Auch fället da niht ein gutter trunck bier, den man in der stadt brauet, zumahlen auß solchen unreinem wasser gemacht wirdt, darein all menschlich unflatt auß der stadt rein kompt. Der trunck ist dicke, trübe, am schmack widerwertig und sehr ungesund, wie ich an mier befunden.“

Der Rat will diesen „dicken, trüben Trunk“ wieder zu gutem Hamburger Bier werden lassen. Die Brauer werden 1695 ermahnt, „daß sie gutes, taugliches Bier brauen, äußersten Fleiß sich angelegen sein lassen, mit untadeligem Korne sich

Hopfen und Malz ist in Nienstedten mittlerweile verloren. 1995 mußte die Elbschloß-Brauerei dichtmachen, weil die Regie des Dortmunder Mutterkonzerns es so wollte. Bis dahin war die Brauerei an der Elbe ein Hamburger Klassiker, hier wurde z. B. das „Ratsherrn" gebraut

versehen, zu jedem Bräu dessen völlige Maße tun, zu sattsamer Kochung des Bieres kein Holz noch Arbeit sparen und sonst in allem übrigen die treue Sorgfalt anwenden, mittels welcher die anderen guten Biere zu brauen und Fremden und Einheimischen damit zu ihrem Vergnügen anhand zu geben wissen." Es hilft nichts. Bis der „Bierkrieg" ausbricht. Und der begann so:

1729 erläßt der Rat eine Verordnung, in der Malzgehalt und Hopfenzusatz auf höherem Niveau als bisher festgelegt werden. „Dann verdienen wir nichts mehr", stöhnen die Brauer. Der Rat bleibt hart. Ende Januar 1730 streiken die Brauer. In Hamburg gibt's kein Bier mehr. Ausgerechnet am Vorabend der „Höge", dem traditionellen Fest der Brauerknechte. Da gibt es sonst immer Freibier satt.

Die Germania-Brauerei in Wandsbek entstand, wie eine Vielzahl von Brauereien, nach dem Brand 1842. Pleiten, Fusionen, Aufkäufe – die meisten sind im Laufe der Zeit wieder verschwunden

Ohne Bier werden die Bürger rebellisch, fürchtet der Rat: Er erlaubt auswärtigen Brauereien, in die Stadt zu liefern, senkt den Einfuhrzoll. Gleichzeitig werden die Stadt-Dragoner alarmiert – falls die Hamburger Brauer aufmucken. Das Fest verläuft, wie es sich gehört: bierselig und friedlich. Die Brauer kehren an ihre Sudpfannen zurück und machen besseres Bier. Ein Zeitzeuge probierte es: „Es ist eines gar anmutigen und lieblichen Geschmacks. Es hält sich aber im Sommer nicht lang und ist etwas unsauber, indem es aus dem Wasser gebraut wird, in das die Aborte laufen." 1777 hat Hamburg von den einst 531 Brauhäusern noch 26.

Das 19. Jahrhundert macht den Hamburgern das Bier wieder schmackhafter. Der Wirt Joseph Stelzer aus St. Pauli führt 1835 bayerisches Bier ein. Das kommt beim hanseatischen Publikum sehr gut an. Die 1897 gegründete Brauerei in Altona setzt auf diesen Trend, nennt sich „Bavaria". Einer ihrer Braumeister ist der aus Engelsberg in Bayern stammende Johannes Blab. Die Bavaria hat ihn von der Elbschloss-Brauerei abgeworben. Die Löwen-Brauerei (gegründet 1881) wirbt auf ihren Etiketten: „nach Münchener Art". Die Holsten-Brauerei, gegründet 1879 ebenfalls in Altona, macht

Im Frühjahr, wenn die Störche ins Land zurückkehren, ist es Zeit für ein süffiges Märzen. Hamburgs Status als Brauereistadt sorgte stets für eine reichhaltige Auswahl an Biersorten

die bayerische Welle auch mit. Aus dem Geschäftsbericht von 1901: „Wie bei unseren, nach bayerischen Art gebrauten Bieren, halten wir auch bei unserem Tafelbier auf die feinsten Zuthaten."

In der Zeit nach dem großen Brand (1842) bis Anfang des 20. Jahrhunderts werden in Hamburg und Altona 15 Großbrauereien gegründet, alle als kapitalkräftige Aktiengesellschaften. Die wenigsten Hamburger kennen noch die Marken: Actien-Brauerei, Brauerei Germania in Wandsbek, Export-Brauerei Teufelsbrück Klein Flottbek, Brauhaus Hammonia Hamburg, Bürgerliches Brauhaus in Hamburg. Schöne Namen, die im Laufe der Zeit verschwanden. Pleiten, Fusionen, Aufkäufe. Die Großen schluckten die Kleinen.

Das einst so große Brauhaus Hamburg. Was ist davon übrig? Es gibt einen neuen Trend: Die kleine Gaststättenbrauerei mit vorzüglichem Bier. Der Gröninger Braukeller, Dehn's Privatbrauerei an der Ost-West-Straße, das Brauhaus „Joh. Albrecht" an der Adolphsbrücke.

Bei den Großen sieht es schlechter aus. Nach dem Zweiten Weltkrieg gab es noch fünf Brauereien: Holsten, Bavaria-St. Pauli, Elbschloss, Bill-Brauerei, Winterhuder Brauerei. Zunächst erwischte es die Winterhuder (1972), dann Bill (1977). 1995 mußte Elbschloss dicht machen, weil die Regie des Dortmunder Mutterkonzerns Brau & Brunnen es so wollte. Auch Bavaria gehört seit 1994 den finanziell schwer angeschlagenen Dortmundern, und die wollten auch diese traditionelle Hamburger Braustätte schließen. Erst im Juli 1997 kam die erlösende Nachricht: Astra und Ratsherrn werden aus dem Konzern Brau & Brunnen herausgelöst. Sie sollen versuchen, auf eigenen Füßen weiterzuleben.

Einzig Holsten steht noch stark da, besitzt die Lüneburger Kronen-Brauerei, die Lübzer Brauerei in Mecklenburg, die Feldschlößchen-Brauereien in Braunschweig und Dresden. Mit bundesweit 7,1 Millionen Hektoliter Bier ist Holsten drittgrößter deutscher Braukonzern.

Und so werden wir wohl in Zukunft weiter Hamburger Bier trinken können. Auch in London.

Die Mönche galten schon seit dem Mittelalter als Meister der Braukunst. Logisch, daß große Brauereien sich in der Werbung auf solche Tradition beriefen

Im Jahre 1905 trank der feine Bürger sein Bier nicht ohne Kopfbedeckung, so wie hier in „Klüvers Gastwirtschaft", dem ehemaligen „Holsten-Hotel". Auch wenn der Name der Gaststätte am Holstenplatz 17 im Zuge der Jahre oft wechselte, auch heute kriegt man im „Anno 1905" noch sein Bier. Den Hut darf man dabei inzwischen auch abnehmen

46 WEINKANNE „MELLE"

Alexander Schönauer, Hamburg, 1902. Ratssilberschatz, Inv. Nr. 33 (B.-Verz. Nr. 44)

Silber, gegossen, getrieben, ziseliert, punziert, teilvergoldet; Email. H. 45,3, ø des Fußes 12,2 cm.
Hohe, schlanke Deckelkanne auf eingezogenem Fußring. Über bauchig angeordneten Buckelkränzen konische Wandung in weich facettierter, vertikaler Gliederung; kleine Schnauze, die vom gestuft aufgezogenen Deckel mit verschlossen wird. Astförmig gestalteter Henkel. Der Dekor besteht neben den Buckelkränzen im wesentlichen aus einem großen Rebenfries mit Blättern und Trauben.
Auf der Wandung das emaillierte Hamburger Wappen; das Stifterwappen als Deckelbekrönung, von steigendem Löwen gehalten. Inschrift um den Deckelrand: „SENATOR WERNER VON MELLE I.U.D. 1902".
Marken: A. Schönauer / Reichsstempel: Halbmond und Krone / 800.
1902 von Senator Dr. Werner von Melle gestiftet.
■ Dieser von Schönauer mehrfach gearbeitete Kannentyp ist hier durch die schlank-gestreckte Form und durch die alle Flächen übergreifende Reliefierung von Fuß, Wandung und Deckel von gesteigert opulenter Erscheinung. Während die Wahl der Schmuckelemente ganz auf die des Historismus eingegrenzt ist, entspricht deren Verwendung und die gesamte Silhouette der Kanne dem Formgefühl des Jugendstils.
Lit.: Ausst. Kat. Orfévrerie fantastique, Brüssel, 1977, Nr. 44. – Die Goldschmiede Hamburgs, I, S. 219, Nr. 3.

47 POKAL MIT HAMBURG-ANSICHTEN

M. H. Wilkens & Söhne, Bremen, 1906. Ratssilberschatz, Inv. Nr. 51 (B.-Verz. Nr. 62)

Silber, gegossen, getrieben, ziseliert, punziert, graviert, vergoldet; Email. H. 65 cm.
Deckelpokal auf hohem Fuß. Diesem das löwengehaltene Hamburger Wappen vorgesetzt sowie eine Kartusche mit der Inschrift: „LIBERTATEM QUAM PEPERERE MAJORES DIGNE STUDEAT SERVARE POSTERITAS" („Die Freiheit, die schwer errungen die Alten, möge die Nachwelt würdig erhalten"). Schaft in Form eines torburgentragenden Pfeilerbündels. Auf der breiten Einschnürung der Kuppa Bildfelder mit sechs emaillierten Ansichten des Hamburger Rathauses, der Jacobi-, der Petri-, der Michaelis-, der Nikolai- und der Katharinen-Kirche, jeweils durch einen Pilaster getrennt, der Embleme des Handels trägt. Auf dem Wulstring darunter die Namen der dargestellten Gebäude.
Als Bekrönung des dreifach gewölbten Deckels im Renaissance-Kostüm über Eichenkranz stehende Hammonia mit Mauerkrone. Über den gesamten Pokal verteilt ein Dekor aus gravierten Schuppen- und Behangmustern, getriebenen Buckeln, Fruchtbündeln, Festons, blütenbesetzten Spangen und geflügelten Engelsköpfchen. Inschriften um den Schaft: „DEM SENAT VON AD. HANSSEN FIRMA HANSSEN UND STUDT VERANLASSUNG DES 70JÄHRIGEN BESTEHENS SEINER FIRMA 1836-3. April 1906".
Marken: Wilkens / Handpresse / 900 / Reichsstempel: Halbmond und Krone / Modell-Nr. 163105.
■ Die 1836 von C. P. L. Hanssen und H. H. Studt gegründete Firma Hanssen & Studt hatte sich im Laufe des 19. Jahrhunderts zu dem wohl größten Kaffee-Im- und Export-Handelshaus Deutschlands entwickelt. Anläßlich des 70jährigen Bestehens der Firma, 1906, stiftete der Sohn des Gründers, Adolph Hanssen, dem Senat der Hansestadt Hamburg diesen Pokal. Laut Auskunft der Stifterfamilie ist der Pokal in Anlehnung an den 1904 der Hansestadt von König Edward VII. von Großbritannien und Irland geschenkten Pokal, vgl. Kat. Nr. 35, gearbeitet worden, weist jedoch einen deutlich schlankeren, gestreckteren Umriß auf als das auf eine Holbeinzeichnung zurückgehende Exemplar. Der Form des Schaftes mit den Torburgen um den Nodus ist eine ganz eigenständige Schöpfung des Historismus, die sich vom Renaissancevorbild löst. Die Inschrift auf der Kartusche („Die Freiheit .....") ist ein Sallust-Zitat und steht im Hamburger Rathaus über dem Eingang des Portals im Turm.
Lit.: Ausst. Kat. Historismus, 1977, Nr. 128.
■ ***Abb. auf S.128***

Weinkanne „Melle"
Alexander Schönauer
Silberarbeiten sind i
Form und Verzierun
stets so ausgewoger
daß sie wie lebensvoll
organisch gewachsen
Geschöpfe erscheine

Rathhaus

48 WEINKANNE AUF LÖWENFÜSSEN

Alexander Schönauer, Hamburg, 1914. Ratssilberschatz, Inv. Nr. 71 (B.-Verz. Nr. 79)

Silber, gegossen, getrieben, ziseliert, punziert, graviert, teilvergoldet; Email. H. 44 cm. Form und Aufbau wie bei der Elbekanne und der Alsterkanne, vgl. Kat. Nr. 36 und 37. Die drei Füße sind als sitzende Löwen mit Wappenschilden gestaltet, die gravierten Ansichten im unteren Wandungsbereich zeigen das Bismarck-Denkmal, die Universität und den Chinesischen Turm in Baurs Park. Das Hamburger Wappen zwischen gedrehten Zügen in großer Kartusche sitzt unter der Schnauzenpartie. Der obere Fries trägt ein Drachenmuster, an Schnauze und Henkel fächerförmige Schmuckmotive. Als Deckelbekrönung das Wappen der Familie Sachse mit reicher Helmzier. Die Umschrift lautet: „SENATOR FRIEDRICH CARL PAUL SACHSE 1940". Marken: A. Schönauer / Reichsstempel: Halbmond und Krone / 800 / Hamburger Beschau.

Gestiftet 1914 von Friedrich Paul Sachse (Leipzig 1859-1916 Hamburg), Kaufmann, 1914-1916 Senator.

Zu Form und Ornamentik der Kanne vgl. Kat. Nr. 36 und 37. Dieses dritte Exemplar der Gruppe erscheint insgesamt noch gestreckter aufgebaut und wirkt dadurch ein wenig strenger und kühler.

Lit.: Ausst. Kat. Historismus, 1977, Nr. 136. – Die Goldschmiede Hamburgs, I, S. 220, Nr. 7.

amburger
nsichten
ind als farbiger
chmuck in diesen
runkpokal gesetzt,
essen Vorbilder aus
er Renaissancezeit
tammen.
Kat. Nr. 47, Text S. 126)

Löwenfiguren kennt man schon als Träger mittelalterlicher Bronzebecken. Hier stützen sie eine prachtvolle Weinkanne aus der Jugendstilzeit

49 KANNE UND BECKEN

Alexander Schönauer, Hamburg, 1909. Ratssilberschatz, Inv. Nr. 56 (B.-Verz. Nr. 67)

An die Lavoir-Garnituren aus Renaissance und Barock erinnert das Ensemble aus Präsentierteller und Kanne

Silber, gegossen, getrieben, ziseliert, graviert, vergoldet; Email. H. der Kanne 41, ø des Beckens 42,5 cm.
*Deckelkanne auf eingezogenem Glockenfuß; kurzer spangenumstellter Schaft. Eiförmiger, mit spitz ausgezogenen Buckeln verzierter Gefäßkörper, oben und unten von Akanthusfriesen und Ovalbuckeln umzogen. Schlanker Hals, schnabelförmiger Ausguß, Scharnierdeckel mit blattartiger Daumenrast; am unteren Ende des geschweiften Henkels Maske des Zeus-Amun. Auf der Wandung Medaillen mit dem von Löwen gehaltenen Hamburger Wappen, dem Profilbild des Bürgermeisters Carl Friedrich Petersen und dem Wappen seiner Familie. Aufschrift am Fuß: „ZUM HUNDERTJÄHRIGEN GEBURTSTAG DES BÜRGERMEISTERS CARL FRIEDRICH PETERSEN DR.", am Hals: „EINEM HOHEN SENAT DER FREIEN UND HANSESTADT HAMBURG". Runder flacher Teller; in der Mitte Erhöhung zum Aufsetzen der Kanne. Auf der Fahne zwischen Akanthusranken drei Medaillen mit den Profilköpfen des Bürgermeisters Carl Friedrich Petersen, Bismarcks und der deutschen Kaiser Wilhelm I. und Wilhelm II. sowie drei querovale Medaillons mit den Ansichten des Hamburger Rathauses und der Kornhausbrücke und dem von Löwen gehaltenen Hamburger Wappen in Flachrelief. In der Spiegelmitte runde, buckelumzogene Erhöhung; darin, von Taureif gerahmt, das emaillierte Wappen der Familie Petersen mit der Umschrift: „BÜRGERMEISTER CARL FRIEDR. PETERSEN Dr. geb. 6. Juli 1809, gest. 14. Nov. 1892". Die Fahne umziehende Aufschrift: „SENATOR 7. FEBR. 1855 * POLIZEIHERR 1861-1876 * BÜRGERMEISTER 1876-1892 * BÜRGERSCHAFTSSITZUNGEN AM 4. JULI 1866 * ZOLLANSCHLUSS AM 5. JUNI 1881 * RATHAUSBAU AM 3. JUNI 1885 * FEIER DES ZOLLANSCHLUSSES 29. OKT. 1888 * BESUCH DES FÜRSTEN BISMARCK IN FLOTTBEK 3. JUNI 1890 * GRUNDSTEINLEGUNG DES RATHAUSES 7. MAI 1892".*
Marken: A. Schönauer / Hamburger Wappen / 800 / Reichsstempel: Halbmond und Krone. Gestiftet 1909 von Dr. Rudolf Petersen im Namen der Familie zum hundertjährigen Geburtstag des Bürgermeisters Carl Friedrich Petersen.

Die Garnitur geht auf den Gerätetyp Lavoir und Kanne zurück, der vom Mittelalter bis ins 18. Jahrhundert für die Handwaschungen zwischen den Gängen eines Mahles verwendet wurde. Oft aus kostbaren Materialien gearbeitet, fanden solche Garnituren als Schaustücke Verwendung. Schönauers Ensemble bildet keine stilistische Einheit. Während in der Kanne italienische Vorbilder mit spätgotischer Buckelung verbunden sind, ist die Untersatzschale in fast zeitlos schlichter Weise gestaltet. Nur die Gravuren auf der Fahne schließen an barocke Vorbilder an.

Lit.: Schmidt, 1912, Abb. 10. – Im Museum für Kunst und Gewerbe: Goldschmiedearbeiten von Alexander Schönauer, in: Hamburger Fremdenblatt, März 1931, mit Abb. - Hüseler, 1946, S. 37. - Ausst. Kat. Historismus, 1977, Nr. 132. - Die Goldschmiede Hamburgs, I, S. 114, 225, Nr. 30.

50 WEINKANNE MIT ELFENBEINGRIFF

M. H. Wilkens & Söhne, Bremen, 1909. Ratssilberschatz, Inv. Nr. 60 (B.-Verz. Nr. 71)

Silber, gegossen, getrieben, ziseliert, punziert, graviert; Email, Elfenbein, Korallen. H. 47,5, ø Fuß 14,5 cm. Über rundem Fuß balusterförmiger Kannenkörper mit breitem, zylindrischem Hals. Glockenförmiger Scharnierdeckel mit korallenbesetzter, hoher Bekrönung. Als Daumenrast ein Blatt. Der Elfenbeinhenkel ein eckig geformter Strang mit Traube als Abschluß. Gerade abschließender Ausguß, der von der Deckelplatte geschlossen wird. Der Dekor besteht aus einer Gliederung durch horizontale und vertikale Züge, aus rankenbedeckten Feldern sowie aus blauem Emailbesatz an der Gefäßschulter und aus dem rot emaillierten Hamburger Wappen am Hals der Kanne. Inschrift: „Senator Robert Waldemar Heidmann 1909“. Marken: Handpresse / 900 / Reichsstempel: Halbmond und Krone / Modell-Nr. 189591. Gestiftet 1909 von Senator Robert Woldemar Heidmann, Hamburg.

■ Form und Dekor dieser Kanne setzen sich aus einer Vielzahl von heterogenen Elementen zusammen. Am deutlichsten wird dies in der Verbindung der unteren Kannenhälfte, die offenkundig vom spätgotischen Akelei-Pokal hergeleitet ist, mit dem Oberteil, der typischen Bowlenkanne der Jahrhundertwende. Während diese Kombination als Nachklang des Historismus kenntlich ist, kommt in den Formen und Proportionen, auch in der Farbigkeit aus Silber, Blau, Rot und Elfenbein, das Zusammenspiel von spätem Jugendstil und beginnendem Art déco zum Ausdruck.

Lit.: Ausst. Kat. Orfèvrerie fantastique, Brüssel, 1977, Nr. 45.

Aus der Form der spätgotischen Akelei-Pokale ist der Körper dieser mit farbigen Emails geschmückten Kanne entwickelt

51 JUNGFERNBECHER

Wilhelm Weinranck, Hanau, 1954. Ratssilberschatz, Inv. Nr. 162 (B.-Verz. Nr. 160)

Silber, gegossen, getrieben, ziseliert, punziert, graviert. H. 30, ø Fuß 11 cm. Doppelbecher in Form einer Dame im Kostüm der Spätrenaissance, deren mit getriebenem Schweifwerk und Blütenzweigen verzierter Rock als Becher dient. Sie hält mit erhobenen Armen zwei flache gegossene Schweifwerk-Stäbe mit einem kleinen eingehängten drehbaren Becher, der einen Dekor aus Godronen und Akanthuslaub zeigt. Am unteren Rand des Rockes die gravierte Kursivinschrift: „Dem Senat der Freien und Hansestadt Hamburg gewidmet vom Stadtrat zu Nürnberg am 4. Juni 1954 Bärnreuther Oberbürgermeister.“ Marken: Reichsstempel: Halbmond und Krone / 800 / Meisterzeichen WWH in Herz / Beschau Hanau. Gestiftet 1954 vom Stadtrat zu Nürnberg.

Ein Scherztrinkgefäß in Form eines Sturzbechers. Der kleine drehbare Becher verblieb beim „Stürzen“ in aufrechter Lage. Waren beide Becher gefüllt, hatte der Herr, ohne einen Tropfen zu verschütten, den Rockbecher zu leeren und der Dame den kleinen Becher zu reichen. Nur zu gern griff der Historismus dieses reizvolle Gefäß der Spätrenaissance wieder auf.

Lit.: Teleskop, Hauszeitschrift der Vereinsbank in Hamburg, 4/66, S. 4, 5 mit Abb. – Hamburger Abendblatt v. 6.9.1995, S. 16, mit Abb. – von Bargen, 1995, S. 38, 43.

Kopfüb… „gestürzt“ besteht d… ses Scherzgefäß a… zwei Bechern: de… Rock der Jungfer u… dem drehbar aufg… hängten Faustbech… den sie hier hochh…

52 WEINKANNE

Brahmfeld & Gutruf, Hamburg, um 1905/1910. Ratssilberschatz, ohne Inv. Nr.

Die zinnernen Schleifkannen der alten Gilden und Zünfte dienten als Vorlage für diese Weinkanne

Silber, gegossen, getrieben, gedrückt, ziseliert, punziert. H. 46, ø des Fußes 20 cm. Nach unten ausschwingender, auf drei gedrückten Kugelfüßen stehender Gefäßkörper. Über dem Fußring und am Deckelrand je ein Rosenblütenfries. An Hals, Schnauze und Henkel Misteldekor. Auf dem Deckel großer Knospenknauf. Marken: GUTRUF / Modell-Nr. 48931 / Firmenemblem / 800 / Reichsstempel: Halbmond und Krone. Der Stifter unbekannt.

Die Kanne verbindet die Formen der dreifüßigen Schleifkannen aus Zinn, die vom Spätmittelalter bis ins 18. Jahrhundert vor allem zum Prunkgeschirr von Zünften und Innungen gehörten, und die der Schnabelstitze, eines Gefäßes mit nach unten ausschwingender Wandung. Diese Kombination beider Typen ist kennzeichnend für den Historismus; hier allerdings entsprechen Proportionen und Dekor dem Geschmack des Jugendstils.

Ein Schatz aus vielen Werkstätten

Der Silberschatz stammt aus den unterschiedlichsten Händen: Werkstätten und Künstler aus ganz Deutschland, selbst englische Kronjuweliere, haben daran gearbeitet

Es waren 21 Künstler, Handwerker und Manufakturen, die in unterschiedlichen Zeiten und Stilformen den Silberschatz schufen. Zwei Eigenschaften jedoch hatten sie alle gemeinsam: handwerkliches Können und Stilgefühl. Sie wirkten in Hannover wie Anton Georg Eberhard Bahlsen, waren Bildhauer in Berlin wie Reinhold Begas, Geschäftsgründer wie Carl Friedrich Wilhelm Buchwald in Lübeck. Oder wirkten als berühmte „Crown Jewellers" wie Robert Garrard in London. Viele von ihnen stammten aus Hamburg und setzten mit ihren Werken der Vaterstadt ein Denkmal: wie Johannes Karsten Bade, Johann Friedrich Brahmfeld und Johann Georg Dolle. Der berühmteste unter ihnen: Alexander Schönauer, der Senatsgoldschmied.

BADE, JOHANNES KARSTEN

Hamburg 29. 11. 1773 - 5. 4. 1825 Hamburg
Juwelier, Gold- und Silberschmied in Hamburg. Lernte 1788 bis 1793 bei August Gottfried Kühne, wurde am 8. 3. 1799 Hamburger Bürger und übernahm am 23. 4. 1799 ein Goldschmiedeamt. Bade heiratete am 23. 10. 1809 Charlotte Elisabeth Christiane von Lehrbach. Sein Geschäft am Jungfernstieg 102 wurde nach seinem Tod zunächst von der Witwe, dann von seinem 1810 geborenen Sohn Johannes weitergeführt. – Von J. K. Bade konnten 1985 (vgl. Goldschmiede Hamburgs) noch 16 erhaltene Arbeiten nachgewiesen werden, darunter vor allem Leuchter, Tee- und Sahnekannen, Gebäckkörbe und Spardosen.
Lit.: Goldschmiede Hamburgs, II, S. 468 - 470, Nr. 546.
Kat. Nr. 53, S. 135, 146

BAHLSEN, ANTON GEORG EBERHARD

Hannover 27. 9. 1781 - 25. 2. 1849 Hannover
Goldschmied in Hannover. Lernte bis etwa 1800/01 bei seinem Vater August Heinrich Wilhelm Bahlsen (1738 - 1824). Leistete am 1. 5. 1810 den Bürgereid als Goldschmiedeamtsmeister. Erhielt Ende August 1815 die Konzession zur Betreibung des Galanteriehandels. Heiratete am 27. 10. 1816. Führte mit seinem Bruder Heinrich August seit 1814 unter dem Titel „Gebr. Bahlsen" eine „Juwelier-, Gold- und Silberwarenhandlung", Holzmarkt 980, seit 1829 Brückstraße 927 (Calenberger-straße 31). 1836/37 Bezirksvorsteher, 1843 Aufgabe des Geschäftes, 1844 „Rentier".
Lit.: Scheffler, Niedersachsen, II, 1965, S. 742 - 745, Nr. 81.
Kat. Nr. 54, S. 146

BEGAS, REINHOLD

Berlin 15. 7. 1831 - 3. 8. 1911 Berlin
Bildhauer in Berlin. Schüler der Berliner Akademie unter L. Wichmann, G. Schadow und Chr. D. Rauch. Realisierte einen zum Neubarock tendierenden Idealstil. Begas schuf zahlreiche Monumentalwerke, Denkmäler, Bildnisstatuen und -büsten, vorwiegend in Berlin: Schillerdenkmal (1871), Denkmal Alexander

Weinlaub- u[...]
Traubendek[...]
war als Sinnbild v[...]
Lebensfreude u[...]
Wohlstand ein belie[...]
tes Schmuckmo[...]
der Biedermeierze[...]
Hier überspielt
den Sockel und d[...]
Körper der Vase v[...]
Johannes Karst[...]
Bade. Siehe S. 1[...]

von Humboldt (1883), Schloßbrunnen (1891), Nationaldenkmal Kaiser Wilhelms I. (1897), Bismarckdenkmal (1901).
Lit.: A.G. Meyer, Reinhold Begas, Künstler-Monographien, Band XX, Bielefeld und Leipzig 1901. – Thieme-Becker, Künstlerlexikon, 3, 1909, S. 183-187.
Kat. Nr. 63, S. 164-166

BIELENBERG, ERNST MARTIN WILHELM

Geb. Nienburg/Weser 7.11.1772
Goldschmied in Hamburg. Sohn des Nienburger Goldschmieds Johann Ernst Wilhelm Bielenberg (Scheffler, Niedersachsen, II, 1965, S. 952, Nr. 6). Wurde am 15.9.1797 Hamburger Bürger. Übernahm am 21.9.1797 das Amt Jochim Hinrich Rohdes; sein Nachfolger wurde am 6.5.1854 Matthias Wilhelm Brandt. Im Adreßbuch firmierte Bielenberg mit „Juwelen, Gold und Silber", Kibbeltwiet 60. In „Goldschmiede Hamburgs" werden 14 Arbeiten von ihm aufgeführt, darunter auch die Terrine des Hamburger Ratssilberschatzes.
Lit.: Scheffler, Niedersachsen, I, 1965, S. 620, Nr. 603. – Goldschmiede Hamburgs, II, S. 466-468, Nr. 544.
Kat. Nr. 38, S. 24, 107, 110

BOCK, ARTHUR

Geb. Leipzig 12.5.1875
Bildhauer in Hamburg. Schüler der Kunstgewerbeschule in Dresden und der Berliner Akademie. Bock lebte seit etwa 1900 in Hamburg. Dort schuf er u. a. die Grabmäler von Dr. Herschel und Dr. Scharlach. Im Kunstverein zeigte er 1908 eine große Skulptur „Zwei Menschen". 1937 entstand die Bronzebüste Wilhelm Gustloff.
Lit.: Thieme-Becker, Künstlerlexikon, 4, 1910, S. 157.
Kat. Nr. 65, S. 169

BRAHMFELD & GUTRUF

Juwelen-, Gold- und Silberwarenhandlung in Hamburg, Jungfernstieg 9. Das Unternehmen basiert auf der 1743 von dem Hamburger Gold- und Silberschmied Caspar Friedrich Brahmfeld gegründeten Werkstatt, die nach dessen Tod 1785 von dem Sohn Caspar Jacob Brahmfeld mit gleichem Erfolg weitergeführt wurde. Seit 1814 stand sie unter der Leitung von Johann Friedrich Brahmfeld (22.7.1814 Hamburger Bürger, 25.5.1816 Amtsmeister, gest. 26. 12. 1852 Hamburg), der auch zahlreiche auswärtige Kundschaft hinzugewann und Teile des Ratssilbers für den Hamburger Senat anfertigte. 1842 Aufnahme des Schwiegersohns Johann Georg Gutruf in das Geschäft, das seitdem als Brahmfeld & Gutruf firmiert und sich in der zweiten Hälfte des vorigen Jahrhunderts als eine der produktivsten und renommiertesten Hamburger Goldschmiedewerkstätten erwies. Gutruf kaufte als erster europäischer Juwelier Diamanten direkt in Südafrika ein. Durch diesen Diamanten-Handel wurden Brahmfeld & Gutruf auch international bekannt. In „Goldschmiede Hamburgs" werden 76 erhaltene Arbeiten aufgeführt.
Lit.: Scheffler, Niedersachsen, I, 1965, S. 629, Nr. 654, S. 661, Nr. 868 u. S. 662, Nr. 868 a. – Hamburger Abendblatt Nr. 254 v. 20.10.1968. – Ausst. Kat. Historismus, 1977, S. 445. – Goldschmiede Hamburgs, II, S. 481-489, Nr. 568.
Kat. Nr. 2, S. 25, 28; 6, S. 30; 41, S. 112-113; 52, S. 132; 55, S. 137, 147; 69, S. 174-175

BRAHMFELD, JOHANN FRIEDRICH

Gest. 26.12.1852 Hamburg
Goldschmied in Hamburg. Lernte 1804 bis 1809 und wurde 24jährig am 22.7.1814 als Gold- und Silberarbeiter Bürger. Am 24.5.1816 übernahm er das Amt seines Vaters und Lehrmeisters Caspar Jacob Brahmfeld; am 7.11.1864 wurde die Gerechtsame aufgehoben. Im Adreßbuch ist J.F. Brahmfeld seit 1829 als „Juwelen, Gold- und Silberwaaren und Medaillenhandlung" in der Johannisstraße 11, später in der ABC-Straße 55 eingetragen. 1842 trat Johann Georg Gutruf in das Geschäft ein. Seit 1852 erscheint die Firma im Adreßbuch als „Brahmfeld & Gutruf, Juwelen, Gold- und Silberwaaren", Jungfernstieg 6.
Lit.: Scheffler, Niedersachsen, I, 1965, S. 629, Nr. 654. – Goldschmiede Hamburgs, II, S. 481-489, Nr. 568.
Kat. Nr. 3 u. 4, S. 28

BUCHWALD, CARL FRIEDRICH WILHELM

Lübeck 3.10.1816-8.11.1898 Lübeck
Goldschmied in Lübeck. Buchwald wurde 1847 Meister und Lübecker Bürger. Er besaß die Bude Breite Straße 6. Sein später in die Hüxstraße 4 verlegtes Geschäft hat sein Sohn Max Buchwald bis nach 1927 weitergeführt.
Lit.: J. Warncke, Die Edelschmiedekunst in

Die Va
mit Schlange
henke
schuf die Hamburg
Firma ***Brahmfeld***
Gutruf nach dem V
bild einer antik
Amphora. Opule
wurde das Hamburg
Wappen auf d
spiegeln
Wandungsfläc
geset
Siehe S.1

Lübeck und ihre Meister, Lübeck 1927, S. 313, Nr. 643. – Björn R. und Marina Kommer, Lübecker Silber 1781-1871, Lübeck 1978, S. 54, Nr. 8.
Kat. Nr. 45, S. 119

COMYNS & SONS, WILLIAM

Silberwarenfabrik in London. Gegründet um 1859 und noch heute tätig. Bis 1869 hatte das Unternehmen seinen Sitz in 1 Percy News, Rathorne Place, danach bis 1878 in 16 Silver Street, Golden Square, Soho, schließlich bis 1916 in 41 – 47 Beak Street, Regent Street.
Lit.: John Culme, The Directory of Gold- & Silversmiths, Juwellers & Allied Traders 1838-1914. Antique Collectors Club, Woodbridge, Suffolk, 1987, I, S. 93.
Kat. Nr. 68, S. 173

DOLLE, JOHANN GEORG

Geb. Ulm 1720
Goldschmied in Hamburg. Wurde am 3.6.1746 als Goldarbeiter Bürger in Hamburg. Übernahm am 11.6.1746 das Amt Christoffer Hinrich Backes, das er am 13.7.1798 an Christian Arnold Hartrott übertrug. Sein Testament datiert vom 7.9.1801. „Goldschmiede Hamburgs" führt sechs Arbeiten von Dolle auf, darunter auch das Schreibzeug des Ratssilberschatzes.
Lit.: Scheffler, Niedersachsen, I, 1965, S. 573, Nr. 430. – Goldschmiede Hamburgs, II, S. 383, Nr. 432.
Kat. Nr. 29, S. 23, 91

GARRARD & CO. LTD

Goldschmiede in London, deren Unternehmen auf eine 1735 von George Wickers gegründete Goldschmiede-Werkstatt zurückgeht. 1796 wurde Robert Garrard I (1758-1818) Leiter der Firma. Seitdem war bis 1946 jeweils ein Mitglied der Familie Garrard Unternehmensleiter. Unter Robert Garrard II (1793-1881) erreichte die Firma als „Crown-Jewellers" in ihrer Branche eine dominierende Position in England. 1952 wurde Garrard & Co., unter Beibehaltung dieses Namens, von der Goldsmiths and Silversmiths Company übernommen.
Lit.: Ausst. Kat. Historismus, 1977, S. 457.
Kat. Nr. 35, S. 97, 100-101

GLADENBECK & SOHN

Bronzegießerei in Berlin. Gegründet um 1850 durch Hermann Gladenbeck (Berlin 24.1.1827-11.11.1918 Berlin) in der Münzstraße in Berlin, seit 1887 in Friedrichshagen bei Berlin etabliert, später weiterbetrieben mit dem ältesten Sohn Oskar unter dem Firmentitel „H. Gladenbeck & Sohn". 1892 schieden die Gladenbecks aus der neuen „Aktien-Gesellschaft vorm. H. Gladenbeck & Sohn" aus. Oskar gründete die „Oskar Gladenbeck G.m.b.H.", die vor allem kleinplastische Kunstwerke goß. Die jüngeren Gladenbeck-Söhne Walter (geb. 4.7. 1866) und Paul (geb. 30.1.1868) eröffneten eine eigene Fabrik in Friedrichshagen.
Aus der Gladenbeck-Bronzegießerei stammen zahlreiche Statuen und Denkmäler, u.a. die Kant-Statue für Königsberg (1856), die Victoria der Siegessäule, das Reiterdenkmal Friedrich Wilhelms IV. und das Kaiser-Wilhelm-Denkmal (1897) in Berlin.
Lit.: Thieme-Becker, Künstlerlexikon 14, 1921, S. 229.
Kat. Nr. 63, 64, 65, S. 164-169

Leuchter
von ***Jean Frédéric Godet*** und ***Esajas Carl Hoffmann***, Berlin. In Fortführung des Empirestils ist diese Arbeit charakteristisch für Berliner Silber des Klassizismus. Siehe S. 147

GODET, JEAN FRÉDÉRIC

Berlin 14.9.1798-25.5.1860 Berlin
Goldschmied in Berlin. Lernte 1814-1816 bei C. L. Kraus. Nach dem Tode seines Vaters J. J. Godet (7.12.1817) übernahm er dessen

Geschäft und wurde am 28.7.1821 Amtsmeister. Er heiratete am 8.10.1821 Anne Julie Le Comte aus Berlin. 1824 Juwelier in Firma J. Godet u. Sohn, Schloßfreiheit 4; 1828 Hofjuwelier. Von seinen Arbeiten sind Pokale, Vasen, eine Abendmahlskanne, Leuchter, Becher und Löffel erhalten.
Lit.: Scheffler, Berlin, 1968, S. 418-420, Nr. 1798.
Kat. Nr. 56, S. 138, 147

GUTRUF, JOHANN GEORG

Gest. 1884 Hamburg
Goldschmied in Hamburg. Trat 1842 in die Firma seines Schwiegervaters Johann Friedrich Brahmfeld ein, die seit dem Tode Brahmfelds (1852) als „Brahmfeld & Gutruf, Juwelen, Gold- und Silberwaaren", Jungfernstieg 6, im Adreßbuch steht. Am 25.5.1850 übernahm Gutruf das Amt des Ernst Jacob Hagemann; 1864 wird die Gerechtsame aufgehoben. Als erster europäischer Juwelier kaufte Gutruf Diamanten direkt in Südafrika und führte sie nach Europa ein (Hamburger Fremdenblatt 1943). Dadurch wurden Brahmfeld & Gutruf auch international bekannt.
Lit.: Scheffler, Niedersachsen, I, 1965, S. 661, Nr. 868. – Goldschmiede Hamburgs, II, S. 533, Nr. 659.
Siehe Brahmfeld & Gutruf

HEMING & CO. LTD

Silberwarenfabrik in London. Gegründet um 1890 von Joseph Heming, 28 Conduit Street, Regent Street: Joseph Heming & Co. (1890-1912). Nach Ausscheiden von Joseph Heming im Jahre 1904 wurde das Unternehmen von seinen Co.-Partnern George Booth Heming und Samuel Hook Patridge weitergeführt, seit 1912 (bis 1981) als Heming & Co. LTD. 1981 erfolgte eine Vereinigung mit der Exeter Silberfirma William Bruford & Son Ltd zu Brufod & Heming LTD.
Lit.: John Culme, The Directory of Gold- & Silversmiths, Jewellers & Allied Traders 1838-1914. Antique Collectors Club, Woodbridge, Suffolk 1987, I, S. 226; II, S. 132, Marken 7022-7029.
Kat. Nr. 33, S. 87, 94

HOFFMANN, ESAJAS CARL

Braunschweig um 1749-20.3.1813 Berlin
Goldschmied in Berlin. Lernte bei seinem Vater, dem Braunschweiger Goldschmied Johann Caspar Hoffmann (Meister 1745). E. C. Hoffmann wurde am 8.11.1781 Berliner Amtsmeister. Am 3.11.1782 heiratete er die Berliner Schneiderstochter Sophia Charlotta Müller. 1783 wurde er Berliner Bürger. Er starb im Alter von 64 Jahren. Scheffler zählt etwa 30 Arbeiten von ihm auf, vor allem Leuchter und Girandolen.
Lit.: Scheffler, Berlin, 1968, S. 243-246, Nr. 1232.
Kat. Nr. 56, S. 138, 147

HOLTZMANN, HERMANN

Goldschmied in Hamburg, tätig in den 1890er Jahren. Vielleicht war er ein Nachfolger des Hamburger Goldschmieds Johann Friedrich Holtzmann (geb. 1813, Concessionist seit 1839, erhielt 1849 ein Goldschmiedeamt, 1864 noch tätig). Unter dem Firmentitel „Jörns Holtzmann et Co." betrieb J. F. Holtzmann ein Juwelier-Geschäft „Alter Jungfernstieg No. 7".
Lit.: Goldschmiede Hamburgs, II, S. 530, Nr. 651.
Kat. Nr. 71, S. 155, 179

KOCH & BERGFELD

Silbermanufaktur in Bremen. 1829 als Werkstatt des Goldschmiedes Gottfried Koch gegründet. Der Steinschneider Ludwig Bergfeld wird 1834 Teilhaber. 1865 übernimmt mit Ludwig und Georg Koch sowie mit Gottfried und Georg Bergfeld die zweite Generation den Betrieb. Die noch heute bestehende Firma am Kirchweg 200 in Bremen war vor allem in ihrer Korpuswarenproduktion von Rang. Hauptabnehmer war das europäische Ausland, die wichtigsten Kunden saßen im zaristischen Rußland, darunter die Firma Fabergé in St. Petersburg. Von der Jahrhundertwende an zunehmend bedeutende Besteckwarenherstellung.
Lit.: Gewerbeblatt 1878, Taf. 25.- Gewerbehalle 1879, Taf. 13.- Scheffler, Niedersachsen, 1965, S. 213, Nr. 1962, S. 220, Nr. 220.- Ausst.-Kat. Historismus, 1977, S. 466. - Carl-Wolfgang Schümann, Silber aus Bremen – 150 Jahre Tafelbesteck von Koch & Bergfeld zu Bremen, Köln 1979.
Kat. Nr. 5, S. 26, 30, 31; 42, S. 112

PETERS, FRIEDRICH

Geb. Itzehoe 26.9.1812
Goldschmied in Hamburg. Wurde am 26.3. 1841 als Juwelier und Goldarbeiter Bürger in Hamburg; übernahm am 1.4.1841 das Goldschmiedeamt des Heinrich Anthon Schauenburg. Führte als „Schauenburg Nachf." bis

„Gotischer Pokal"
aus der Silberwarenfabrik ***J. D. Schleissner & Söhne***. Die komplizierte Treibarbeit in Buckelform ist von Pokalen des frühen 17. Jahrhunderts übernommen. Die gestreckte Gestalt entspricht dem Formgefühl des Jugendstils. Siehe S. 150

1877 eine Juwelen-, Gold- und Silberwarenhandlung. Seine Arbeiten fallen durch originellen Neubarock- und Neurokokodekor auf; in den 1860er Jahren verwendete Peters mit Vorliebe naturalistisch geformte Zweige als Henkel und Tüllen von Gefäßen.
Lit.: Scheffler, Niedersachsen, I, 1965, S. 659, Nr. 845. – Ausst. Kat. Historismus, 1977, S. 479. – Goldschmiede Hamburgs, II, S. 524 f., Nr. 638.
Kat. Nr. 40, S. 111

ROTHAER I., LEONHARD

Gest. Ende 1698 Hamburg
Goldschmied in Hamburg. Übernahm am 25.2.1671 das Amt des Christoff Funcke I; Nachfolger wurde nach seinem Tod der von ihm ausgebildete Johann Wilhelm Heumann am 22.7.1699.
Rothaer war Ältermann vom 15.11.1688 bis zu seinem Tod 1698. Er gilt als einer der begabtesten Goldschmiede Hamburgs in der Barockzeit. Von ihm sind mehr als sechzig Arbeiten erhalten, darunter zahlreiche Werke in der Rüstkammer des Kremls in Moskau.
Lit.: Scheffler, Niedersachsen, I, 1965, S. 498-500, Nr. 214. – Goldschmiede Hamburgs, II, S. 221-230, Nr. 262.
Kat. Nr. 1, S. 20, 21

SCHLEISSNER, J.D. & SÖHNE

Silberwarenfabrik in Hanau. 1816/17 etablierte sich der Augsburger Silberschmied Johann Daniel Christian Schleissner (1793-1862) in Hanau; 1824 wurde er Hanauer Bürger. „Schleissner erhält bedeutende Aufträge, vor allem für die kurfürstliche Silberkammer in Schloß Philippsruh; ihm ist der Aufstieg der Hanauer Silberwarenindustrie zu danken." 1861 übernahmen die Söhne August (1825-1891) und Louis (1831-1868) die Führung des Betriebes unter dem Firmentitel J. D. Schleissner & Söhne. August Schleissner hatte vorher in Paris, Stuttgart, Antwerpen und New York (1854-1860) als Silberschmied, Ziseleur und Genremaler gearbeitet; er kehrte am 31.1. 1861 nach Hanau zurück. Das Unternehmen blieb bis heute in Familienbesitz, seit 1957 vereinigt mit der 1888 gegründeten Firma Karl Söhnlein Söhne. J. D. Schleissner & Söhne fertigten 1876 die prunkvolle Kassette zum Hanauer Ehrenbürgerbrief für den Fürsten Bismarck (im Bismarck-Museum in Friedrichsruh). Auf den Ausstellungen in München 1888 und Chigaco 1893 war die Firma vor allem mit Nachschöpfungen alter Renaissancearbeiten (Schiff, Pokal, Kanne, Hanauer Ratsbecher) vertreten.
Lit.: Thieme-Becker, Künstlerlexikon, 30, 1936, S. 103. – Scheffler, Hessen, 1976, S. 523 – 530, Nr. 465-467. – Ausst. Kat. Historismus, 1977, S. 487.
Kat. Nr. 58, S. 140, 150

SCHÖNAUER, ALEXANDER

München 20.3.1871-4.3.1955 Hamburg
Goldschmied in Hamburg. Bereits mit 14 1/2 Jahren war Schönauer Lehrling im Meisteratelier von Fritz von Miller in München, dem er nach seiner Gehilfenprüfung 1889 (für seine Prüfungsarbeit erhielt er den ersten Preis des Bayerischen Kunstvereins) noch weitere fünf Jahre angehörte. Seine Bekanntschaft mit der aus Hamburg stammenden Porträtmalerin Anna Rauch (Tochter des Hamburger Buchbinders Wilhelm Rauch und seit 1897 Schönauers Frau) veranlaßten ihn nach Studienaufenthalten in Paris, Brüssel, Amsterdam, Antwerpen und Brügge und nach Rücksprache mit Prof. Justus Brinckmann 1895, nach Hamburg zu übersiedeln und sich dort eine eigene Werkstatt einzurichten. Als erste größere und für seine Zukunft mitentscheidende Arbeit führte Schönauer 1895/96 den Straußeneipokal für Geheimrat Heye aus. Bereits in einer Versammlung des Kunstgewerbevereins am 16.12.1895 besprach Justus Brinckmann die dort ausgestellten Goldschmiedearbeiten des „Ciseleurs" Alexander Schönauer. Der Bericht vermerkt hierzu, daß sie „von einem hiesigen Künstler im Münchener Geschmack" ausgeführt worden seien.
Bereits 1897 gab der Hamburger Senat Schönauer den Pokal für die „Kaiserregatta" in Auftrag. So wurde Schönauer dank seiner hervorragenden technischen Fähigkeiten und reichen künstlerischen Phantasie der Schöpfer des neuen Ratssilbers, für das alle Mitglieder des Senats eine Arbeit stifteten. Schönauer wurde dafür zum Senatsgoldschmied der Freien und Hansestadt Hamburg ernannt. 1900 wurde er zum Mitglied der Verwaltung des Museums für Kunst und Gewerbe und zum Mitglied der gewerblichen und künstlerischen Sachverständigenkammer berufen. Auf der Pariser Weltausstellung 1900 erhielt Schönauer für seine modernen Arbeiten eine Goldmedaille. Sie demonstrierten auch auf der Turiner

Ausstellung von 1902 die Vielfalt seines künstlerischen Schaffens. Von 1906 bis 1934, seit 1912 als Professor, leitete Schönauer die Metall- und Goldschmiedeklasse an der Hamburger Landeskunstschule (jetzt Hochschule für bildende Künste). Anläßlich seines 60. Geburtstags veranstaltete das Museum für Kunst und Gewerbe im März 1931 eine Ausstellung von Goldschmiedearbeiten Schönauers, „ein Werk von erstaunlicher Vielfalt, Opulenz und Feinheit, die Frucht eines begeisterten und hingebungsvollen Wirkens", wie ein Hamburger Berichterstatter betonte. Am 1. Oktober 1945 verlieh die Gesellschaft für Goldschmiedekunst Schönauer den Goldenen Ehrenring. Eine Sonderausstellung des Hamburger Ratssilbers 1951 in Planten un Blomen anläßlich des 80. Geburtstags seines Schöpfers zog 100 000 Besucher an. In dem umfangreichen Lebenswerk dieses hervorragenden Künstlers wird deutlich, wie stark der Historismus des 19. Jahrhunderts, der seine Ausgangsbasis war, bei allem Zeit- und Stilwandel noch nachgewirkt hat.

Lit.: Kunstgewerbeblatt NF 7, 1896, S. 74; 8, 1897, S. 154 f.; 12, 1902, S. 236, 237 u. 243; 13, 1903, S. 8-10; 17, 1906, S. 202-204. – Kunst und Handwerk 52, 1901/02, S. 220 f.; 63, 1912/13, S. 381. – Deutsche Kunst und Dekoration XXII, 1908, S. 66. – Jahrbuch der Hamburger wissenschaftlichen Anstalten, 27, 1909, S. 653. – Kunstkalender Schleswig-Holstein 1912, S. 10 f. – Thieme-Becker, Künstlerlexikon, 30, 1936, S. 222. – Alexander Schönauer, Mein Lebenslauf (eigenhändig geschriebenes Manuskript im Besitz der Tochter, Frau Gertrud Schönauer, Hamburg). – Konrad Hüseler, Alexander Schönauer, sein Leben und sein Werk, Hamburg 1946 (Manuskript in Maschinenschrift, Kopie im Museum für Kunst und Gewerbe). – Ausst. Kat. Historismus, 1977, S. 489. – Goldschmiede Hamburgs, I, S. 113-116 u. 218-226.

Kat. Nr. 7-18, S. 32-55; 27-28, S. 84-85; 36-37, S. 102-105; 39, S. 110; 43, S. 114-117; 46, S. 121, 126-127; 48-49, S. 129-130; 66-67, S. 170-172; 70, S. 176-178

SCHOTT, WALTER

Ilsenburg/Harz 18.9.1861 - Oktober 1938 Berlin

Bildhauer in Berlin. Schüler der Berliner Akademie unter C. Dopmeyer und F. Schaper. Schuf Denkmäler, Statuen und Porträtbüsten sowie Bauplastik, vorwiegend für Berlin. Populär wurde seine auf der Dresdner Kunstausstellung von 1897 gezeigte „Kugelspielerin", deren Modell die Meissener Manufaktur in Porzellan ausformte.

Lit.: Thieme-Becker, Künstlerlexikon, 30, 1936, S. 268.

Kat. Nr. 64, S. 167-168

SCHÜTTE, PAULUS

Gest. 1725 Hamburg

Goldschmied in Hamburg. Übernahm am 17.4.1656 ein Hamburger Goldschmiedeamt und wurde am 18.4.1656 Auswärtiger Bürger in Hamburg. Das am 18.6.1676 übernommene Amt des Ältermanns gab er wegen Erkrankung am 30.9.1712 ab. Von Schütte, einem der tüchtigsten Goldschmiede Hamburgs in der Barockzeit, sind noch 24 Arbeiten nachweisbar, darunter Weinkanne, Humpen und Becher, Schüssel und Löffel sowie kirchliches Silber. In der Rüstkammer des Moskauer Kremls wird eine Branntweinschale von Schütte bewahrt.

Lit.: Goldschmiede Hamburgs, II, S. 178-182, Nr. 227.

Kat. Nr. 30, S. 22, 92

SEMPER, GOTTFRIED

Altona 29.11.1803-15.5.1879 Rom

Architekt. Nach Besuch des Johanneums in Hamburg Studium in Göttingen (1823-1825), zunächst Jura, dann Mathematik; Entschluß, Architekt zu werden. Von Gärtner in München klassizistisch beeinflußt; weitere Ausbildung bei Fr. Chr. Gau in Paris, 1830-1833 Reisen nach Italien (Rom) und Griechenland, über Zürich nach Hamburg zurück. Sempers im Süden erhaltene Eindrücke wurden bestimmend für seine Einstellung zur italienischen Renaissance-Architektur. 1834 als Professor an die Akademie in Dresden berufen; erbaute dort das Hoftheater (1838-1841), durch das er berühmt wurde. 1844 Teilnahme am Wettbewerb für den Wiederaufbau der Hamburger Nikolaikirche. Sein für den ersten Preis vorgesehener Entwurf wurde jedoch von der Kirchenbaukommission abgelehnt, da er einen Zentralbau im Renaissancestil vorsah. In Dresden hatte er mit dem Bau der Gemälde-Galerie begonnen und damit die städtebauliche Einordnung des Zwingers entschieden, als er wegen seiner Teilnahme am Maiaufstand 1849 fliehen mußte und steckbrieflich verfolgt wurde. Er begab sich zuerst nach Paris (1849-1851), dann nach London, wo er sich als Berater des Prinzgemahls Albert an den Vorbereitungen zur Weltausstellung 1851 beteiligte, 1852 sein Werk über „Wissenschaft, Industrie und Kunst" herausgab und an der Errichtung des South-Kensington-Museums (heute Victoria & Albert Museum) mitwirkte. Von 1855-1871 Professor am Polytechnikum in Zürich (das Gebäude 1859-1865 nach Sempers Entwurf errichtet), außerdem Vorstand der Bauschule. Bau des Stadthauses in Winterthur. 1871 nach Wien berufen, wo er den Neubauflügel der Hofburg, das Burgtheater und die beiden Museen der Burg gegenüber entwarf. Das von ihm für Wagner in München entworfene Festspielhaus „wurde in Bayreuth nur barackenartig und ohne seine Mitwirkung errichtet". Seit 1871 lebte Semper in Italien. Sempers Ideal war nicht mehr die Antike, sondern die Renaissance. Er hinterließ ein „architektonisches Werk, das bei jedem Bau mit Tradition und Nachwirkung auf das Dichteste zusammenhing und das in der Mitte des 19. Jahrhunderts das Beste bedeutete, was gebaut wurde" (Evers). Mit seiner Schrift „Der Stil in den technischen und tektonischen Künsten" (2 Bände, 1860/63 und 1878/79) übte er nachhaltige Wirkung auf die Kunstanschauung seiner Zeit aus. An kunstgewerblichen Arbeiten schuf Semper: sämtliche Geräte für die Dresdener Synagoge 1840, einen silbernen Deckelpokal für die Dresdener Bürgergarde 1841, Vasen für die Porzellan-Manufaktur Meissen 1835 und 1849, eine Prunkvase für Sèvres 1850, einen silbernen Tafelaufsatz für seinen Bruder Karl in Altona um 1851, den Prunkleichenwagen für den Herzog von Wellington 1852, eine Erinnerungsmedaille zur Gesamtaufführung des Rings, Bayreuth 1876. Noch zu Sempers Lebzeiten wurde sein Bildnis den Porträtmedaillons am 1877 eröffneten Hamburger Museum für Kunst und Gewerbe eingereiht, „weil sein Name, bedeutsamer als irgend ein anderer der Gleichstrebenden, für ein kunstgewerbliches Museum ein Programm bedeutet (Festschrift zur Eröffnung 1877, S. 30).

Lit.: Thieme-Becker, Künstlerlexikon, 30, 1936, S. 488 f. – H.G. Evers, Vom Historismus zum Funktionalismus, Kunst der Welt, Serie 5, Zürich 1967. – Ausst. Kat. Historismus, 1977, S. 492 f. – Gottfried Semper zum 100. Todestag, Ausstellungskatalog der Staatlichen Kunstsammlungen Dresden, 1979. – Goldschmiede Hamburgs, I, S. 116 u. 222.

Kat. Nr. 8, S. 25-27, 35

SY & WAGNER

Gold-, Silber- und Plattierwarenfabrik in Berlin. Gegründet 1851/52 von dem Kaufmann (späteren Kommerzienrat) François Louis Jérémie Sy (1827-1881) und dem Goldschmied Emil August Albrecht Wagner (geb. 1826, etabliert 1851, Hofgoldschmied 1856, gest. nach 1886). Nach dem Tode des Goldschmieds Johann George Hossauer (1794-1874), des Lehrherrn von A. Wagner, traten Sy & Wagner auch die Nachfolge Hossauers an. Späterer Inhaber war der Hofgoldschmied Alfred Louis Jérémie Sy (geb. 1862). Die Firma Sy & Wagner kann als eine der leistungsfähigsten Silberwarenfabriken Berlins gelten. Auf den Weltausstellungen 1862 in London und 1867 in Paris zeigte sie hervorragende Silberarbeiten (Rapport 1867, S. 76: „vertritt Preußen bemerkenswert gut"). Auf der Berliner Gewerbeausstellung 1879 bot sie galvanoplastische Nachbildungen des Lüneburger Ratssilbers an (Bildhauer Zacharias, Ciseleur Carl Franz).

Lit.: Scheffler, Berlin, 1968, S. 566 – 569, Nr. 2286 u. 2287. – Ausst. Kat. Historismus, 1977, S. 497.

Kat. Nr. 19, S. 55, 62, 63; 25, S. 81

VOLLGOLD, GEBR.

Silberwarenfabrik und Prägeanstalt in Berlin. Gegründet 1838 von Christoph David Vollgold (1775-1859) und seinem Sohn Franz Gustav David Vollgold (geb. 1810, 1867 Kommerzienrat). Firmentitel: D. Vollgold & Sohn. Nach dem Tode von C. D. Vollgold war seit 1860 Adolf Gustav Julius Vollgold (geb. 1819) Mitinhaber. Firmentitel: Gebr. Vollgold. Nach 1892 ging das Unternehmen an Koch & Bergfeld in Bremen über. Die Firma Vollgold schuf bevorzugt silberne Prunkgefäße und Ehrengeschenke.

Lit.: Scheffler, Berlin, 1968, S. 501, Nr. 2032a.

Kat. Nr. 57, S. 24, 148-149

WAGNER, JOHANN & SOHN

Goldschmiede in Berlin. Jean Adam Wagner (Steinau um 1761-8.2.1840 Berlin) heiratete 1789 in Berlin, wurde am 16.7.1793 Amtsmeister, war 1817/18 als „Byotier" Deputierter des Amtes, wohnte 1838 als Hofjuwelier in Treptow. Sein Sohn Johann Carl Edouard Wagner (Berlin 2.5.1798-30.9.1873) lernte 1814-1818 bei seinem Vater, heiratete 1823 als „Jouailler", wurde am 24.10.1825 als „Bijoutier" Amtsmeister, 1828-1850 Hofjuwelier: Firma Johann Wagner und Sohn.

Sein Sohn August Albert Wagner (Berlin 30.4.1826-nach 1886) lernte 1842-1846 bei Joh. George Hossauer, etablierte sich 1851; 1856 Hofgoldschmied, akademischer Künstler, Inhaber einer Gold-, Silber- und Plattierwarenfabrik, Kronenstraße 28. Am 17.1.1859 trat er dem Goldschmiedeamt bei. 1851/52 Mitbegründer der Firma Sy & Wagner.
Lit.: Scheffler, Berlin, 1968, S. 426, Nr. 1819a.
Kat. Nr. 59, S. 145, 150

WEINRANCK, WILHELM

Silberschmiedewerkstatt in Hanau. 1899 hervorgegangen aus der 1889 von Wilhelm Weinranck und Fritz Schmidt gegründeten Silberwarenfabrik Weinranck & Schmidt, Friedrichstraße 26 in Hanau. 1950 wurde das Unternehmen Weinranck in eine GmbH umgewandelt, die 1967 noch existierte. Weinranck fertigte „Gebrauchs- und Luxus-Gegenstände moderner feinerer und antiker Genre" (Abendmahlskannen, Service, Toilettengarnitur im Barockstil).
Lit.: Scheffler, Hessen, 1976, S. 538 f., Nr. 71/471a.
Kat. Nr. 51, S. 132, 133

WIESE, JOHANN FRIEDRICH

Goldschmied in Hamburg. Lernte 1721-1726 bei seinem Vater Johann Wiese (tätig 1707-1743). Wurde am 11.10.1743 Hamburger Bürger und übernahm am 31.10.1743 das Goldschmiedeamt seines Vaters. Sein Nachfolger wurde am 15.5.1752 Johann Hinrich Tiedemann II. In „Goldschmiede Hamburgs" werden zehn erhaltene Arbeiten von Wiese aufgeführt, vor allem Leuchter und Salzfässer sowie kirchliches Silber.
Lit.: Goldschmiede Hamburgs, II, S. 377 f., Nr. 427.
Kat. Nr. 60, S. 151

WILHELMI, AUGUST ANTON HEINRICH

Blankenburg (Harz) 1747-15.8.1820 Hamburg
Goldschmied in Hamburg. Lernte 1762-1769 bei Friedrich Ludwig Müller in Braunschweig (Scheffler, Niedersachsen, I, 1965, S. 121, Nr. 494). Am 29.5.1778 wurde er als Silberarbeiter Bürger in Hamburg. Er übernahm am 6.8.1778 das Amt des Joachim Hinrich Barckhan I; sein Nachfolger wurde am 5.6.1821 Johann Georg Friedrich Wage. 1804 nahm Wilhelmi seinen Sohn Cornelius Friedrich August in die Lehre. Im Adreßbuch wird Wilhelmi als Gold- und Silberarbeiter, später auch als Juwelenarbeiter am Gänsemarkt aufgeführt. In „Goldschmiede Hamburgs" sind mit dem Säulenmonument (Kat. Nr. 61) fünf Arbeiten von ihm erwähnt sowie kleinere Objekte wie Knöpfe und Schnallen.
Lit.: Scheffler, Niedersachsen, I, 1965, S. 601 f., Nr. 531. – Goldschmiede Hamburgs, II, S. 438, Nr. 504.
Kat. Nr. 61, S. 152, 153

WILKENS, M.H. & SÖHNE

Silberwarenfabrik in Bremen. Gegründet 1810 von Martin Heinrich Wilkens (Bremen 21.11.1782-8.5.1869). Dieser hatte 1800-1805 bei dem Bremer Goldschmied Johan Hinrich Rönneberg gelernt und wurde nach Wanderjahren (Berlin, Paris) 1810 Meister in Bremen; 1819 und 1821 war er Ältester. Sein Betrieb führte von 1840-1859 die Prägung sämtlicher Silbermünzen für den Bremer Senat aus. Wegen Zollschwierigkeiten – Bremen gehörte damals noch nicht zum Zollverein – wurde das Unternehmen 1859 in das seinerzeit hannoversche Hemelingen verlagert; es entwickelte sich dort von der reinen Silberschmiede allmählich zur Fabrik, die später von den Söhnen Diedrich (Bremen 1811-1876), Karl Philipp (Bremen 1813-1874; vor allem als Medailleur tätig) und Friedrich Wilhelm (Bremen 1823-1895; Kommerzienrat) weitergeführt wurde. Um 1900 beschäftigte die Fabrik 300 Arbeiter. Zuletzt unter der Leitung von Martin Heinrich Wilkens (bis 1962) und seinem Sohn Helmut Wilkens. Schon die Silberarbeiten des Firmengründers überzeugen durch ihr künstlerisches Konzept, durch Harmonie, Präzision und Modernität. Durch frühzeitigen Einsatz mechanischer Hilfsmittel und Fertigungsmethoden bei andauernder künstlerischer Qualität erzielte das Unternehmen große Erfolge auf Messen. Es belieferte die bedeutendsten europäischen Fürstenhöfe bis hin zum russischen Zarenhof. Ein Schwergewicht lag bei der Produktion von Bestecken und Tafelgerät. Die Hamburger Niederlage entstand 1883, Alter Jungfernstieg 27.
Lit.: Thieme-Becker, Künstlerlexikon, 36, 1947, S. 3. – Scheffler, Niedersachsen, I, 1965, S. 205-207, Nr. 171; S. 215, Nr. 198a; S. 216 f., Nr. 204 b; S. 219, Nr. 217a. – Ausst. Kat. Historismus, 1977, S. 503.
Kat. Nr. 23, S. 67; 24, S. 69, 80; 26, S. 27, 82-83; 32, S. 94; 34, S. 95; 44-45, S. 118-119; 47, S. 126, 128; 50, S. 131

Der Doppelhenkelpok
von ***J. Wagner un Sohn*** präsentiert sic in imposanter Größ Die Oberfläche ist vo Blattmotiven eing faßt und schimme im Kontrast mattiert und polierter Fläche Siehe S.15

Der freien und Hansestadt Hamburg
der Praeses der Rathhausbau=Commission
Bürgermeister Lehmann Dr.
Zum 26. October 1897.

53 VASE MIT WEINLAUB

Johannes Karsten Bade, Hamburg, um 1820. Ratssilberschatz, ohne Inv. Nr.

Silber, gegossen, getrieben, ziseliert. H. 40, ø 25 cm. Gestufter quadratischer Sockel auf vier Kugelfüßen; darauf eine zylindrische Basis, deren Wandung in zwei Reihen mit Weinlaub und Trauben durchbrochen gearbeitet ist. Als Bekrönung eine urnenartige Vase mit umlaufendem Akanthusfries am Fuß und durchbrochenen Weinranken am Baluster. Als Abschlußkranz Gehänge aus Lorbeerblättern und Früchten. Auf dem Stufensockel zweimal das gravierte ligierte Monogramm GJCD. Marken: Beschau Hamburg mit T (1811-1828) / BADE. Unbekannter Stifter.

■ Weinlaub war als Symbol für Lebensfreude und Wohlstand ein bevorzugter Dekor für Kunst und Kunstgewerbe der Biedermeierzeit. Gegossen konnte der Goldschmied die Weinreben geschickt als Durchbrucharbeit bei der Verzierung seiner Vase verwenden. Dem fülligen Gefäß verleihen sie zugleich Auflockerung und optische Leichtigkeit.

■ ***Abb. auf S.135***

54 LEUCHTER-PAAR

Anton Georg Eberhard Bahlsen, Hannover, um 1825/30. Ratssilberschatz, ohne Inv. Nr.

Silber, getrieben. H. 26,5, Fuß 13,3 x 13,3 cm. Auf quadratischer Plinthe der von einem Blattfries gerahmte Rundfuß. Am Schaftansatz je ein Fries von hängenden und steigenden Blättern. Der Schaft leicht konisch, mit einem Abschlußkragen aus 20 Wulsten. Vasenförmige Tülle. Marken: 13 LT / nach links laufender Löwe in Rechteck / BAHLSEN in Rechteck. Unbekannter Stifter.

■ Im Biedermeier wurden Kerzenleuchter vielfach variiert, aber stets noch an einem klassizistischen Formenkanon ausgerichtet. Dazu gehört auch, wie es der hannoversche Goldschmied vorbildlich praktizierte, daß Fuß, Schaftansatz und Tülle durch Dekorakzente betont werden. In der Wahl der Motive steigert er sich von einem flachen Blattfries um den Rundfuß über üppigere hängende und steigende Blätter am Schaftansatz bis zu dem breiten Wulstkragen, der den Schaft wie ein Kapitell abschließt und die Tülle blütenartig freistellt.

Am klassischen Formenkanon in der Betonung von Fuß, Schaftansatz und Tülle durch Dekorakzente orientierte sich der hannoversche Goldschmied ***Anton Georg Eberhard Bahlsen*** bei diesem Leuchterpaar

Die Schlange am Henkel ebenso wie die Gestalt der Vase von ***Brahmfeld & Gutruf*** stammt als Motiv aus dem Formenschatz der Antike, ist hier jedoch im Stil des 19. Jahrhunderts als Schmuckelement eingesetzt

55 VASE MIT SCHLANGENHENKELN

Brahmfeld & Gutruf, Hamburg, 1859. Ratssilberschatz, Inv. Nr. 36 (B.-Verz. Nr. 46)

Silber, gegossen, getrieben, ziseliert, punziert, graviert. H. 53, B. (mit Henkeln) 34 cm. Amphorenförmiges Gefäß mit zwei gegenständigen Henkeln, die im unteren Teil als schuppige, sich ringelnde Schlangenleiber mit naturalistisch geformten Köpfen auslaufen. Unterschiedlich große Perlstäbe am Fußring und am Halsansatz. Palmettenfriese um den Gefäßkörper und den Lippenrand, der Halsring von Efeumuster bedeckt. Auf der Wandung das Relief des löwengehaltenen Hamburger Wappens sowie die im Blattkranz gravierte Inschrift: „SEINEM ÄLTESTEN SECRETARIUS HERRN JOHANN HERMANN HEISE DR.B.R. IN EHRENDER ANERKENNUNG SEINER FÜNFZIGJÄHRIGEN TREUEN AMTSFÜHRUNG DER SENAT VON HAMBURG AM 26TEN JUNI 1859". Marken: B & G (Brahmfeld & Gutruf)/ Hamburger Beschau mit B (=1829-1857).

Gestiftet 1902, vermutlich von der Familie, aus der der Beschenkte Johann Hermann Heise (Hamburg 1778-1861), Senatssekretär von 1809 bis 1859, stammte.

Die Vorliebe für den „griechischen Stil" war vom Klassizismus an während des gesamten 19. Jahrhunderts lebendig und prägt auch diese Vase, die auf die antike Halsamphora zurückgeht, wenn auch in der Umsetzung, etwa der geschwungenen Balusterform, durchaus Abweichungen von den Vorbildern zu erkennen sind. Die Dekore, insbesondere die Schlangenhenkel, aber auch die Blattmotive, sind antikisierend, doch in freier Umwandlung der Vorlagen eingesetzt.

Lit.: Ausst. Kat. Historismus, 1977, Nr. 108. – Die Goldschmiede Hamburgs, I, S.113; II, S. 485, Nr. 568, 37.

Abb. auf S.137

56 LEUCHTER-PAAR

Esajas Carl Hoffmann und Jean Frédéric Godet, Berlin, um 1825/30. Ratssilberschatz, ohne Inv. Nr.

Silber, getrieben, ziseliert. H. 29, Fuß 10,2 x 10,2 cm. Auf quadratischer Plinthe die schräg ansteigende Rundbasis mit umlaufendem Blattfries. Am Ansatz des sich nach oben leicht verjüngenden Schaftes breiter Sockel mit herabhängenden Blättern und schmalerem Fries aus steigenden Blättern. Kapitell aus 22 Wulsten gebildet. Vasenförmige Tülle. Marken: E. C. H. in Rechteck / A in Rundfeld (1821-1841) / Tremulierstrich / aufgerichteter Bär mit K in Rundfeld (1821-1850) / GODET in Rechteck.

Unbekannter Stifter. Den Stempeln nach stammen die Entwürfe für die Leuchter von dem Berliner Goldschmied Esajas Carl Hoffmann (†1813); offenbar wurden sie aber erst von seinem Sohn Carl Heinrich Hoffmann (1784-nach 1840) für Jean Frédéric Godet gefertigt. Auch die Berliner Kontrollstempel datieren das Leuchterpaar in die Zeit nach dem Tod von E.C. Hoffmann. Für die Zusammenarbeit von Hoffmann und Godet gerade bei diesem Leuchtertyp existieren in Berlin weitere Beispiele.

Durch den hohen Rundsockel, die deutlich abgesetzten Blattfriese am Schaftansatz und das dominierende Riefen-Kapitell präsentieren die Leuchter eine das Empire bewahrende, preußische Würde. Alle Dekorelemente sind streng geordnet und in eine konsequente Abfolge gebracht, so daß die Leuchter ebenso festlich wie platzbestimmend wirken.

Vgl. Scheffler, Berlin, 1968, S. 243-246, Nr. 1232/p und q sowie Abb. 90.

Abb. auf S. 138

57 ERINNERUNGSSÄULE MIT HAMMONIA

Gebr. Vollgold, Berlin, 1861. Ratssilberschatz, Inv. Nr. 39

Silber, gegossen, getrieben; Nußwurzelholzfurnier mit Messingeinlagen. H. 107, Sockel 29 x 29 cm.
Auf achtseitigem, abgestuftem Silbersockel die vierseitige mit Nußwurzelholz furnierte hohe Säulenbasis. An den vorgezogenen Ecken je eine silberne Soldatenstatuette.
An drei Seiten in Rundfeld jeweils eine reliefierte sitzende Frauenfigur als Allegorie für Gerechtigkeit (mit verbundenen Augen, mit Schwert und Waage), Stärke (mit Säulenschaft) und Weisheit (mit Stab und Buch). Darunter jeweils symmetrische Spiral-Ornamente. Im vierten Rundfeld die reliefierte Inschrift: „Sr. Magnificenz / dem ältesten Bürgermeister / Herrn / Heinrich Kellinghusen J. U.D. / als Chef des Militär-Departements / zur bleibenden Erinnerung / der hohen / Verehrung und Dankbarkeit / des hiesigen Officier-Corps / Hamburg 1861". Darunter das Kellinghusen-Wappen: Laufender Löwe nach links / Kleeblatt. –
In der unteren Partie weitere Inschrift: „Stab / Oberst Boedicker, Commandeur; / Hauptmann Wahncau; Hauptmann Mayer, Adjutant; / Ober=Stabs=Arzt Dr. Miehe; / Ober=Auditeur Dr. Schmidt".
Auf den folgenden Seiten weitere Inschrifttafeln (nach rechts): „Cavallerie=Division / Major Heinsen, Commandeur; / Rittmeister: Brandt, Rettich / Premier=Lieut: v. Abercron, Redlich. / Seconde=Lieut: v. Steuben (Adjutant), Des Coudres, / v. Hodenberg, Krüger. / Stabs=Arzt Dr. Arents, Div. Thierarzt Wedekind. / Jäger-Abtheilung / Hauptmann Petersen, Commandeur / Premier=Lieut. Marquardt. Sec.=Lieut. Seelemann II. II. Infanterie=Bataillon / Major Heinrich, Commandeur, / Hauptmann: Fräneke, Feldmann, Paysen. / Premier=Lieut: Hartert, Buschick / Sennecke, Kriess. / Seconde=Lieut: Seelemann I, Goetz, v. Legat, / Asschenfeldt (Adjutant), Schlossbauer. / Assistenz=Arzt Dr. Lomnitz. I. Infanterie-Bataillon / Oberstlieutnant Bess, Commandeur; / Hauptmann: Ebeling, Janssen, / Hasperg, Lippelt. / Premier=Lieut: Witthöff, Dirksen, / Kelter, Lundt. / Seconde=Lieut.: Knorr (Adjutant), Wentzel. / Kubitzky, Nachtigal, v. Dorrien, Riesch. / Stabs Arzt Dr. Brauer".
Die hohe Säule mit korinthischem Kapitell bekrönt von der vollplastischen Silberfigur der stehenden Hammonia mit Mauerkrone, Merkurstab und Wappenschild.
Marke: GEBR. VOLLGOLD BERLIN / HOF-GOLDSCHMIEDE SR. KÖN. HOH. / DES PRINZEN v. PREUSSEN.
Gestiftet 1861 vom Hamburger Officier-Corps.

Seitdem die Engländer ihrem Nationalhelden Nelson 1843 auf dem Trafalgar Square in London für seinen Sieg über die französisch-spanische Flotte (21. Oktober 1805) ein 44 m hohes Säulenmonument errichtet hatten, wurden Denkmäler in Form von Sieges- oder Friedenssäulen auch in anderen Hauptstädten Zentren von großen Plätzen. Erinnert sei nur an die granitene 18,8 m hohe, 1843 auf dem Belle-Alliance-Platz in Berlin errichtete Friedenssäule mit der bekrönenden Victoria von Christian Daniel Rauch, auch an die einen Adler tragende, 32 m hohe korinthische Säule aus Gußeisen im Berliner Invalidenpark als 1854 vollendetes Denkmal zum Gedenken an die Gefallenen von 1848/49.
An derartigen Monumenten orientierte sich wohl der Entwurf des Tafelaufsatzes, den das Hamburger Officier-Corps 1861 dem Hamburger Bürgermeister dedizierte. Soldaten in den Uniformen der in Hamburg stationierten Kavallerie- und Infanterie-Bataillone „bewachen" die Basis. Dort finden aber auch die für die städtische Obrigkeit bestimmten Leitfiguren Gerechtigkeit, Stärke und Weisheit ihren Platz. Über allem steht die Stadtgöttin Hammonia, die hier den Merkurstab als Symbol des Handels präsentiert. Zwischen den Säulendenkmälern der 1840er/50er Jahre und der 61 m hohen Siegessäule im Berliner Tiergarten, die 1873 mit der „goldenen" Victoria auf dem Königsplatz enthüllt wurde, nimmt der Hamburger Tafelaufsatz eine sehr beachtenswerte mittlere Position ein.

Als Wächter der Hammoniasäule
umstehen Soldaten der in Hamburg stationierten Bataillone das Monument

Wie Nelso
auf seinem Säule
monument d
Londoner Trafalg
Square ist Hammon
hier als Allegorie d
Hansestadt erhöh
Mit Sicherheit ge
der Entwurf zu diese
Aufsatz auf ein Den
mal an öffentliche
Platz zurü

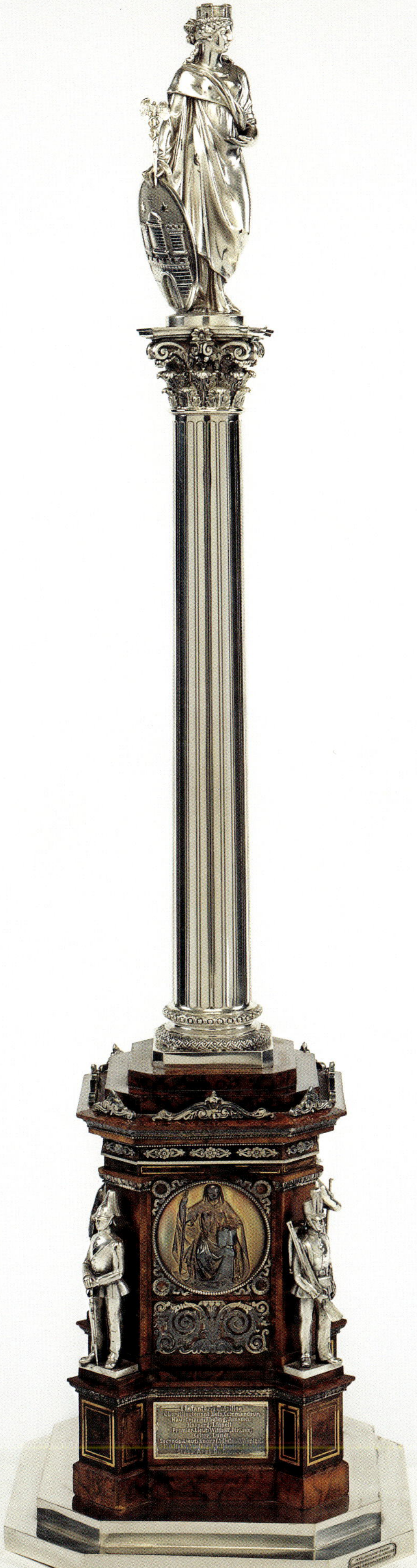

58 POKAL MIT BUCKELKRÄNZEN

J. D. Schleissner & Söhne, Hanau, 1897. Ratssilberschatz, Inv. Nr. 27 (B.-Verz. 38)

Silber, gegossen, getrieben, ziseliert, graviert, innen vergoldet; Email. H. 52 cm. Deckelpokal auf niedrigem Fußring. Das gesamte Erscheinungsbild des Gefäßes ist durch die Variationen in der Anordnung von Buckelkränzen bestimmt: Auf dem Fußring haben die Buckel eine reine Halbkugelform, am Gefäßkörper dagegen sind sie spitz auslaufend gestaltet, und aus den lang ausgezogenen, gegeneinander gedrehten Enden eines oberen und eines unteren Buckelkranzes ist die hohe Einschnürung des Pokalkörpers entwickelt. Auf der Deckelfläche erscheinen die Buckel wie nebeneinanderstehende Blasen, aus deren Mitte sich ein Postament aus gedrehten Buckelenden erhebt, auf dem ein Kissen mit den preußischen Kroninsignien liegt. Gotisierendes krauses Blattwerk ergänzt als Ausschmückung der Randzonen den Dekor des Pokals an Fuß, Gefäßkörper und Deckel. Auf dem Randstreifen des Deckels die Inschrift: „DER FREIEN UND HANSESTADT HAMBURG DAS OFFIZIERS-KORPS DES 2. HANSEATISCHEN INFANTERIE REGIMENTS NO. 76 HAMBURG D. 26. October 1897". An der Kuppa die Wappen des Deutschen Reiches und der Stadt Hamburg.
Marken: Reichsstempel: Halbmond und Krone / 800 / Schleissner.
Gestiftet 1897 von dem Offizierskorps des 2. Hanseatischen Infanterieregiments No. 76.

Die preußischen Kroninsignien als Zierde des Pokaldeckels dokumentieren die Einbindung Hamburgs in das von Berlin aus regierte Deutsche Reich

Bis auf die ganz dem Formgefühl des Jugendstils angemessene Streckung der Umrißlinie ist dieser Pokal eine direkte Nachbildung eines der häufigsten Grundtypen des Pokals im 17. Jahrhundert. Durch den Verzicht auf einen Schaft erscheint das Gefäß wie ein überdimensionierter Becher. Zum Vergleich sei auf einen deutschen Pokal von etwa 1630 verwiesen, dessen Kuppa denselben Aufbau zeigt wie das hier präsentierte Objekt (Aukt. Kat. Christie's Geneva, Important European Silver, Gold Boxes and Objects of Vertu, 19. Mai und 21. Mai 1997, lot 160 m. Abb.).
Lit.: Ausst. Kat. Historismus, 1977, Nr. 114.
Abb. auf S. 140

59 DOPPELHENKEL-POKAL

Johann Wagner & Sohn, Berlin, 1897. Ratssilberschatz, Inv. Nr. 9

Silber, gegossen, getrieben, ziseliert, graviert, teilvergoldet. H. 48,5, B. (mit Henkeln) 37, ø 23,4 cm.
Profilierter Trompetenfuß. Der Nodus mit vier von Bändern umschlungenen Blüten akzentuiert. Am Ansatz des hohen kelchförmigen Pokals Fries von Lanzettblättern und Früchten. Am Korpus umlaufendes Band aus Mistelzweigen und Blütenrosetten. Am Ansatz der gegenständigen, S-förmigen Henkel je eine Frauenmaske. Der Pokal innen vergoldet. Gravierte Inschrift: „Der Freien und Hansestadt Hamburg / der Präses der Rathausbau-Commission / Bürgermeister Lehmann Dr. / zum 26. October 1897".
Marken: Reichsstempel: Halbmond und Krone / J. WAGNER & SOHN / 800.
Gestiftet 1897 von Bürgermeister Dr. Johannes Lehmann.

In klassizistischer Zurückhaltung akzentuierte der Goldschmied lediglich wenige Fixpunkte des in seiner Größe imposanten Pokals. Vor ihrem mattierten Fond heben sich die vegetabilen Schmuckelemente entschieden von den glatten Flächen ab. Sie tragen gleichsam die hohe kelchartige Kuppa und umfassen sie in der oberen Partie wie ein festes Band. In dieser Zone setzen auch die Ohrhenkel mit vollplastischen Frauenköpfen über Laubwerk an. Mit dem pinienförmigen Aufsatz und den „Juwelen"-Gehängen sind diese gegenständigen Griffe historischen Vorbildern stärker verbunden als der übrige Zierat des Pokals.
Abb. auf S. 145

60 SECHS LEUCHTER

Johann Friedrich Wiese, Hamburg, um 1745/50. Ratssilberschatz (B.-Verz. Nr. 119)

Silber, gegossen, getrieben. H. 23, Fuß 13,6 x 13,6 cm. Vierseitiger, an den Ecken wellig abgeschrägter profilierter Sockel. In einer Rundkehle der vielfach profilierte achtseitige Schaft mit Balustern und Nodus. Die Rundtülle außen achtseitig abgekantet. Marken: Hamburger Beschau mit X (= 1738-1760) / Meistermarke IFW in Kleeblatt. Unbekannter Stifter. Um die Mitte des 18. Jahrhunderts, an der Schwelle zum Rokoko, hielt der Hamburger Goldschmied weiter an der traditionellen Leuchterform fest, wie sie in der Régence-Zeit (1715-1723) unter französischem und englischem Einfluß ausgebildet worden war und bis gegen 1745 in ganz Deutschland praktiziert wurde.

Beherrschend sind kantige Grundformen. Bei dem Leuchter von J. F. Wiese wächst der Schaft aus der vertieften Mitte eines profilierten vierseitigen Fußes, dessen Ecken wellig abgeschrägt sind. Mit Balustern, Wulsten und einem größeren Nodus reflektiert er eine Vielfalt von Formen, die in der langgezogenen Tülle ausklingen. Gerade in Norddeutschland erfreute sich ein derartiger Leuchteraufbau großer Beliebtheit; so wurde er zum Beispiel in Kiel noch um 1770 hergestellt.

Lit.: Die Goldschmiede Hamburgs, I, S. 112; II, S. 377, Nr. 427/2.

Hamburger Leuchter des 18. Jahrhunderts wurden noch in der Rokokozeit bevorzugt in dieser schönlinigen Régenceform gestaltet

61 SÄULENMONUMENT „HEISE"

August Anthon Heinrich Wilhelmi, Hamburg, nach 1803. Ratssilberschatz, Inv. Nr. 35 (B.-Verz. Nr. 45)

Silber, getrieben, ziseliert, punziert, graviert. H. 41,5, Fuß 23,5, x 23,5 cm. Auf gestuftem Sockel steht die Säulenbasis von massivem, fast würfelförmigem Umriß. Aus einem Lorbeerkranz steigt der kurze Säulenstumpf auf, in seiner oberen Zone mit Lorbeerfestons, Blattrosetten und Perlstab geschmückt. Auf dem Säulenstumpf steht eine Urne. Auf den Basisflächen die Inschrift: „Als ein geringer Beweis inniger Dankbarkeit Sr. Hochweisheiten dem Herrn JOHANN ARNOLD HEISE J.U. LTO Hamburgischen Ratsherrn und vom 23. April 1794 bis zum 23. April 1803 gewesenen Amtmann zu Ritzebüttel für alle treue Bemühungen, Sorge und Abwendung vieler Gefahren treu gehorsamst gewidmet und überreicht von Nicolaus Brand / Schultheissen / Nicolaus Hinrich Hudtwalcker / Peter Tom Suden / Johann Schleyer / Hinrich Nicolaus Brandt / Johann Jürgen Neuhaus / Hinrich Ahrens Wilken von Elm / Peter Wolff / Johann Fink". Marken: Hamburger Beschau mit N (=1790-1811) / Wilhelmi im Rechteck / außerdem Wi und W. Widmungsgabe für Arnold Heise, gestiftet 1902 wohl von der Familie (der Bürgermeister starb 1834).

Das Säulenmonument verbindet seine streng klassizistische Form mit dem gefühlvoll verfaßten Wortlaut der Widmungsinschrift. Diese Verbindung zeichnet das Objekt als typische Schöpfung des Zeitalters der Empfindsamkeit aus, währenddem in Kunst- und Lebensformen die Antike als Vorbild betrachtet wurde und zugleich Werte wie Treue, Freundschaft und Liebe in kulthafter Steigerung zum Ausdruck gebracht werden konnten.
Lit.: Die Goldschmiede Hamburgs, I, S. 113; II, S. 438, Nr. 504,1.

Klassisch Formenstren[g]
und eine gefühlvo[lle] Inschrift sind aus de[m] Geist der Roman[tik] im Monument [für] den Ratsherrn He[ise] vereint. Erst 19[02] gelangte es aus de[m] Familienbesitz in d[en] Ratssilbersch[atz]

62 ZWEI KANDELABER

Unbekannte französische Manufaktur, um 1875. Ratssilberschatz (B.-Verz. Nr. 117a und b)

Silber, gegossen, getrieben, gedrückt, ziseliert, punziert, graviert. H. 58 cm. Siebenflammige Girandolen. Dreipassige, von Palmettenfries und Kartuschen mit Fruchtbüscheln umzogene Standplatte, die Beine als Löwenhermen gestaltet, die den Balusterschaft mit Vasennodus tragen. Die mittlere Tülle über Spangenaufsatz, die sechs Leuchterarme in weichen Kurven geführt. Alle Elemente des Leuchters kleinteilig und reich dekoriert. Marken: EDT unter Krone in Rhombus / geflügelter Hermeskopf nach links im Sechseck (französischer Ausfuhrstempel 1840-1879) / Modell-Nr. 2113. Stifter unbekannt.

Formen und Ornamentik der prächtigen Leuchter gehen auf Vorbilder aus der Antike und aus der Renaissance zurück und sind ohne ein Bildprogramm und ohne allegorische Darstellungen zu einem rein dekorativen Aufbau eingesetzt. Durch die Kleinteiligkeit und die Dichte der Verzierungen reflektieren solche Silberarbeiten auf der Tafel die Farben und das Licht der Umgebung in sprühendem Glitzern.
Lit.: Ausst. Kat. Historismus, 1977, Nr. 111.

Farbe und Licht
der Umgebung reflektiert dieser Kandelaber in sprühendem Glitzern

Als ein geringer Beweis inniger Dankbarkeit
Sr. Hochweisheiten dem Herrn
JOHANN ARNOLD HEISE J.U.L.
Hamburgischen Rathsherrn und vom
25. April 1794 bis zum 25. April 1805 gewesenen
Amtmann zu Ritzebüttel für alle treue
Bemühungen Sorge und Abwendung vielen Gefahren
treu gehorsamst gewidmet und überreicht
von

Die Rückkehr der getilgten Namen

Die Nazis ließen die Namen aller jüdischen Stifter aus dem Silberschatz entfernen. 57 Jahre später tragen die Kunstwerke wieder die Namen ihrer Stifter

SILBERSCHATZVERZEICHNIS, Band 1, 1900 bis 1953, steht auf dem Buch im Folio-Format, eingebunden in schwarzen Karton mit grauem Leinenrücken. Das Buch ist einer der wenigen erhaltenen Beweise für eine weitgehend unbekannte Schandtat der Nazis. Der erste Hinweis steht auf Seite 5. „Inschrift entfernt am 17. 6. 1940", wurde dort nachträglich mit schwarzer Tinte in der Rubrik „Stifter" hinter dem Namen Max Nordheim eingetragen. Dieselben Vermerke, ohne weitere Erklärung, in mittlerweile verblaßter Sütterlinschrift, finden sich noch hinter sieben weiteren Stifter-Namen. Alle waren Juden. Die Nazis wollten selbst die Erinnerung an ihre Namen auslöschen. Außer diesen Eintragungen im Silberschatzverzeichnis, das im Staatsarchiv in der ABC-Straße im Magazin zwei Geschosse unter der Erde lagerte, gibt es nichts Schriftliches über diese Schandtat. Auch nach dem Krieg blieb sie lange unentdeckt.

Leise zischend faucht die Flamme aus dem Lötkolben. „Das Metall muß auf 800, 850 Grad erhitzt werden, bevor es bearbeitet werden kann", erläutert Dieter Blessing (55), Geschäftsführer der Silberwarenfabrik Gebr. Kühn in Straßdorf, einem Stadtteil von Schwäbisch Gmünd.

Silberschmied Gerhard Häberle (53) mit grauer Kittelschürze nimmt die teilvergoldete Weinkanne, die vor ihm auf dem hölzernen Arbeitstisch steht, vorsichtig in die Höhe. Behutsam nähert er die Flamme dem vom Hamburger Senatsgoldschmied Alexander Schönauer geschaffenen Kunstwerk. Gerhard Häberle versteht sein Handwerk, ist schon seit 36 Jahren bei Kühn.

Die kostbare Kanne ist ein Stück aus dem Silberschatz des Rathauses. 1901 wurde sie vom damaligen Senator Dr. Gustav Ferdinand Hertz gestiftet. Senator Hertz war Jude. Sein Name wurde, wie die der anderen jüdischen Stifter auch, am 17. Juni 1940 gelöscht. Die Gravierungen auf den jüdischen Stiftungen (insgesamt 23 Teile) wurden ausgelötet, die Ziselierungen aus dem Silber herausgetrieben. Nichts sollte mehr an die Stifter erinnern. In dem 1860 gegründeten Familienbetrieb Kühn an der Straße der Staufer wird versucht, das wiederherzustellen, was die Nazis zerstörten – damit die Erinnerung wachbleiben kann.

„Wer die Schändung der jüdischen Stiftungen anordnete, ist heute nicht mehr dokumentiert", sagt Jürgen Sielemann vom Hamburger Staatsarchiv, Vorsitzender der Hamburger Gesellschaft für jüdische Genealogie. Die Vermerke im Silberschatzverzeichnis geben keinerlei Auskunft. Weder über denjenigen, der die Vermerke geschrieben hat, noch über diejenigen, die die Entfernung der Inschriften angeordnet haben.

Vorbereitet war die Aktion jedoch schon weit vor dem Juni 1940. Das

Aus dem Nachla[...] von Max Nordhei[...] stammt dieser Taf[...] aufsatz mit Kristallgla[...] schale. Das Wappe[...] schild zwischen den b[...] den Putten ist blan[...] Der Name d[...] Großkaufmanns wur[...] 1940 entfern[...] Siehe S. 1[...]

beweist ein Schreiben der von den Nazis mit dem Löschen der Namen beauftragten Juweliere Brahmfeld & Gutruf vom 19. Februar 1940 an die Rathausverwaltung mit einem Kostenvoranschlag für die Entfernung der Gravierungen: „Wir bemerken hierzu, daß die auszuführenden Arbeiten teilweise sehr schwer zu berechnen sind, da sich unvorhergesehene Schwierigkeiten bei der Bearbeitung herausstellen können, weil es sich teilweise um Ziselierungen von Namen handelt, die aus dem Silber herausgetrieben werden müssen. Die Ausführung wird aber in jedem Falle sorgfältig und sauber vorgenommen ..." Die Juweliere veranschlagten die Kosten auf „RM. 887".

Am 12. Juni genehmigte der damalige Bürgermeister Carl Vincent Krogmann, „daß die Kosten für die Entfernung von Gravierungen aus Silberstücken aus Stiftungen von Juden aus dem Haushaltsansatz 1940 0400.750 ‚Verfügungsmittel des Reichsstatthalters' gezahlt werden." Krogmann nannte sich zwar seit dem 18. Mai 1933 „Regierender Bürgermeister", war aber tatsächlich nicht mehr als eine Marionette des Gauleiters Karl Kaufmann, den Adolf Hitler am 16. Mai 1933 zum Reichsstatthalter ernannt hatte.

Nur durch einen Zufall sind die Nazis vermutlich auf die jüdischen Stiftungen aufmerksam geworden. Möglicherweise bei einem Essen im Rathaus, zu dem die Silberstücke zur festlichen Dekoration aufgestellt worden waren. Denn die „Säuberungen", wie es im NS-Jargon hieß, hatten schon viel früher begonnen.

Sicher ist: Der Auftrag an Brahmfeld & Gutruf kam aus der Rathausverwaltung. Und dort war der Senatsdirektor Paul Lindemann in der Verwaltungsabteilung des Hauptverwaltungsamtes offenbar ein willfähriger Helfer. Am 31. Oktober 1938 schrieb er an das Zentralbüro des Reichsstatthalters: „Nachdem kürzlich ... diejenigen Straßen, die nach Juden und Mischlingen 1. Grades benannt waren, auch in Hamburg umbenannt sind, macht das Hauptverwaltungsamt auf nachstehende beide Tatsachen aufmerksam, in denen in diesem Zusammenhang auch eine Entscheidung über ihre etwaige Änderung getroffen werden müßte.

1) Auf den Säulen in der Halle des Hamburger Rathauses befindet sich bekanntlich eine größere Anzahl von Porträtmedaillons bekannterer hamburgischer Persönlichkeiten eingemeißelt. Unter ihnen befinden sich auch Samuel Heine (1767-1844, der Onkel des Dichters Heine, Bankier), J. Wolffson (1817-1895, Anwalt), N. Heckscher (1797-1865, Anwalt und Politiker), Gabriel Riesser (1806-1863), Felix Mendelssohn (1809-1847, Komponist), Heinrich Hertz (1851-1894, der bekannte Physiker). Die ersten fünf sind Volljuden, Hertz Mischling 1. Grades. Es ergibt sich die Frage, ob nunmehr diese Porträtmedaillons beseitigt werden sollen.

2) Ebenso erscheint es zweifelhaft, ob noch länger das Haus Wedells so genannt werden kann. Wedells war Volljude und hieß ursprünglich Wedeles ... Eine Umbenennung des Hauses kann nicht empfohlen werden, da es sehr schwer sein wird, eine geeignete Bezeichnung zu finden. Wenn aber der bisherige Name verschwinden soll, würde man am besten in Zukunft einfach von dem ‚Haus Neue Rabenstraße 31' sprechen."

Das Zentralbüro des Reichsstatthalters antwortete am 14. November 1938: „Auf den Bericht ... hat der Herr Reichsstatthalter dahin Entscheidung getroffen, daß die Porträtmedaillons auf den Säulen in der Halle des Rathauses ... zu entfernen sind. Weiter hat der Herr Reichsstatthalter bestimmt, daß hinsichtlich des Hauses Wedells entsprechend ihrem Vorschlag künftig von dem ‚Haus Neue Rabenstraße 31' gesprochen werden soll sowie, daß das Ballinhaus in ‚Messberghaus' umbenannt werden soll."

Dr. Lindemann wurde 1942 zum Senatssyndikus (Staatsrat) und Leiter des Hauptverwaltungsamtes befördert. Die britische Militärregierung entließ ihn 1945, obwohl sich prominente Persönlichkeiten für sein Verbleiben im Amt einsetzten. Lindemann kämpfte dann um eine Pension, die ihm der von den Briten eingesetzte Bürgermeister Carl Petersen auch gewähren wollte. Major H. Poole vom Military Government lehnte das am 16. Oktober 1945 brüsk ab: „A

Mit diese[...] Schreibe[...] überreichten d[...] Juweliere Brahmfeld[...] Gutruf der Rathau[...] Verwaltung ihr[...] Kostenvoranschl[...] für die Entfernu[...] der Namen der jü[...] schen Stifter: „D[...] Ausführung wird . sorgfältig und saub[...] vorgenommen

8

1
12

BRAHMFELD & GUTRUF
KOMMANDITGESELLSCHAFT AUF AKTIEN
JUWELIERE
GEGR. 1743

DRAHTANSCHRIFT: GUTRUF HAMBURG
FERNRUF: HAMBURG 34 61 03

BANKKONTO: DRESDNER BANK IN HAMBURG
POSTSCHECKKONTO: HAMBURG 535 79

D./H. HAMBURG 36, JUNGFERNSTIEG 12, POST: NEUERWALL 10, den 19. Februar 1940.

An die

R a t h a u s - Verwaltung
z. Hd. des Herrn Rose

R a t h a u s
Zimmer 525

Wir gestatten uns Ihnen in der Anlage einen Voranschlag zu überreichen für die Entfernung der Gravierungen bei den erhaltenen silbernen Gegenständen. Wir bemerken hierzu, dass die auszuführenden Arbeiten teilweise sehr schwer zu berechnen sind, da sich unvorhergesehene Schwierigkeiten bei der Bearbeitung herausstellen können, weil es sich teilweise um Zieselierungen von Namen handelt, die aus dem Silber herausgetrieben werden müssen. Die Ausführung wird aber in jedem Falle sorgfältig und sauber vorgenommen.

Ihren Nachrichten, ob wir die Arbeiten ausführen sollen, sehen wir mit Interesse entgegen.

Heil Hitler!
ppa. Brahmfeld & Gutruf
Kommanditgesellschaft auf Aktien

pension will NOT be granted to Dr. P. LINDEMANN." Der Ex-Senatssyndikus wurde Geschäftsführer des Übersee-Clubs, starb 1955.

Der Boykott jüdischer Kaufleute, die Entlasssung jüdischer Beamter, die Nürnberger Rassengesetze, das Pogrom vom 9./10. November 1938 (Reichs-Kristallnacht), die Umbenennung von Straßen, Entfernung der Porträtmedaillons und Entfernung der Namen der jüdischen Stifter vom Ratssilber waren nur Vorboten der folgenden, ungeheuerlichen Verbrechen. Nachdem bereits am 28. Oktober 1938 rund 1000 Hamburger Juden polnischer Staatsangehörigkeit aus Hamburg nach Polen deportiert worden waren, begannen am 25. Oktober 1941 die bis zum 14. Februar 1945 insgesamt 17 Todes-Transporte in die Konzentrationslager. Vor dem Krieg lebten in Hamburg fast 24 000 Juden. Am 30. April 1945 waren es nur noch 647 . . .

In Erinnerung der Massen-Morde ist die Entfernung der Stifternamen vom Ratssilber unbedeutend. Aber sie zeigt, wie total der Vernichtungswille war. Selbst die Erinnerung sollte gelöscht werden. Tatsächlich waren die jüdischen Stiftungen nach dem Krieg im Rathaus in Vergessenheit geraten. Erst im September 1995 wurde Bürgermeister Dr. Henning Voscherau durch einen Bericht im „Hamburger Abendblatt" aufmerksam, gab dem Staatsarchiv den Auftrag, die jüdischen Stifter zu ermitteln und festzustellen, wie die Silbergegenstände restauriert werden können.

Jürgen Sielemann sichtete stapelweise Senatsakten und Akten der Rathausverwaltung, überprüfte das Silberschatzverzeichnis auf Hinweise und ermittelte Nachkommen der Stifter. „Es war eine mühsame monatelange Kleinarbeit. Die Texte der entfernten Gravuren waren im Silberschatzverzeichnis zum Teil verkürzt aufgeführt. Bei zwei Gegenständen fehlten sie ganz. Für die Neugravur konnten fehlende Angaben über den Anlaß und das Datum der Stiftung sowie der Vorname eines Stifters aus anderen Quellen rekonstruiert werden. Die Senatskanzlei bekam die gewünschten Auskünfte", sagt Sielemann zufrieden.

Als im letzten Jahr erstmals mit BILD-Hamburg die Idee einer Silberausstellung zum 100jährigen Rathausjubiläum diskutiert wurde, kamen auch die jüdischen Stiftungen zur Sprache. BILD-Hamburg erklärte sich bereit, die Kosten der Restaurierung zu übernehmen, und war sich dabei sicher, im Sinne seines 1985 verstorbenen Verlagsgründers Axel Springer zu handeln. Axel Springer war ein großer Freund Israels, hatte sich bis zu seinem Tode für die Aussöhnung zwischen Deutschen und Juden eingesetzt.

Der Silberschatz blieb im Krieg wie durch ein Wunder unbeschädigt. Wahrscheinlich wurde er die ganze Zeit im Keller des Rathauses aufbewahrt in 50 mit Bandeisen umnagelten Kisten. Jedenfalls lag er dort am 26. Mai 1944, wie eine Aktennotiz beweist. Damals wurde der Hochbunker Wielandstraße auf seine Tauglichkeit als Versteck für den Silberschatz geprüft und abgelehnt: „Herr Oberstleutnant Rosseburg brachte bei dieser Gelegenheit seine und auch die Bedenken von Oberbaurat Dr. Schröder über die Sicherheit im Bunker zum Ausdruck. Beide Herren sind der Meinung, daß der Silberschatz im Rathaus sicherer untergebracht ist", heißt es in dem Schriftstück. Das Rathaus war auch bei den schweren Bombardements der Alliierten im Juli 1943, der „Operation Gomorrha", die die Stadt in Schutt und Asche legte und rund 50 000 Menschenleben kostete, weitgehend unzerstört geblieben.

Die Restaurierung in der Silberwarenfabrik Kühn (Fabrik hört sich so gewaltig an, tatsächlich ist das Unternehmen ein kleiner Familien-

Die Rechnun
„4 Weinkanner
Gravierung auslöte
à 8.– RM. 32.–"
Für jedes einzelne Te
rechneten die Juwe
liere die Kosten gena
vor. Als Endsumm
stellten sie der
Rathaus RM. 887.
in Rechnun

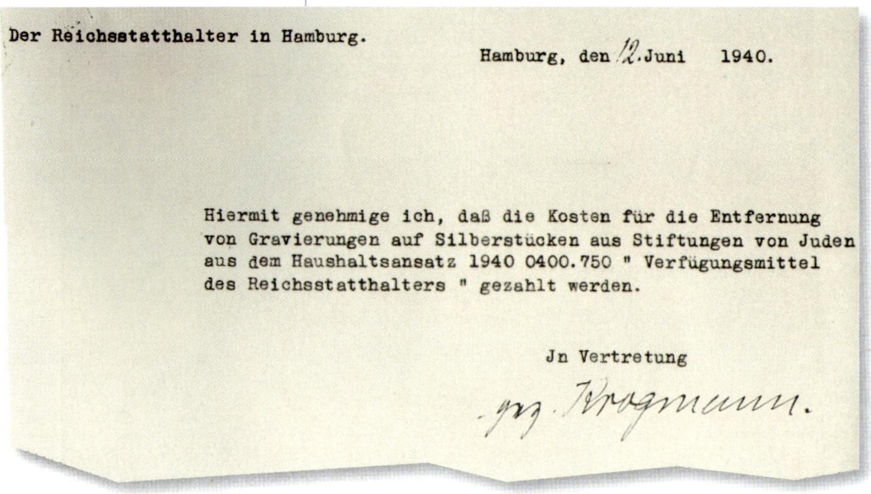
Der Reichsstatthalter in Hamburg.

Hamburg, den 12. Juni 1940.

Hiermit genehmige ich, daß die Kosten für die Entfernung von Gravierungen auf Silberstücken aus Stiftungen von Juden aus dem Haushaltsansatz 1940 0400.750 " Verfügungsmittel des Reichsstatthalters " gezahlt werden.

Jn Vertretung

gez. Krogmann.

Entfernung genehmigt
Der damalige Bürgermeister Carl Vincent Krogmann, tatsächlich nur eine Marionette des von Hitler eingesetzten Reichsstatthalters Karl Kaufmann, unterzeichnete dieses Papier

zu 8

2 — 13

BRAHMFELD & GUTRUF

KOMMANDITGESELLSCHAFT AUF AKTIEN

JUWELIERE

GEGR. 1743

DRAHTANSCHRIFT: GUTRUF HAMBURG
FERNRUF: HAMBURG 34 61 03

BANKKONTO: DRESDNER BANK IN HAMBURG
POSTSCHECKKONTO: HAMBURG 535 79

D./H. HAMBURG 36, JUNGFERNSTIEG 12, POST: NEUERWALL 10, den 19. Februar 1940.

4 Weinkannen,	Gravierung auslöten	à 8.--	RM.	32.--
2 Leuchter,	do. und reinigen	" 25.--	"	50.--
1 Fischvorlegebesteck 2 Teile	do.		"	4.--
1 Tafelaufsatz	do.		"	20.--
4 ovale Platten	Ziselierungen entfernen	" 30.--	"	120.--
4 runde Platten	do.	" 30.--	"	120.--

Falls bei diesen Platten auf der Rückseite jeweils ein Schild aufgelötet werden soll, um von hinten die Stelle zu verdecken, wo die Ziselierung gewesen ist, beträgt der Preis hierfür à 10.50

2 Kandelaber	Gravur entfernen, reinigen und elektrische Leitung befestigen	à 48.--	"	96.--
1 hohe Kuppelschale	Gravur entfernen u. Nacharbeiten		"	80.--
1 durchbrochener Korb	do.		"	16.--
1 Tafelaufsatz	"		"	17.--
1 do.	" und reinigen		"	32.--
2 Weinkannen	Ziselierungen entfernen u. nachvergolden	à 30.--	"	60.--
4 ovale Platten	do.	" 30.--	"	120.--
4 runde Platten	"	" 30.--	"	120.--

Sollten diese Platten auch auf der Rückseite mit einem Schild versehen werden, so stellt sich der Preis hierfür auch auf à 10.50.

RM. 887.--
==============

betrieb mit nur 16 Mitarbeitern) war kompliziert. Soweit bekannt, wurden die Gravuren originalgetreu nachgearbeitet. Die Silberschmiede, Graveure, Hammerschmiede, Präger, Schleifer und Polierer, die auch für Tiffany in New York und die Londoner Juweliere Aspray arbeiten, haben die Aufgabe meisterlich gelöst. Davon kann sich jetzt jedermann selbst überzeugen.

Das sind die jüdischen Stifter:

Laura Beit

Laura Beit (geboren 28. Oktober 1824, gestorben 30. April 1918) stiftete 1905 einen silbernen Brotkorb in Erinnerung an ihren Sohn Alfred. Die Stiftung hat die Katalog-Nummer 68. Sie finden sie beschrieben auf Seite 173. Lesen Sie dazu auch das Kapitel über Alfred Beit „Der reichste Mann der Welt", Seite 162-163.

Adolph Ferdinand Hertz

Adolph Ferdinand Hertz (geboren 24. August 1831, gestorben 24. April 1902) stiftete 1900 eine silberne Weinkanne mit Drachenhenkel. Die Stiftung hat die Katalog-Nummer 66. Sie finden Sie beschrieben auf Seite 170. Adolph Ferdinand Hertz war 29 Jahre Hamburger Senator. Viele Jahre treuer Pflichterfüllung. Am Ende allerdings mußte er amtsenthoben werden.

„Im Augenblick liegt der in Hamburg außerordentlich seltene Fall vor, daß ein hamburgischer Senator, ohne daß er selbst darum nachgesucht hätte, in den Ruhestand versetzt werden soll. Es wird dies durch den krankhaften Zustand des Herrn Senators A. F. Hertz bedingt, der, nachdem er neunundzwanzig Jahre lang als Senator seiner Vaterstadt seine Kräfte geopfert und nach bestem Vermögen gedient hat, durch ein schweres körperliches Leiden an der Führung seines Amtes behindert wird, und da nach der Ansicht der Ärzte auch nicht auf eine Besserung zu hoffen ist, hat sich der Senat genöthigt gesehen, von Amtswegen seine Versetzung in den Ruhestand zu beantragen", berichtet der „General-Anzeiger" am 24. November 1901. Drei Tage später wurde Hertz, der für sein Senatsamt die vom Vater geerbte Reederei liquidiert hatte, von der Bürgerschaft amtsenthoben.

Hertz leitete 29 Jahre lang das Präsidium der Deputation für direkte Steuern (Finanzsenator). 1873 nahm Hamburg 4 169 400 Mark Einkommensteuer ein, 1897 waren es 14 300 000 Mark, schreibt der „General-Anzeiger" am 19. September 1897 zum 25jährigen Senatsjubiläum von Adolph Ferdinand Hertz. 1902 starb er im Alter von 71 Jahren.

Dr. Gustav Ferdinand Hertz (geboren 2. August 1827, gestorben 8. September 1914) stiftete 1901 eine Weinkanne mit Schlangenhenkel. Die Stiftung hat die Katalog-Nummer 67. Sie finden sie beschrieben auf Seite 172. Lesen Sie dazu auch das Kapitel „Der Vater des Genies", Seite 163.

Ludwig Julius Lippert

Dr. Ludwig Julius Lippert (geboren 2. März 1835, gestorben 22. Juli 1918) stiftete 1905 zwei silberne Kandelaber mit den Darstellungen „Der Kuß" und „Die Verführung". Die Stiftungen haben die Katalog-Nummern 63 und 64. Sie finden sie beschrieben auf den Seiten 164-168. 1906 machte Lippert eine weitere Stiftung, eine silberne Jardiniere. Diese Stiftung hat die Katalog-Nummer 65. Sie finden Sie beschrieben auf Seite 169. Seine Schwestern Aline (geboren 3. April 1840, gestorben 2. Juni 1903) und Adele (geboren 22. Oktober 1841, gestorben 16. Februar 1910) stifteten 1904 acht große ovale und acht kleine runde silberne Servierplatten. Die Stiftung hat die Katalog-Nummer 69. Sie finden sie beschrieben auf den Seiten 174-175.

Als Ludwig Julius Lippert 1857 die väterliche Wollhandlung übernahm, legte er den Gebrauch des Doktor-Titels ab, „da man zur damaligen Zeit zu Doktor-Kaufleuten nicht viel Vertrauen hatte", ist am 23. Juli 1918 in den „Hamburger Nachrichten" in einem Nachruf auf Lippert zu lesen. Lippert hatte die Wollhandlung zu einem in Europa führenden Im- und Exportgeschäft ausgebaut, mit Filialen in London, Paris, Amsterdam und Südafrika. Mit Diamantenhandel erwarb er ein Vermögen.

Siegfried Wedells

Marcus Nordheim (geboren 23. September 1812, gestorben 25. November 1899) hinterließ den silbernen Tafelaufsatz mit Kristallglasschale, den seine Erben stifteten. Er hat die Katalog-Nummer 71. Sie finden ihn beschrieben auf Seite 179. Lesen Sie dazu auch das Kapitel „Der großherzige Wohltäter", Seite 163.

Siegfried Wedells (geboren 17. Oktober 1848, gestorben 4. Juni 1919) stiftete 1913 einen vergoldeten silbernen Tafelaufsatz mit Baldachin. Er hat die Katalog-Nummer 70. Sie finden ihn beschrieben auf Seite 176-178. Als der unverheiratete Kaufmann 1919 starb, vererbte er der Stadt seinen vom Rathaus-Architekten Martin Haller 1895 erbauten Renaissance-Palazzo in der Neuen Rabenstraße mit seiner Gemäldesammlung. Wedells hatte testamentarisch verfügt, daß sie der Öffentlichkeit zugänglich gemacht werden mußte. Der Wert der Sammlung wurde 1920 auf 2 427 000 Reichsmark geschätzt, wie aus Dokumenten in der Kunsthalle hervorgeht. Allerdings sind von den ursprünglich 106 Gemälden nur noch 60 im Besitz der Kunsthalle. 22 Kunstwerke mußten nach einem Rechtsstreit an Verwandte Wedells übergeben werden, andere wurden verkauft. „Die heute noch vorhandene Sammlung ist zig Millionen Mark wert", sagt Dr. Ulrich Luckhard. Das Haus Wedells diente dem Senat von 1951 bis 1965 als Gästehaus. 1993 wurde es an die Hanse-Merkur Versicherungsgruppe verkauft. Sie nutzt es als Seminar- und Konferenzzentrum.

In der Silberwarenfabrik
Kühn wurden die jüdischen Stiftungen restauriert. Silberschmied Gerhard Häberle (53, oben) mit Teilen des Silberschatzes. Hammerschmied Heinz Krüger (59) bei der Arbeit an einem Tafelaufsatz. Die Namen der Stifter wurden neu graviert oder mit einem Stichel ziseliert

Alfred Beit

Der reichste Mann der Welt

Auf einem Maskenball, den er für 300 Freunde aus Johannesburg im südafrikanischen Goldland Witwatersrand veranstaltete, schenkte er jeder der anwesenden Damen als Andenken einen Diamanten von mehr als einem Karat.

Sein Tageseinkommen von 576 000 Mark war höher als das des russischen Zaren mit 466 560 Mark.

Bei seinem Tod 1906 hinterließ der geborene Hamburger Alfred Beit ein Erbe von 165 Millionen Mark.

Zu seinem Andenken stiftete seine Mutter Laura dem Senat einen silbernen Brotkorb. In der Senatssitzung vom 12. September 1906 wurde dazu berichtet, „daß die Mutter des vor kurzem verstorbenen Alfred Beit, Frau Laura Beit hierselbst, den Wunsch habe, in Erinnerung an ihren Sohn eine Silberschale, die dieser ihr früher geschenkt habe, dem Senat für den Silberschatz überreichen zu dürfen." Der Senat nahm dankend an.

Alfred Beit war der ungekrönte König des südafrikanischen Gold- und Diamantenhandels. Am 15. Februar 1853 wurde er geboren und lebte im Elternhaus am Mittelweg 45, bis er nach Südafrika ging.

In Amsterdam erlernte er das Diamantengeschäft, ging 1875 als Agent der Hamburger Firma Lippert, die seinem Onkel gehörte, nach Kimberley. Bei den Männern, die dort nach Diamanten gruben, wurde er schnell zum beliebtesten Käufer, weil er faire Preise machte. Beit beschränkte sich aber nicht auf den Diamantenhandel, sondern kaufte auch selbst Land und Schürfrechte.

Etwa 1879 lernte er Cecil Rhodes kennen, wie Beit im Diamantengeschäft. Beit zu Rhodes: „Ich werde diesen ganzen Diamantenausstoß kontrollieren." Rhodes: „Merkwürdig, ich habe mir vorgenommen, das gleiche zu tun. Wir sollten doch besser Hand in Hand arbeiten."

Schon wenig später beschlossen beide, die verschiedenen Minengesellschaften zu vereinen." Das Ergebnis war die Gründung der noch heute marktbeherrschenden De Beers Consolidated Company. Beit wurde Hauptaktionär. Als in der Burenrepublik Transvaal Goldfelder entdeckt wurden, weitete Beit seine Geschäfte nach dort aus. Auch die Goldminen waren schnell unter seiner Kontrolle. 1884 wurde Beit Direktor der Rand-Mines, war einer der sogenannten Rand-Lords.

Freund Rhodes ging 1881 in die Politik, wurde Parlamentsabgeordneter in der Kapkolonie, setzte 1885 die britische Besetzung von Betschuanaland durch, das später nach ihm Rhodesien genannt wurde, und wurde 1890 Premierminister der Kapkolonie. Als Premier betrieb Rhodes gnadenlos die Vernichtung von Transvaal. Sein blutiger Krieg gegen die Buren kostete ihn 1896 das Amt.

Alfred Beit unterstützte auch die politischen Ziele seines Freundes, ging selbst aber nie aktiv in die Politik. Nach seiner Rückkehr aus Südfrika ließ er sich in England nieder, wurde auf Drängen von Rhodes 1898 britischer Staatsbürger. Seiner Heimatstadt Hamburg aber blieb er sein Leben lang verbunden, besuchte mehrere Male im Jahr seine Mutter, unterstützte großzügig Hamburger soziale und kulturelle Einrichtungen. Daß Hamburg eine Universität bekam, ist mit ein Verdienst von Beit. Er förderte die Gründung mit zwei Millionen Mark.

Als er am 6. Juli 1906 im Alter von nur 53 Jahren unverheiratet starb, hinterließ er Hamburg das Grundstück Borsteler Jäger (damaliger Wert 400 000 Mark) und 400 000 Mark in bar für Vereine und Stiftungen, so 40 000 Mark für die Bücherhallen der Patriotischen Gesell-

Alfred Beit und Cecil Rhodes lernten sich auf den Diamantenfeldern in Südafrika kennen und wurden enge Freunde. Nach Rhodes (links) wurde Rhodesien, heute Simbabwe, benannt. Mit Beit gründete er den Diamantenkonzern de Beers. Das Foto aus Familienbesitz entstand um 1900

schaft, 15 000 Mark für das Krankenhaus Bethanien. Der Senat dankte ihm – spät – 1962 mit einem Alfred-Beit-Weg in Harvestehude.

Sein Riesenvermögen erbte die Familie, sein Bruder Otto beispielsweise den Landsitz Tewin Water in Herfordshire mit der unschätzbaren Gemäldesammlung. Dessen Sohn Alfred verlagerte sie in das irische Schloß Russborough, das 1974 von einem mit Maschinenpistolen bewaffneten IRA-Kommando überfallen wurde. Die Terroristen stahlen 19 Gemälde im Wert von 50 Millionen Mark. 1986 raubten Gangster nochmal 17 Gemälde im Wert von 35 Millionen Mark.

Bis auf eins sind heute alle Kunstwerke wieder da.

Dr. Gustav Ferdinand Hertz

Der Vater des Genies Heinrich Rudolph Hertz

Gustav Ferdinand Hertz

„Die vom Rathaus und vom Kaiser-Wilhelm-Denkmal halbstock herabhängenden Fahnen künden heute eine Trauerbotschaft." So meldete der „Hamburger Correspondent" am 9. September 1914 den Tod von Senator Dr. Gustav Ferdinand Hertz.

Von 1887 bis 1904 leitete der am 2. August 1827 in Hamburg geborene frühere Oberlandesgerichtsrat die Justizverwaltung. Die von ihm 1901 für die Schatzkammer des Rathauses gestiftete Silberkanne wird künftig wieder bei den Staatsessen im Rathaus die Festtafel schmücken.

Senator Hertz war der Vater des Physikers Professor Heinrich Rudolph Hertz, dem mit dem Nachweis und der Erzeugung elektromagnetischer Wellen (Hertzsche Wellen) eine epochemachende Entdeckung gelang. Sie machte drahtlose Telegrafie und später Rundfunk und Fernsehen möglich. Der 271,50 Meter hohe Hamburger Fernsehturm trägt seinen Namen.

Heinrich Rudolph Hertz, der am 22. Februar 1857 in Hamburg geboren wurde, wurde nur 36 Jahre alt. Am 1. Januar 1894 starb er in Bonn an den Folgen einer Kieferinfektion.

Ein Neffe trat in seine Fußstapfen. Gustav Hertz wurde am 22. Juli 1887 in Hamburg geboren, wie sein Onkel Physiker. 1925 erhielt er den Nobelpreis. Die Sowjets verschleppten den Berliner Professor 1945 in ihr Kernforschungszentrum Suchumi, aus dem er erst 1954 nach Berlin zurückkehrte, wo er am 30. Oktober 1975 starb.

Max Nordheim

Der großherzige Wohltäter

Max Nordheim

Ein Gravurfehler oder eine Schlamperei der früheren Rathausverwaltung?

„Ihrem werten Kollegen Max Nordheim zu seinem 70. Geburtstag gewidmet. Der Vorstand der Deutsch-Israelitischen Gemeinde. 30. September 1908", soll ursprünglich auf dem silbernen Tafelaufsatz aus dem Nachlaß des Kaufmanns Marcus (Max) Nordheim gestanden haben. „Das Datum 30. November 1908 ist mit großer Wahrscheinlichkeit irrtümlich im Silberschatzverzeichnis notiert worden", ermittelte das Staatsarchiv, denn Nordheim starb bereits am 25. November 1899.

Auf Vorschlag des Staatsarchivs wurde jetzt neu eingraviert „23. September 1882", da Nordheim 1812 geboren wurde. Aus dem fränkischen Flecken Memmelsdorf kam Marcus Nordheim als Schlachtergeselle nach Hamburg, wurde Viehhändler und durch den Handel mit Häuten und Fellen reich. 23 Jahre war er Präses der Deutsch-Israelitischen Gemeinde und ein großer Wohltäter.

Er gründete die Israelitische Töchterschule in der Karolinenstraße, machte zahlreiche Stiftungen. Überlebt hat nur das Seehospital Sahlenburg bei Cuxhaven, das mit 1,5 Millionen Mark aus dem Nachlaß für tuberkulosekranke Kinder errichtet wurde. Heute ist das Seehospital der Nordheim-Stiftung eine moderne Fachklinik für Orthopädie und Urologie.

Der Kuß"
: ein Werk des
erliner Bildhauers
egas. In Bronze
gossene Leiden-
haftlichkeit. Die nur
ärlich verhüllte
au und der kraftvolle
ngling scheinen
r Welt entrückt.
uf S. 166 die
esamtansicht des
andelabers, daneben
as Gegenstück „Die
erführung" (Kat. Nr.
) von Walter Schott,
enfalls aus Berlin

63 KANDELABER „DER KUSS"

Reinhold Begas, Berlin, 1887. Ratssilberschatz, Inv. Nr. 44 a

Bronze, versilbert; Silber, getrieben, ziseliert; Marmor. H. 120, Sockel 25 x 21 cm. Auf rechteckigem, dunklem Marmorsockel eine zerklüftete Felspartie, aus der eine hohe Palme wächst. Ihr Stamm ist von Efeu umrankt. Auf dem Felsen eine von einem Schleier nur spärlich verhüllte Frau, die sich mit ihrem ausgestreckten linken Arm an der Palme festhält und sich zu einem tiefer stehenden, ebenfalls unbekleideten Mann neigt und ihn küßt. Im Sockel Buchsen für elektrischen Anschluß. Signatur: R. Begas. Stempel: GLADENBECKS = BRONZE-GIESSEREI / G.m.b.H. Gestiftet von Dr. Ludwig Julius Lippert anläßlich seines 70. Geburtstages am 2. März 1905. Gegenstück zu Inv. Nr. 44 b (Kat. Nr. 64).

Der Kandelaber ist eine der wenigen kunstgewerblichen Arbeiten des durch Porträtbüsten, Statuen und Denkmäler berühmt gewordenen Berliner Bildhauers Reinhold Begas (1831-1911). Bereits auf der Berliner Akademie-Ausstellung von 1887 und der Internationalen Kunstausstellung von 1888 in München erregte das Werk wegen der ausgewogenen Zuordnung der beiden Akte große Bewunderung. Begas präsentierte sein Werk damals mit dem Titel „Der elektrische Funke". Dieser ist nicht nur durch den Kuß symbolisiert, sondern wurde ursprünglich auch durch zwei Kaskaden von elektrisch angeschlossenen Glasglocken realisiert, die, Kokosnüssen ähnlich, zwischen den Palmblättern hingen und die Figurengruppe mit gleißendem Licht überschütteten. Diese Lichtglocken sind zwar nicht mehr vorhanden, doch auch ohne die Funktion als Lichtträger erscheint die Komposition als eine für den Historismus charakteristische Skulptur: Derartige Aktdarstellungen sollten zugleich symbolisch motiviert sein.

Lit.: A.G. Meyer, Reinhold Begas, Künstler-Monographien, Band XX, Bielefeld und Leipzig 1901, S. 42, Abb. 37, u. S. 70 f.

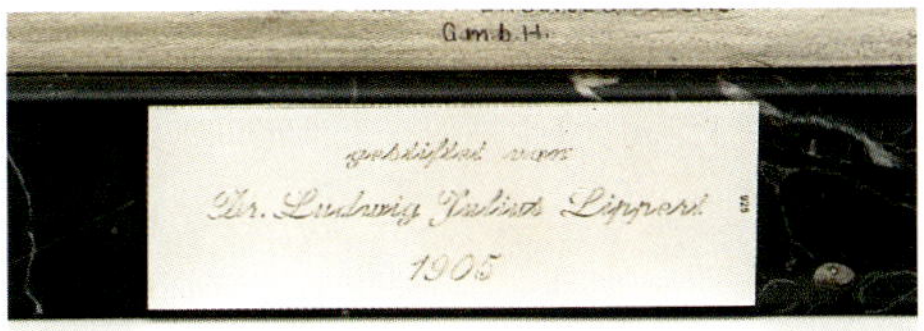

Die Cravur am Fuß des Kandelabers wurde 1940 entfernt.
Das Schild, auf dem der Namen des Stifters Ludwig Julius Lippert gestanden hatte, wurde hinterher blank poliert. Jetzt befindet sich die – neu gravierte – Inschrift wieder an ihrem Platz

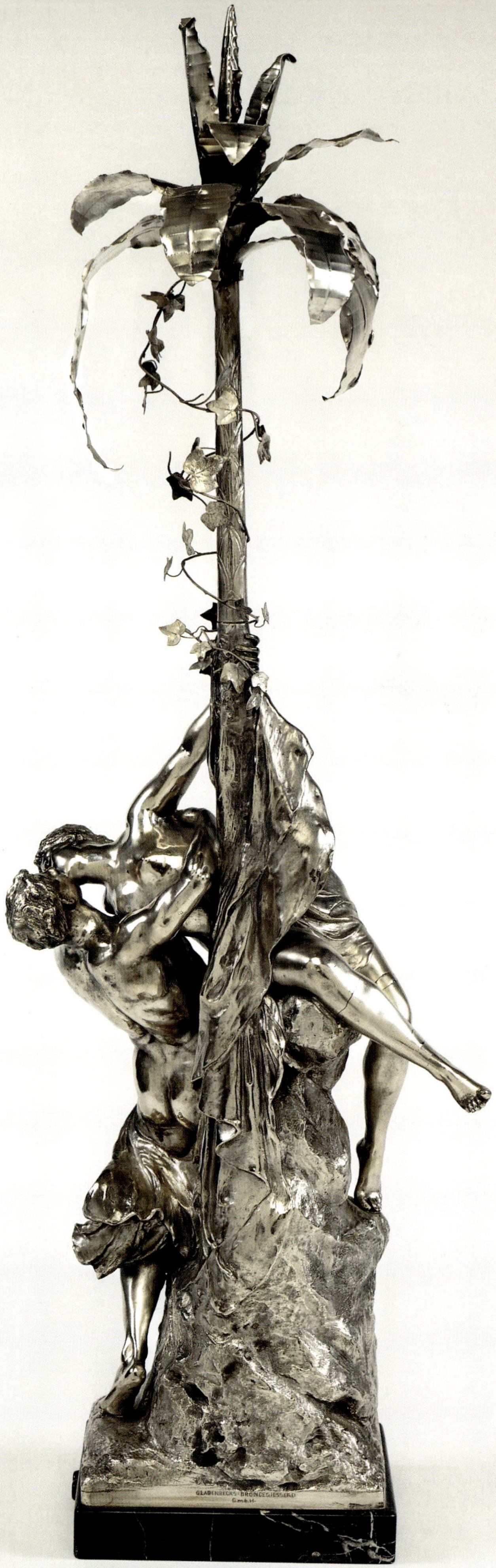

64 KANDELABER „DIE VERFÜHRUNG"

Walter Schott, Berlin, um 1895. Ratssilberschatz, Inv. Nr. 44 b

„Die Verführung" Dieses einige Jahre später als Gegenstück zu dem Kandelaber „Der Kuß" in Auftrag gegebene Werk zeigt einen Satyr beim Liebesspiel mit einer unbekleideten Nymphe. Er lockt mit Tamburinklängen, sie wiegt sich an seiner Hand im Tanz. Von zwei verschiedenen Künstlern geschaffen, ist die Korrespondenz dieser beiden größten Skulpturen des Silberschatzes von besonderem Reiz. Die Gesamtansicht auf S.167, daneben das Gegenstück „Der Kuß"

Bronze, versilbert; Silber, getrieben, ziseliert; Marmor. H. 120, Sockel 26 x 21 cm. Auf rechteckigem, dunklen Marmorsockel ein unregelmäßig gebildeter Felsen, aus dem eine hohe Palme wächst, deren Stamm von einer Blattranke umwunden wird. Auf dem Fels sitzt ein bocksfüßiger Satyr mit Tamburin, der mit seiner Linken die Hand einer vor dem Felsen tanzenden unbekleideten Nymphe faßt. Am Fels hängt seine Panflöte. Im Sockel Buchsen für elektrischen Anschluß. Ohne Signatur. Stempel: AKT. GES. vorm. H. GLADENBECK u. SOHN, BERLIN-FRIEDRICHSHAGEN. Gestiftet von Dr. Ludwig Julius Lippert anläßlich seines 70. Geburtstages am 2. März 1905. Gegenstück zu Inv. Nr. 44 a (Kat. Nr. 63).

Offenbar erhielt der Berliner Bildhauer Walter Schott (1861-1938) erst in den 1890er Jahren den Auftrag, zum Kandelaber von Reinhold Begas ein Gegenstück zu schaffen. Die Bronzegießerei Gladenbeck verwendete den an diesem Kandelaber angebrachten Firmenstempel jedenfalls erst seit 1892. Schott gruppierte seine Figuren wie Begas um eine Palme auf einem Felsen (ursprünglich ebenfalls mit elektrisch installierten Glasglocken). Er vermied jedoch die bei dem Gegenstück verwendete Symbolik. Satyr und Nymphe seines Modells entwickelte er vielmehr im Sinne der antiken Mythologie. Deswegen können seine Figuren unmittelbarer agieren. Sie wirken lebhaft durch ihre Hingabe an Musik und Tanz. Fraglich bleibt jedoch, ob der im Ratssilberschatz-Inventar überlieferte Titel „Die Verführung" der Skulptur bereits von Anfang an zukam oder erst später, um ein wirkungsvolles Äquivalent zu Begas' „Kuß" zu erhalten.

Der Stifter, Dr. Ludwig Julius Lippert (Hamburg 2.3.1835-22.7.1917) bot dem Senat aus Anlaß seines „auf den 2. März fallenden Geburtstags" ein Geschenk für das Rathaus an, für das er 5000 Mark zur Verfügung stellte. Am 20. November 1905 bestätigte der Senat die Annahme der beiden „silbernen" Kandelaber.

Das Namensschild am Sockel des Kandelabers „Die Verführung" mit der in Inhalt und Form originalgetreu rekonstruierten Stifterinschrift

Phantasievoll gestaltete Meerwesen erfüllen das aus stilisierten Wogen, Wasserpflanzen und Muschelformen gebildete Gefäß mit Leben. Es ist dazu bestimmt, Blumenarrangements aufzunehmen. In der Abb. unten die neu eingravierte Stifterinschrift

65 JARDINIERE MIT MEERWESEN

Arthur Bock, Hamburg, um 1905. Ratssilberschatz, Inv. Nr. 49

Bronze, versilbert; Silber, getrieben, ziseliert; Marmor. H. 43, Aufsatz 80 x 33,5, Marmorsockel 83 x 39 cm. Auf rechteckiger, dunkler Marmorplatte mit eingelassener ovaler Fußschale eine von vier Pfeilern getragene (lose einsetzbare) ovale Schale. Alle rahmenden Partien als Wellen, Muscheln und Wasserpflanzen um eine Spiegelfläche gebildet. Auf der einen Schmalseite sitzt eine Nixe über einem bärtigen Meergott, auf der anderen gegenüber ein Triton über einer Nixe. Signiert: A. BOCK fec.; Stempel: AKT. GES. v. H. GLADENBECK u. SOHN. FRIEDRICHSHAGEN. Gestiftet von Dr. Ludwig Julius Lippert anläßlich seines 71. Geburtstages am 2. März 1906.

Der aus Leipzig stammende und seit etwa 1900 in Hamburg tätige Bildhauer Arthur Bock hat das Modell seiner Jardiniere ganz dem Element „Wasser" zugeordnet. Meereswogen umspielen die Blumenschale, Muscheln fassen sie ein, Wasserpflanzen umranken sie und eine spiegelnde Bodenfläche suggeriert die Vorstellung eines ruhenden, tiefen Gewässers. Jener Welt sind auch die gerippten Gefäßstützen zugehörig, welche die Schale wie Brückenpfeiler tragen. Aber erst die phantasievoll gestalteten Meerwesen erfüllen das Gefäß mit Leben. Einige hocken auf dem Rand, andere scheinen gerade mit ihren langen Fischschwänzen aus der Tiefe aufzutauchen. Mit ihren bekränzten Haaren und ihrer Nacktheit erweisen sie sich als Naturwesen, die dem Märchen ebenso verbunden sind wie den Schöpfungen des Jugendstils. Ihre vorzügliche Fasson verdankt die Jardiniere der berühmten Bronzegießerei Gladenbeck in Friedrichshagen bei Berlin.

66 WEINKANNE MIT DRACHENHENKEL

Alexander Schönauer, Hamburg, 1900. Ratssilberschatz, Inv. Nr. 21 (B.-Verz. Nr. 33)

Silber, gegossen, getrieben, ziseliert, punziert, teilvergoldet; Email. H. 42,5 cm. Deckelkanne auf rundem, passig gewölbten Fuß. Der balusterförmige Gefäßkörper ist unten gebaucht, darüber hochgestreckt und verjüngt, weitet sich unterhalb des Lippenrandes und trägt einen Hals und Schnauze schließenden Deckel mit reichgeziertem Wappen als Bekrönung. Ein Weinlaub- und Traubenfries umzieht die Kanne im unteren Drittel, weiterer Dekor ist sparsam versetzt, um den wesentlichen Schmuck der Kanne, den Henkel und die Daumenrast in Gestalt eines drohend aufgebäumten Drachens dominierend zur Geltung zu bringen.

Das Wappen auf der Bekrönung ist das der Familie Hertz; das Stadtwappen erscheint unterhalb der Kannenschnauze auf der Wandung. Die Stifterinschrift wurde entfernt. Marken: A. Schönauer/ Reichsstempel: Halbmond und Krone / 800.
Gestiftet 1900 von Adolph Ferdinand Hertz (Hamburg 1831-1902), Kaufmann, von 1872-1901 Senator.

Schönauer verbindet in dieser Kanne und in ihrem Gegenstück, vgl. Kat. Nr. 67, Elemente des Historismus und des Jugendstils zu einer ganz eigenständigen Schöpfung. Die Buckelungen, die Krugform des Umrisses, die Ornamentbänder, alles ist aus dem Formenschatz vom Mittelalter bis zum Barock entlehnt, doch unverkennbar zu Eigenem, zu Neuem verschmolzen. Die phantasievolle Gestaltung des Drachens setzt die märchenhafte Vorstellung von diesem Tier in überzeugend lebendige Erscheinung um. Schönauer kannte vermutlich spätgotische Drachenhenkel, wie sie z.B. an zwei Kannen im Cloisters-Museum, New York, gestaltet sind, und konnte der Bestie in fast Böcklin'scher Weise wirklichkeitsnahe Lebendigkeit verleihen.

Lit.: Ausst.Kat. Historismus, 1977, Nr. 121. – Die Goldschmiede Hamburgs, I, S. 114, 210, Nr. 2. – von Bargen, 1995, S. 43.

Ein Drachen als Henkel, sein Kopf als Daumenrast dieser Kanne. In der Bekrönung das Wappen der Stifterfamilie Hertz, auf einem der Zierbuckel unter dem Weinlaub- und Traubenschmuck die neu gravierte Inschrift

67 WEINKANNE MIT SCHLANGENHENKEL

Alexander Schönauer, Hamburg 1901. Ratssilberschatz, Inv. Nr. 22 (B.-Verz. Nr. 34)

Silber, gegossen, getrieben, ziseliert, punziert, teilvergoldet; Email. H. 42 cm.
Die Kanne ist das Gegenstück zu Kat. Nr. 66, in gleicher Form und Größe gearbeitet; nur die Fußwölbung ist stärker herausgearbeitet als bei der Drachenkanne. Ein Fries aus Narzissenblüten umzieht die Wandung am Übergang von der bauchigen zur gestreckt-glatten Zone, und die Helmzier des bekrönenden Wappens zeigt einen Hirschkopf anstelle des Einhorns auf dem Gegenstück. Auch hier ist der Henkel das wichtigste Schmuckelement: Zwei Schlangenkörper verschlingen sich zu groß gebogener Windung; einer der Schlangenköpfe dient als Daumenrast, auch wenn der Rachen angriffslustig aufgerissen ist. Das Wappen der Bekrönung gehört wiederum der Familie Hertz, das Stadtwappen sitzt als Relief auf der Wandung.
Marken: A. Schönauer/ Reichsstempel: Halbmond und Krone / 800.
Gestiftet 1901 von Gustav Ferdinand Hertz (Hamburg 1827-1914), Dr. jur., Oberlandesgerichtsrat, von 1887-1904 Senator.

■ Zu Form und Dekor vgl. den Kommentar zu Nr. 66. Die Schlangenhenkel, aus dem Klassizismus vertraut, sind hier anders aufgefaßt: Sie erscheinen einmal als Jugendstilform und sind zugleich von erstaunlich naturalistisch-lebendiger Erscheinung.

Lit.: Ausst. Kat. Historismus, 1977, Nr. 122. – Die Goldschmiede Hamburgs, I, S. 114, 218, Nr. 1. – von Bargen, 1995, S. 43.

Zwei verschlungene Schlangenleiber bilden bei dieser Kanne den Henkel. Sonst gleicht sie in Form und Dekor der Nr. 66. Auch diese Kanne verdankt die Hansestadt einem Mitglied der Familie Hertz. Rechts die Kanne noch ohne Inschrift, unten die rekonstruierte Neugravur

68 SILBERNER BROTKORB

William Comyns & Sons, London, 1891. Ratssilberschatz, Inv. Nr. 52

Silber, gegossen, getrieben, ziseliert. H. 23, B. 51,5, T. 40 cm. Ovaler, gitterartig durchbrochener Korb auf vier aus Rocaillen und Blüten gebildeten Füßen, die durch Rocaille-Kartuschen verbunden sind. Das Gitterwerk aus stilisierten Kreuzblüten und Ovalen gebildet. Die Breitseiten werden durch ausschwingende Blattranken akzentuiert. Auf einer Seite eine von Rocaillen gerahmte Kartusche (Inschrift entfernt). Der Korbrand alternierend mit Blütenranken und Rocaillen verfestigt. Marken: WC in Vierpaß / nach links laufender Löwe / Leopardenkopf / Jahresbuchstabe Q (= 1891) / Zusatzpunze: ME. Gestiftet 1906 von Laura Beit zur Erinnerung an ihren Sohn Alfred Beit.

Gitterartig durchbrochene Körbe gehörten, mit einem Zierdeckchen versehen, als Brot- oder Gebäckkorb zum englischen Tafelgerät des 18. Jahrhunderts. Derartigen Vorbildern ist dieses 1891 in London gefertigte Exemplar mit seinen Rocaillen und Durchbruchmustern im Stil des Rokoko nachempfunden. Wahrscheinlich wollte die in Hamburg lebende Stifterin, Frau Laura Beit, mit einer englischen Silberarbeit daran erinnern, daß ihr in Hamburg aufgewachsener Sohn Alfred (†1906), der seiner Heimatstadt stets eine starke Anhänglichkeit bewahrt hatte, seine bedeutenden geschäftlichen Erfolge als britischer Staatsangehöriger erlangt hatte.
Der Korb wurde von der Firma William Comyns & Sons, einer der renommiertesten Londoner Silberwarenfabriken, gefertigt. Die Zusatzpunze ME könnte sich auf den Silberschmied Michael Emanuel beziehen, der von 1870 bis 1911 in London tätig war.

Aus England stammt dieser gitterartig durchbrochene Brotkorb, dessen Muster dem Rokokostil nachempfunden wurde. Er erinnert an Alfred Beit, dem in England und Südafrika zu Reichtum gelangten Sohn Hamburgs. Oben die neu eingravierte Stifterinschrift

69 RUNDES UND OVALES TABLETT MIT BREITEM ORNAMENTRAND

Brahmfeld & Gutruf, Hamburg, 1903/04. Ratssilberschatz, Inv. Nr. 43

Silber, getrieben, ziseliert.
Rundes Tablett ø 37,1, ovales Tablett 67 x 45 cm.
Tabletts mit vertieftem glatten Spiegel und breitem Rand. Dieser dicht mit verschlungenen Linien sowie Blatt-, Blüten- und Frucht-Ranken in flachem Relief ornamentiert. In drei bzw. zwei Ovalkartuschen das von Löwen flankierte Hamburger Wappen. Ein entsprechendes Leerfeld von Eichenlaubranken eingefaßt. Unter diesem in Spiegelschrift die ursprüngliche Widmungsinschrift erhalten: „DEM SENAT / ALINE JOHANNA LIPPERT / ADELE HENRIETTE LIPPERT / 1904".
Marken: Reichsstempel: Halbmond und Krone / 800 / Adler / Rose / BRAHMFELD & GUTRUF.
Gestiftet 1904 von Aline Johanna und Adele Henriette Lippert, Hamburg.
Von den runden Tabletts sind 8, von den ovalen 6 Exemplare (von ursprünglich 8) vorhanden.

▪ Wie die Marken bezeugen, entstanden die Tabletts offenbar in Zusammenarbeit der Hamburger Goldschmiede Brahmfeld & Gutruf mit der Heilbronner Silberwarenfabrik P. Bruckmann & Söhne (Marke: Adler). Die breiten Ränder wurden in den Formen des Hamburger Jugendstils ornamentiert. Dafür ist die Verbindung von verschlungenen und sich überkreuzenden Linien mit realistischen Blüten-, Blatt- und Fruchtranken charakteristisch. Die Einbindung derart natürlicher Wiedergaben von Erdbeerpflanzen und Haselnußzweigen in ein ornamentales Muster geht von Hamburger Kunstgewerblern wie Oskar Schwindrazheim, Hermann Haase und Robert Bichweiler aus. Ihre Ornamentsysteme entwickelten sie schon in den 1880er/90er Jahren nach naturgegebenen Pflanzen- und Früchte-Vorbildern. Bei Brahmfeld & Gutruf wurden diese Realien so in das Liniengefüge eingesetzt, daß die streng symmetrische Anlage die Wirkung einer scheinbar willkürlichen Abfolge erhielt. Gleichfalls im Jahre 1904 stifteten die Senatoren Michahelles, Strack, Schäfer, von Beerenberg-Gossler, Diesel und Dr. Mumsen zwölf Gemüseschüsseln mit Deckeln als Ergänzung zu den von den Schwestern Lippert geschenkten Servierplatten (Inv. Nr. 55 und 57). Die etwas schmalere Kante der Gemüseschüsseln ist mit gleichem Dekor versehen wie der breitere Rand der Servierplatten. 1911 kamen noch einmal drei runde Servierplatten gleicher Fasson hinzu als Stiftung von Senator Hermann Strandes (Inv. Nr. 63).
Die vier Servierplatten gleicher Größe, die 1912 von den Senatoren Dr. Max Schramm und Johann August Lattmann gestiftet wurden, weisen in ihrem Randdekor bereits Elemente des Art déco-Stils auf (Inv. Nr. 66). Alle genannten Silberarbeiten wurden von den Hamburger Goldschmieden Brahmfeld & Gutruf geliefert.

Rundes Tablett
Stilisierung und naturalistische Wiedergabe von Pflanzen und Früchten sind im Randdekor dieser Platte verschmolzen. Die Inschrift gleicht jener des ovalen Tabletts

Ovales Tablett
Stilgerecht zum Dekor des Plattenrandes ist auch die Stiftungsinschrift aus dem Formgefühl des Jugendstils entwickelt

70 TAFELAUFSATZ MIT BALDACHIN

Alexander Schönauer, Hamburg, 1913. Ratssilberschatz, Inv. Nr. 65 (B.-Verz. Nr. 74)

Silber, gegossen, getrieben, ziseliert, punziert, graviert, vergoldet; Bergkristall, Türkise. H. 104, ø Fuß 51 cm. Tafelaufsatz von schlankgestrecktem Umriß. Aus den Einziehungen einer fünfpassigen Schale auf Volutenfüßen steigen fünf schlanke Säulen auf, die über ihren Kapitellen die allegorischen Figuren der fünf Erdteile sowie den hohen, in einer Spitze gipfelnden Baldachin tragen. Als Bekrönung die Reduktion des fliegenden Merkur von Giambologna (von 1580) auf einer Kristallkugel. Am Schalenrand stilisierter Blattwerkdekor, die Baldachinhaube aus Blattwerk-gefülltem, kurvig bewegten Gitterwerk. Das Hamburger Wappen, von Löwen gehalten, an der Schale, die ursprüngliche Stiftungsinschrift bis auf Spuren entfernt. Marken: A. Schönauer/ Hamburger Beschau mit A (?)/ 800 und Krone. Gestiftet 1913 von Siegfried Wedells.

▦ Der feinlinige, schwerelos erscheinende Aufsatz verbindet maureske Motive im architektonischen Aufbau wie auch im Muster der zierlich geschwungenen Haube mit den Stilformen des beginnenden Art déco, dessen Klarheit in Fläche und Linie dem Aufsatz trotz seiner verspielten Feinheit die kühle, elegante Erscheinung verleiht.

Lit.: Hamburger Fremdenblatt, März 1931. – Ausst. Kat. Orfèvrerie fantastique, Brüssel 1977, Nr. 43. – Die Goldschmiede Hamburgs, I, S. 116, 223, Nr. 19. – Hamburger Abendblatt v. 6.9.1995. – Erik Verg, „Unser Rathaus", Hamburg 1996, S. 11, Abb. 3, 5.

Islamisch
Motiv
verbunden mit A
déco-Formen zeichne
diesen feinlinigen Au
satz als Meisterwe
Alexander Schönaue
aus. Die Figuren a
den Kapitellen, d
den Baldachin trage
symbolisieren die fü
Erdteile. Der Mandari
(Abb. ganz link
steht für Asien, d
Indianerhäuptlin
(links) für Amerik
Als Bekrönung de
Aufsatzes die Nachbi
dung des fliegende
Merkur von Gian
bologna auf eine
Kristallkugel (sieh
auch S. 17

Die Inschrift mit dem Stifternamen Siegfried Wedells ist jetzt wieder am Fuß des Tafelaufsatzes eingraviert. Darüber, im Blattdekor, das Hamburger Wappen

er fliegende
erkur
ekrönt den Tafel-
ufsatz mit Baldachin
.176-177). Der
erühmten Schöpfung
es Giambologna von
580 nachgebildet,
errät er in der Glätte
iner Oberfläche
en Zeitgeschmack
n 1910

71 TAFELAUFSATZ MIT KRISTALLGLASSCHALE

Hermann Holtzmann, Hamburg, nach 1888. Ratssilberschatz, Inv. Nr. 11

Silber, gegossen, getrieben, ziseliert; Kristallglas. H. 44, B. 31, T. 20, ø der Kristallglasschale 31 cm.
Auf einem von vier Kreiselfüßen getragenen, an den Breitseiten ausschwingenden Podest halten zu diesen Seiten je zwei Putten ein Wappenschild. Die ursprüngliche Inschrift wurde entfernt. Blattbesetzte Volutenbänder stützen den Mittelaufbau an den Schmalseiten. Über der Rundbasis ein blattverzierter Balusterschaft, der eine geschliffene, mit Zackenrand versehene Kristallglasschale trägt.
Marken: HERM. HOLTZMANN / Reichsstempel: Halbmond und Krone / 800 / 47 361.
Gestiftet aus dem Nachlaß von Max Nordheim am 25. Juli 1900.

Dem Inventar nach waren die Wappenschilde mit der Inschrift versehen „Ihrem werten Kollegen Max Nordheim zu seinem 70. Geburtstag gewidmet. Der Vorstand der deutsch-israelischen Gemeinde 30. September 1908". Marcus (Max) Nordheim (Hamburg 23.9.1812-25.11.1899) feierte seinen 70. Geburtstag 1882. Das Datum der Widmung ist deshalb irreführend, zumal der Tafelaufsatz bereits am 25. Juli 1900 vom Senat übernommen und im Ratssilber-Inventar verzeichnet wurde. Der unter dem Boden des Aufsatzes angebrachte Reichsstempel war erst seit dem 1. Januar 1888 verbindlich für das im Deutschen Reich hergestellte Silber vorgeschrieben. Es kann sein, daß der Tafelaufsatz zum 80. Geburtstag von Max Nordheim im Jahre 1892 hergestellt worden ist. Dieser Datierung in die 1890er Jahre entspricht auch die historisierende Gestaltung des Tafelaufsatzes, bei der Elemente des Klassizismus und des Rokoko kombiniert wurden. Über den Goldschmied Hermann Holtzmann liegen keine Informationen vor. Eventuell war er ein Nachfolger des Hamburger Goldschmieds Johann Friedrich Holtzmann (1813-nach 1864), der unter dem Firmennamen „Jörns Holtzmann et Co." ein Juwelier-Geschäft „Alter Jungfernstieg No. 7" betrieb.

Zwei Putten
mit Lockenköpfen halten das Wappenschild mit dem Namen des Stifters Max Nordheim. 57 Jahre nach der Auslöschung des Namens erscheint auf dem glatten Schild (siehe S. 155) wieder die Stifterinschrift

AUTOREN UND MITARBEITER

Dr. Bernhard Heitmann
geb. 1942, seit 1979 Abteilungsleiter am Museum für Kunst und Gewerbe Hamburg, u. a. Publikationen zum europäischen Silber
„Das verlorene Silber – Das neue Silber – Der Meister des Silbers"
„Ein Schatz aus vielen Werkstätten"
Wissenschaftliche Texte zur Erläuterung der Exponate

Dr. Hermann Jedding
geb. 1921, ehemals stellvertretender Direktor des Museums für Kunst und Gewerbe, Hamburg, mehrere Publikationen, insbesondere über Porzellan und Möbel
Wissenschaftliche Texte zur Erläuterung der Exponate

Dr. Renate Scholz
lebt in Hamburg, seit 1970 Publikationen über Silber und Kulturgeschichte
Wissenschaftliche Texte zur Erläuterung der Exponate

Frank Binder
geb. 1958
Redakteur BILD-Hamburg
„Von der Kogge zum Containerschiff"

Silvia Ernst
geb. 1966
Redakteurin BILD-Hamburg
„Der König kommt!"

Deborah Gottlieb-Knür
geb. 1968
Redakteurin BILD-Hamburg
„Die Stadt der Schreiber"

Menso Heyl
geb. 1949,
Redakteur BILD-Hamburg
„Erinnerung und Gegenwart"

Christian Kersting
geb. 1945
Redakteur BILD-Hamburg
„Die Rückkehr der getilgten Namen"

Ulf Rosin
geb. 1958
Redakteur BILD-Hamburg
„Der rätselhafte Klumpen im Phoenixsaal"

Rolf Schriefer
geb. 1949
Redakteur BILD-Hamburg
„Die Stadt, der Durst und das Bier"

Ute Kedenburg-Stummer
geb. 1951
Redakteurin BILD-Hamburg
„Männer, die das Tor zur Welt öffneten"
„Auf die feine Hamburger Art"

Karin Kiemer
geb. 1950
freie Fotografin, Hamburg
Fotos der Ausstellungsstücke

Jürgen Thies
geb. 1960
freier Grafik-Designer, Hamburg
Grafische Gestaltung und Produktion

Besonderer Dank:
Bürgermeister **Dr. Henning Voscherau**; er stellte den Silberschatz zur Verfügung und ermöglichte damit die Ausstellung. **Kristel Gießler** von der Staatlichen Pressestelle; sie wirkte bei der Entwicklung der Idee mit. **Cord Schellenberg**; er begleitete und unterstützte als stellvertretender Leiter der Staatlichen Pressestelle das Projekt. **Jürgen Sielemann**; er stand als Mitarbeiter des Staatsarchivs und Vorsitzender der Hamburger Gesellschaft für Genealogie mit Rat und Tat zur Seite.

Abkürzungen

Quellen: Rathaus und Staatsarchiv Hamburg
Inv. Inventar (Prunkstücke)
Z.-Inv. Zugangs-Inventar
B.-Verz. Bestands-Verzeichnis

Literatur:

Ausst. Kat. Historismus, 1977
Hermann Jedding und Mitarbeiter: Hohe Kunst zwischen Biedermeier und Jugendstil. Historismus in Hamburg und Norddeutschland. Ausstellungs-Katalog Museum für Kunst und Gewerbe Hamburg 1977.

von Bargen, 1995
Susanne von Bargen: Innenansichten. Hamburg 1995.

Beneke, 1889
Otto Beneke: Die vormalige Rats-Silberkammer zu Hamburg vom 14.-19. Jahrhundert. Hamburg 1889.

Die Goldschmiede Hamburgs
Die Goldschmiede Hamburgs. Herausgegeben von Erich Schliemann. Bearbeitet von Bernhard Heitmann, Renate Scholz u.a. 3 Bände. Hamburg 1985.

Hüseler, Schönauer 1946
Konrad Hüseler: Alexander Schönauer, sein Leben und sein Werk. Hamburg 1946 (ungedrucktes Manuskript in der Bibliothek des Museums für Kunst und Gewerbe Hamburg).

Hüseler, 1950
Konrad Hüseler: Meisterliste der Hamburger Goldschmiede vom 14. bis zum 18. Jahrhundert. Nordelbingen 1950, S. 136-168.

Hüseler o.J.
Konrad Hüseler: Hamburger Silber 1600-1800. Darmstadt o.J.

Meier-Oberist, 1925
Edmund Meier-Oberist: Das neuzeitliche hamburgische Kunstgewerbe und seine Grundlagen. Ein Beitrag zur Kulturgeschichte des 19. Jahrhunderts. Hamburg 1925.

Meinz, 1864
Manfred Meinz: Schönes Silber. München 1964.

Orfèvrerie fantastique 1977
Orfèvrerie fantastique, Trésors des villes allemandes (fin 19e siècle). Maison du Roi, Ausstellungs-Katalog Brüssel 1977.

Scheffler, Niedersachsen 1965
Wolfgang Scheffler: Goldschmiede Niedersachsens, 2 Bände. Berlin 1965.

Scheffler, Berlin 1968
Wolfgang Scheffler: Berliner Goldschmiede. Berlin 1968.

Scheffler, Hessen 1976
Wolfgang Scheffler: Goldschmiede Hessens. Berlin 1976.

Schmidt, 1912
Robert Schmidt: Das Hamburgische Ratssilber und ähnliche Arbeiten aus alter und neuer Zeit. Kunstkalender Schleswig-Holstein 1912, S. 6-13.

Außerdem benutzte Literatur:

Appuhn, Horst: Das Lüneburger Ratssilber. Katalog der Ausstellung im oberen Gewandhaus des Rathauses zu Lüneburg. Lüneburg 1956.

Appuhn, Horst: Silberarbeiten, 2. Teil, Das Dortmunder Ratssilber 1898-1915 / Silberarbeiten, 3. Teil. Museum für Kunst und Kulturgeschichte der Stadt Dortmund, Schloß Cappenberg 1969 und 1973.

Brandt, Heinz-Jürgen: Das Hamburger Rathaus, Eine Darstellung seiner Baugeschichte und eine Beschreibung seiner Architektur und künstlerischen Ausschmückung. Hamburg 1957.

Culm, John: The Directory of Gold- & Silversmiths, Juwellers and Allied Traders 1883-1914, 2 Bände. Antique Collectors Club, Woodbridge, Suffolk 1987.

Egger, Gerhart: Gold- und Silberschätze in Kopien des Historismus. Katalog der Ausstellung des Österreichischen Museums für angewandte Kunst in Schloß Grafenegg 1972/73.

Hüseler, Konrad: Im Museum für Kunst und Gewerbe: Goldschmiedearbeiten von Alexander Schönauer. Hamburger Fremdenblatt vom 19.3.1931.

Kölner Silberschatz. Ausstellung Overstolzenhaus Köln 1964.

Lever, Ch.: Goldsmiths and Silversmiths of England. London 1975.

Meinz, Manfred: Ein Nautiluspokal aus dem Hamburger Ratssilber. Jahrbuch der Hamburger Kunstsammlungen 9, 1964, S. 17-28.

Mundt, Barbara: Historismus, Kunsthandwerk und Industrie im Zeitalter der Weltausstellungen. Kataloge des Kunstgewerbemuseums Berlin VII. Berlin 1973.

Mundt, Barbara: Historismus, Kunstgewerbe zwischen Biedermeier und Jugendstil. München 1981.

Olsen, Bernhard: Die Arbeiten der hamburgischen Goldschmiede Jacob Mores Vater und Sohn für die dänischen Könige Frederik II. und Christian IV. Hamburg 1903.

Ratssilber der Stadt Frankfurt am Main, bearbeitet von Peter Wilhelm Meister. Ausstellungs-Katalog Museum für Kunsthandwerk Frankfurt am Main 1963.

Schäfke, Werner: Das Ratssilber der Stadt Köln. Wissenschaftliche Kataloge des kölnischen Stadtmuseums. Köln 1980.

Stierling, Hubert: Goldschmiedezeichen von Altona bis Tondern, herausgegeben von Wolfgang Scheffler. Neumünster 1955.

Stettiner, Richard: Das Kleinodienbuch des Jacob Mores in der Hamburger Stadtbibliothek, Eine Untersuchung zur Geschichte des hamburgischen Kunstgewerbes um die Wende des 16. Jahrhunderts. Hamburg 1916.

Wardle, P.: Victorian Silver and Silver Plate. London 1963.

Winkler, August: Die Handzeichnungen des Hamburger Goldschmiedes Jacob Mores in der Ornamentstichsammlung des Königlichen Kunstgewerbemuseums zu Berlin. Jahrbuch der Kgl. Preuß. Kunstsammlungen 11, 1890, S. 108-115.

REDAKTIONELLE TEXTE – QUELLEN

Hamburgs Reeder

Gerhard Ahrens / Renate Hauschild-Thiessen: Die Reeder. Verlag Verein für Hamburgische Geschichte, 1989.

Cecil Lamar: Albert Ballin. Hoffmann & Campe, 1969.

Hans Georg Prager: F. Laeisz. Koehlers Verlagsgesellschaft, 1994.

Hans Jürgen Witthöft: Hamburg Amerika Linie. Koehler, 3. überarbeitete Auflage 1997.

Wissenschaftliches Institut für Schiffahrts- und Marinegeschichte, Hamburg.

Hamburgs Schiffe

Wissenschaftliches Institut für Schiffahrts- und Marinegeschichte, Hamburg.

Bibliothek und Textarchiv Axel Springer Verlag, Hamburg.

Hamburgs Kontore

Edith Oppens: Hamburg zu Kaisers Zeiten. Verlag Hoffmann & Campe.

Burkhart Lauterbach: Großstadtmenschen: Die Welt der Angestellten. Büchergilde Gutenberg.

Ellen Lorentz: Aufbruch oder Rückschritt? Arbeit, Alltag und Organisation weiblicher Angestellter in der Kaiserzeit und Weimarer Republik. Kleine Verlag.

Hermann Hipp: Hamburger Kontorhäuser. Ernst & Sohn, Berlin.

Katalog Museum der Arbeit.

Hanseatische Wochenschau vom 11.12.1913.

Gekrönte Häupter

Hamburger Fremdenblatt, Ausgaben vom 29. Juni 1904 ff.

Hamburger Echo, Ausgaben vom 26. Juni 1904 ff.

Unterlagen des Hamburger Senats aus dem Jahr 1904.

Gordon Brook-Sheperd: Edward VII. 1975.

Sir Sydney Lee: Eduard VII. 1928.

Königliche Romanze – Edward und Alexandra. Marshall-Cavendish-Verlag, Int. Ltd. Hamburg, 1991.

Die Kunst des Tafelns

Louise Richter und Sophie Charlotte Hommer: Illustrirtes Hamburger Kochbuch. Berendson-Verlag, 1879.

Kurt Schmack: J.C. Godeffroy & Sohn – Kaufleute zu Hamburg. Verlag Broschek & Co, 1978.

Die jüdischen Stifter

Staatsarchiv Hamburg, Eric Zinnow, Würzburg, Verfasser: Die Beit-Chronik, Hamburger Fremdenblatt vom 6. November 1910, Hamburger Abendblatt vom 29. 4. 1974.

Staatsarchiv: Die großen Deutschen. Propyläen Verlag Berlin 1966.

Staatsarchiv: Jubiläumsschrift 75 Jahre Seehospital Sahlenburg der Nordheim-Stiftung. Hamburgische Geschichts- und Heimatblätter Bd. 11, Heft 3.

FOTONACHWEIS

S. 9-11, 39, 164: Bernd Beutner, BILD Hamburg (9)

S. 12: Fleetbild mit Nikolaikirche. Stich von R. Batty 1828

S. 14: Der Brand des Rathauses und der alten Börse. Nach einer Lithographie von Peter Suhr

S. 15: Carl F. Stelzner

S. 17, 19, 32: Museum für Kunst und Gewerbe, Hamburg

S. 56, 58, 59, 61, 62: Hapag-Lloyd-Archiv (5)

S. 68-77 (Schiffsillustrationen): Pavol Pevny, aus Dausien, Segelschiffe, Verlag Slovart 1987

S. 89, 90: Otto Reich, Museum der Arbeit (2)

Fotos der Silberschatz-Exponate: Karin Kiemer, Hamburg

Alle weiteren Abbildungen: Archiv Axel Springer Verlag